本书系国家文化英才培养工程项目"新形势下国际传播话语体系建构与效果评估研究"的阶段性研究成果

新时代高等院校新闻传播学系列教材

影视媒介语境中的跨文化传播

Intercultural
Communication
in the Context of Film
and Television Media

林仲轩 著

暨南大学出版社
JINAN UNIVERSITY PRESS

中国·广州

图书在版编目（CIP）数据

影视媒介语境中的跨文化传播/林仲轩著. —广州：暨南大学出版社，2023.12
新时代高等院校新闻传播学系列教材
ISBN 978 - 7 - 5668 - 3789 - 9

Ⅰ. ①影⋯　Ⅱ. ①林⋯　Ⅲ. ①文化传播—高等学校—教材　Ⅳ. ①G0

中国国家版本馆 CIP 数据核字（2023）第 193254 号

影视媒介语境中的跨文化传播
YINGSHI MEIJIE YUJING ZHONG DE KUAWENHUA CHUANBO
著　者：林仲轩

出 版 人：阳　翼
责任编辑：刘　蓓
责任校对：张　钊
责任印制：周一丹　郑玉婷

出版发行：暨南大学出版社（511443）
电　　话：总编室（8620）37332601
　　　　　营销部（8620）37332680　37332681　37332682　37332683
传　　真：（8620）37332660（办公室）　37332684（营销部）
网　　址：http：//www.jnupress.com
排　　版：广州市新晨文化发展有限公司
印　　刷：广东广州日报传媒股份有限公司印务分公司
开　　本：787mm×1092mm　1/16
印　　张：13.625
字　　数：252 千
版　　次：2023 年 12 月第 1 版
印　　次：2023 年 12 月第 1 次
定　　价：58.00 元

前　言

“这世上关于伟大战士木兰的传说有很多，但是祖先们，这一个是我的版本。”

2020年上映的迪士尼真人版电影《花木兰》，从花木兰父亲的角度讲述了一个“气”能与生俱来、凤凰随行陪伴的英雄少女的故事。电影里的花木兰幼时在田间挥棍舞棒，在父亲的指引下练习武术，归家后满院追鸡、上房揭瓦，长大后瞒着家人替父从军，在军营里凭借“气”脱颖而出，在战场上先救战友后救皇帝。这与北朝民歌《木兰诗》里的花木兰大相径庭——诗中的花木兰本是“唧唧复唧唧，木兰当户织。不闻机杼声，唯闻女叹息”的闺阁女子，万般无奈之下代父从军，备齐骏马、鞍鞯、辔头、长鞭，辞别父母后开始了十多年的军旅生涯，直至封赏还乡后“当窗理云鬓，对镜帖花黄。出门看火伴，火伴皆惊忙：同行十二年，不知木兰是女郎”。

从人物形象来看，前者是生来注定不凡的战场传说，后者是生而平凡注定艰辛的孝顺女郎。分明是源于同一个故事的主角，中西方语境却各自描摹了两类相去甚远的女性形象。真人版电影《花木兰》在好莱坞英雄影片一贯的程式化操作下，将东方女性在男尊女卑王朝中承担千钧重负的苦难描绘成天纵之才冲破性别约束寻找自我的造梦之旅，至于最初故事版本中南北朝时期等级森严的阶级、男尊女卑的地位、连年不断的战争等背景被忽略不计，由此引发不少争议，导致该片的评价在国外与国内出现两极分化的状况。真人版电影《花木兰》在国外获得多个奖项及提名，但在国内电影评分网站“豆瓣电影”中的评分已经跌至4.9；国外观众以为这部电影揭开了中国古文明的神秘面纱，而国内观众则认为花木兰的妆容、小规模的两军对战等是对中华文明的丑化，展现了西方电影制作者对中华文明的刻板印象与落后臆想。有影评直言这部电影虽呈现的是中国的故事，却完全套用外国文化的内核，使中国古代民间故事披上美式个人英雄主义的外衣，使之在中西方文化间的碰撞下显得不伦不类。

当然，中国故事的西方影视化表达此前已有翻车之鉴，国内观众的“不买账”在2016年张艺谋导演的中美合拍片《长城》中就出现过。中西方导演在执导国际化的中国题材影片时难以拍出同时令国内外观众满意的作品，中西方观众对同一电影的观影评价褒贬不一，国内观众对经过西方加工的中国文化感到陌生且难以忍受。这些几乎可称为中国故事西方影视化表达的通病，归根到底是由跨文化传播过程中存在的文化差异与文化冲突导致的。

上述影片所讲述的故事内容都取材于古代中华文明，却又运用现代西方好莱坞的叙述方式、跨越文化背景及历史渊源，将风马牛不相及的两类文化杂糅于影视之中。影片的制作过程本身已是颇有风险的跨文化实践，其后的跨文化传播效果自然也不会是一条坦途。根据影评来看，西方观众的负面评价是基于 1998 年动画电影 Mulan 与真人版电影《花木兰》对比而来的，包括对重要配角木须龙的删除并以凤凰取而代之，片尾打斗场景在未完工的建筑架而非宫殿内等，他们对于中国观众所声讨的妆容、房屋、巫师等问题并无异议。同样地，中国观众对于本就不存在于诗词之中的木须龙、木兰救驾的打斗场景也不甚在意，而是关注西方视野对中国传统文化的误读，反对制作者断章取义地理解"气"，将家国情怀简化为"忠勇真"，将古代女子"当窗理云鬓，对镜帖花黄"的婉约意境化为一张异于东方审美的脸谱。

而文化的差异恰恰蕴藏在人物的删减、场景的变化、妆容的风格之中，木须龙是西方文化的产物，武术、花黄是古代中华文明的沉淀。跨文化传播在宏观上可以一个领域、一门学科而论，在微观上也可以一门手艺、一件物品而论。小至品尝一道异乡美味，大至旅历一程异国风土，在人人身处地球村的当下，个体虽囿于肉身常安居一隅，但其精神却必然留有跨文化的印记，只是在潜移默化之中大多难以自察。而影视则以其媒介属性将这些细微印记一一收录于镜头之中，再反呈于观众面前，令其清晰地意识到跨文化的神奇之处。不同文化之间的交流碰撞在影视媒介中以精彩纷呈的故事展现，已成为跨文化传播不可忽视的表现形式之一。

因此，本书以影视媒介为语境，对各类媒介作品展开跨文化传播视域下的文本分析。本书着重阐述国内外影视佳作所蕴含的跨文化元素，包括跨文化偏见、跨文化交流、跨文化冲突、跨文化适应、跨文化接纳等。此外，对于部分知名度较广的其他形式媒介作品，如游戏、综艺、纪录片、栏目、专题等也有所涉及，希冀以翔实的案例与多维度的解读帮助读者更好地了解影视媒介语境下的跨文化传播。

内容概览

第一章：绪论。首先对跨文化传播现象进行历史溯源，再依据学科发展脉络对主要研究及理论成果进行概述；其次剖析影视媒介语境下的跨文化传播特点，强调影视媒介的特性及其与跨文化传播间的相互作用；最后对本书所运用的案例研究法作简要介绍。

第二章：文化价值体系与跨文化交流。选取《饮食男女》《琅琊榜》《狼图腾》《鱿鱼游戏》《青春变形记》为案例，从不同文化价值体系的介绍与影片的跨文化交流两方面出发，讲述不同历史时期、家国背景下几部影视剧的文化价值表达以及跨文化交流问题。

第三章：文化偏见、霸权与帝国主义。选取《绿皮书》《黑客帝国》以及漫威电影宇宙系列影片为案例，通过以上案例讲述跨文化传播过程中出现的种族、民族文化偏见，文化霸权以及民族中心主义，为尽可能减少、削弱这些负面影响提供警示与反思。

第四章：文化差异与跨文化冲突。选取《别告诉她》《推手》《暗物质》《孙子从美国来》《刮痧》五部影片为案例。这些影片主要讲述因中美两国彼此间的文化差异引起并作用于家庭的文化冲击和跨文化冲突，其主人公均为平凡百姓，通过对其家庭中涉及跨文化冲突爆发点的分析，厘清跨文化冲突产生的原因，回溯跨文化冲突等理论，为现实生活中的跨文化交际提供参照。

第五章：文化融合与跨文化适应。选取《瞬息全宇宙》《三傻大闹宝莱坞》《我的盛大希腊婚礼》三部影片，讲述中国、印度、希腊、美国等不同国家文化在彼此交流过程中逐渐演化的求同存异，分析这些文化的融合及跨文化适应的路径与边界，以期对读者增加关于不同国家文化的知识，在跨文化交际中开展良好的交流有所裨益。

第六章：文化符号与跨文化接纳。选取《疯狂动物城》《功夫熊猫》《火影忍者》《寄生虫》为案例，以不同国家具有文化象征意义的符号为切入点，在符号学视域下分析影片导演及影视内容所诠释的文化内涵。研究这些在本国以外地区同样大获成功的影片如何获得跨文化接纳，对我国本土影视的国际化传播具有借鉴意义。

第七章：文化认同与跨文化传播。选取《小偷家族》《千与千寻》《哈利·波特》系列电影为案例，主要探讨不同国家文化的普通民众各自所具有的文化认同，以及这些影片如何利用人性及文化的共通之处实现跨文化传播。

第八章：中国影视媒介的对外传播实践。选取《大红灯笼高高挂》《英雄》《卧虎藏龙》《流浪地球》《哪吒之魔童降世》五部中国电影，列举当前中华文化对外传播实践获得成功的案例并一一分析，为讲好中国故事、传播好中国声音提供参考范例和优秀样本。

内容体例

案例介绍。该部分主要对相关案例的创作背景、发行时间、剧情概要、传播效果等内容进行简要介绍，重点突出案例的典型性与特殊性，使读者了解案例的相关背景信息，从而在具体的社会语境下研读案例。

理论聚焦。该部分集中讲述案例相关的跨文化传播理论背景及内容，帮助读者回溯并掌握跨文化传播的理论知识，通过对理论专业知识由浅入深、循序渐进的学习，引导读者克服畏难情绪，对理论学习产生兴趣。

案例分析。该部分是对影视案例跨文化传播分析的核心内容，根据每章节的主体内容依次对跨文化传播的文化交流、文化偏见、文化霸权、文化冲突、文化适应、文化接纳及文化认同等进行影视案例的详细分析，将影视语言与叙事学、符号学等视野结合，希望帮助读者实现跨文化传播理论与实践之间的互动。

案例启示。该部分主要是对每个案例分析的总结与归纳，建立在理论与案例分析的基础之上。经过详细拆解后的影视案例依然回归到跨文化传播的理论与现实思考方面，希冀能以案例分析对读者在媒介或个人跨文化传播实践产生启发。

本章讨论。该部分主要是对各个案例的延伸思考和提问拓展，读者在阅读相关案例后需要有思维的发散与一定的讨论，具备问题意识与批判思维，进而达到拓宽思路、学以致用的效果，如此方能巩固所学知识并加以内化。

林仲轩
2023 年 4 月

目 录
CONTENTS

第一章

绪　论

第一节　跨文化传播现象与研究

自 1959 年爱德华·霍尔（Edward Twitchell Hall Jr.）出版《无声的语言》（*The Silent Language*）一书以来，跨文化传播作为一门学科已有六十多年的历史，已然发展成为涉及语言学、传播学、心理学、社会学、人类学、哲学等多学科交叉的显学。在全球化程度不断加深、人类命运息息相关的今天，跨文化传播的内涵和外延也随之不断扩大，已经弥散至社会发展和个人生活的方方面面。数字化时代推动各种文化的交流碰撞越发频繁，跨文化传播的时空距离越发缩短，甚至突破过往物质基础的桎梏，在虚拟现实中不断建构各类情境，使得跨文化交流更具想象力与可能性。

那么，到底什么是跨文化传播呢？《跨文化传播教程》一书对文化、跨文化以及传播等概念、历史进行了详细的梳理与辨析，此处不再赘述，直接引用其对"跨文化传播"的概念界定："不同文化群体交往时发生的符号系统交换过程，在这一过程中，不同文化之间迥异的符号系统产生了交流与碰撞，其实也是不同编码—解码体系之间的互通与交融。"[①] 换言之，各文化群体内部自有其独特的编码—解码体系，生发于不同文化内涵的编码在向外交往过程中相互对接，自然也会基于文化的差异性导致解码的不对称，在相应的交流与碰撞之中就产生了跨文化传播的种种问题及表现形式，包括文化交流、文化霸权、文化偏见、文化冲突、文化适应、文化接纳、文化认同，等等。

遵循上述概念，回首跨文化传播现象的源起，便不再止步于《无声的语言》这本六十多年前的奠基之作，而可以追溯到人类群居生活的旧石器时代之前，彼时原始人部落用以相互联系的信号就是语言的起源，且部落与部落之间实施群婚制，以生存繁衍为目的的交往由此展开。此后部落间不断融合，语言也在这些交往中逐渐成形，旧石器时代晚期产生了文字，比如考古学界认为目前中国最古老的文字是甲骨文，但甲骨文究竟来源于北非或西亚，受古印度的影响还是起源于中国，至今众说纷纭。不过无论哪种学说更贴近历史真相，语言文字源起过程中必然存在跨文化传播，它伴随着人类文明的进程不断生长变化。

---

① 林仲轩. 跨文化传播教程［M］. 广州：暨南大学出版社，2022：3.

原始文明时期，部落间的跨文化传播产生了语言、文字、舞蹈、各类原始宗教崇拜及神话。农耕文明时期，奴隶制社会通过不计其数的战争催生了新的跨文化形态，比如人类历史上最早的种族歧视——印度的种姓制度，正是原本四处游牧的雅利安人入侵印度并定居于此的产物。为了奴役本土居民，雅利安人将社会成员分为四等，在地位及权利、职业分工、婚姻，甚至饮食方面都作出严格限制。当然，战争不是跨文化传播唯一的渠道，汉代张骞出使西域所开通的丝绸之路使东西方文化通过贸易实现友好交往。印度佛教向北以三条线路传入中国时，有一条便沿着古丝绸之路的路线，在本土化过程中又分别演变为独特的汉传佛教、藏传佛教与巴利语系佛教，引发后来唐代高僧玄奘西行天竺求取真经的十七年旅程。明代郑和七下西洋以宣国威，成为当时人类历史上规模最大的系列航海，在代替皇帝嘉赏外邦之余，也引进不少中国未产的香料、工艺品与技术，使得中国技师们在陶瓷等工艺品的制作上融入了外国的文化元素。此外，基督教在西方的跨文化传播亦产生了诸多教派、教义相互融合的变化。在这一系列的战争、传教、外交过程中，人类在交通方式上从人力、畜力转向机械技术，逐步缩短跨文化传播的时空距离，在交往与碰撞中打破了东西方文化的边界。

1492年，哥伦布发现美洲新大陆成为举世瞩目的重大事件；其后1519—1522年，麦哲伦率领的船队同样以海航的方式实现了人类首次环球旅行。至此，人类跨文化传播的足迹遍布全球，人类对世界的认知在一次次地理发现中逐步完整。斗转星移，人类社会历经蒸汽机、内燃机时代，终于来到了电力时代，电话与无线电报的发明使得跨文化传播极大程度上脱离了物质性的束缚，传播途径不再以时间或空间的转移为前提，传播方式也不再以肉身的在场为必要条件，一根电线便足够不同时区、地点的人互动交流。两次世界大战再次通过战争使得文化殖民在全球蔓延，时至今日，这些文化入侵在曾经的被侵略国与侵略国依然留有痕迹。汽车、火车、飞机、舰艇等交通工具再次缩短时空距离，加速的跨文化传播已成为全世界习以为常的生活组成。

"二战"结束后，计算机从军用迅速投入民用，信息技术快速更新迭代，通信技术与手机携手将人类社会带入互联网时代。文化传播的形态也越来越多元，从文字、声音、图像到影视，全球一体化的信息高速推动着跨文化传播的高速行进，直至迈入21世纪的媒介化社会。如今，跨文化传播已不再如原始文明时期和农耕文明时期常伴战争而生，而是在和平稳定的状态下依赖于媒介技术的进步获得发展，时空距离等现实世界的限制已经微乎其微，数字时代人人皆可在虚拟的网络空间满足跨文化的好奇。随着智慧城市与元宇宙等虚拟技术与现实世界的融合，跨文化传播的未来值得期许。

特别是当前在加速的全球化进程中，不同文化在时空维度的动态流动与高度共享已是历史所趋，跨文化传播作为人类文明进程重要组成与有力支柱的地位一如既往。六十多年来，跨文化传播研究首先在西方世界兴起，早期已有"边缘人""陌生人""民族中心主义"等概念，但第一位系统研究跨文化传播的学者是美国人类学家爱德华·霍尔。1959 年他在《无声的语言》一书中首创"跨文化传播"（intercultural communication）一词，并按不同标准对文化进行了分类：如按照知觉意识可分为显性、隐性与技术性三类文化；按内部构造又可分为元素、集合与模式三个部分；"时间语言"与"空间语言"的概念也在这本书中被首次提出。在霍尔的诸多首创之下，跨文化传播被纳入美国传播学研究领域之中，成为一门交叉学科，他也被冠以"跨文化传播研究之父"的荣誉。此外，他的主要著作还包括《隐藏的维度》《超越文化》《理解文化差异——德国人、法国人和美国人》等。

霍尔最主要的跨文化传播思想便是打破了以往只针对某一类单一文化展开研究的方式，而是通过比较文化研究将文化划分为高语境（high-context）文化与低语境（low-context）文化两类。在他之后，跨文化传播领域最具代表性的人物是荷兰社会心理学家、管理学家吉尔特·霍夫斯泰德（Geert Hofstede）。他擅长将文化与管理结合起来的研究方法，关注文化差异对管理的影响，主要著作为 1980 年出版的《文化之重：价值、行为、体制和组织的跨国比较》。霍夫斯泰德广为流传的理论之一是以洋葱比喻文化的"文化洋葱图"，该文化分析模型将个体所承载的文化要素拆分为七层：物质、行为、情感、价值观、信仰、世界观、核心文化特征。另一理论贡献则是提出理解文化价值基本含义的五个维度：个人主义与集体主义（individualism versus collectivism），不确定性规避（uncertainty avoidance），权力距离（power distance），男性气质与女性气质（masculinity versus femininity），以及长期与短期导向（long-term and short-term orientation）。此外，他的诸多管理思想迄今为止依然被不少企业文化管理者加以运用。

继依托人类学开启跨文化传播研究、结合管理学研究文化差异之后，将民族志带入传播学领域展开跨文化传播研究的则是格里·菲利普森（Gerry Philipsen）。继民族志传播学创始人海默思提出相关概念后，菲利普森经研究实践提出文化代码理论，并以言语代码提出六大命题剖析人类日常生活中的文化与传播关系。在他之后，1992 年约翰·贝利（John W. Berry）所著《跨文化心理学》又将心理学引入跨文化传播研究之中。他最主要的理论成果便是文化适应理论和双维度理论模型，据此又概括出跨文化适应的四种方式：整合（integration）、同化（assimilation）、隔离

（separation）、边缘化（marginalization）。① 终其一生，贝利一直致力于构建跨文化传播心理学的理论体系。

除以上学者外，还有不少学者在跨文化传播领域不断深耕。比如提出"跨文化适应"理论的韩裔美国学者金荣渊（Young Yun Kim），她所构建的"压力—适应—成长"动态模型将个体进入跨文化时的情境完整表现出来；又如提出"面子协商"理论的美籍华人学者丁允珠（Stella Ting-Toomey），她对霍尔所提出的"高语境文化"与"低语境文化"理论作进一步阐释，将"要面子"与"给面子"作为不同文化语境相互沟通交流的办法；再如"传播适应"理论的主要代表人物美国学者霍华德·贾尔斯（Howard Giles），该理论同样深入于人类跨文化传播的日常活动当中。

目前跨文化传播研究的范畴较为宽广，包括但不限于围绕文化要素展开的文化价值体系、文化霸权与文化认同，围绕语言展开的语言与非语言的文化交流，围绕场景展开的旅游、商贸、流行及健康中的文化传播等，在各交叉学科门类中不一而足。一路走来，跨文化传播研究紧握时代脉搏，因时而动发展衍生出诸多新的研究视角，文化交流与碰撞之间纷繁复杂的表现形式与种种问题越发引起学界重视。

本书主要从上述跨文化传播的具体表现形式出发，以影视作品为案例拆解并阐述其中所呈现的跨文化交流与碰撞，主要内容包括各国特有的文化价值体系，以华裔、移民等群体为主的文化交流，涵盖性别、种族及国家的文化偏见与文化霸权主义，在交流过程中因差异导致的文化冲突，在积极互动中促成的文化适应、吸收并内化的文化接纳，以及基于共同认知的文化认同等，在案例分析过程中也会相应介绍上述跨文化传播研究学者及理论。这些跨文化传播过程中常见的表现形式在新的社会历史语境中也相应地展示出新的变化与问题，例如文化入侵、文化折扣、文化压力、文化休克等。

跨文化传播的问题在微观层面与我们每个个体息息相关。跨文化传播归根到底离不开人的主观能动性，相对自身而言，他人即被映照为他者，如何与他者沟通交流正是跨文化传播最基本的问题，正如单波教授所提出的以下两个问题："我能够交流吗？""我们与他们的关系如何走向自由、平衡？"② 在这个意义上，上述跨文化传播的具体表现形式扎根于个体与他者的交流之中，每个个体都承载着独特的文化印记，自我与他人在文化方面的相似性与差异性又可进一步扩展到自身所处群体与其他群体的

---

① 　BERRY J W. A psychology of immigration [J]. Journal of social issues, 2001, 57 (3): 615-631.

② 　罗慧. 单波教授谈跨文化传播的基本问题 [J]. 国际新闻界, 2016, 38 (6): 172-176.

交往过程，形成不同文化群体的符号系统交换。但回归到本质，跨文化发源于并终将作用于个体，对于跨文化传播的学习也有助于个体提升跨文化传播能力，对于自身的文化传承具有自觉自知的意识，对各种文化具备相应的了解，更好地处理与他者之间的交往及关系，在形成自我认知的同时也能尊重包容他者的文化。在这一方面，本书所选的跨文化传播案例将帮助读者增长有关各国文化的常识与理论知识，分享不同情境中涉及的文化底蕴，并向有兴趣研究相关领域的读者提供些许指引与参考。

在宏观层面上，跨文化传播不仅关乎国内社会与文化的发展，也影响着中国在国际社会中的国家形象与文化实力。近年来，我国在各项国际事务中扮演着愈发重要的角色，加强国际传播能力与水平，形成与我国综合国力和国际地位相匹配的国际话语权成为当务之急。而国际话语权"以形态分，包括由文字、图像、音乐、表情、手势、姿势等各种符号构成的多模态话语，既要发挥主流媒体和社交媒体在国际传播中的作用，也要借助文学作品、影视剧、翻译作品等推动中国话语向世界传播"[①]。由此可见，作为国际传播、对外传播中至关重要的一环，跨文化传播能力的提升成为一门亟待改进的"必修课"，与中国在国际舆论中话语权的影响力密不可分。

当前国际局势持续动荡，特别是在新冠疫情影响下全球化进程出现明显的"逆全球化"现象，国家保护主义与民粹主义此起彼伏，这对跨文化传播也造成一定的阻碍，在此背景下提升跨文化传播能力更成挑战。值得庆幸的是，目前国内各大高校的国际传播专业建设如火如荼，跨文化传播也成为多数新闻与传播专业的重要理论课程之一，旨在帮助学生建构跨文化传播思维，熟悉跨文化传播的内在规律。如何利用好跨文化传播，使之更好地为文化交流与文明进步服务，这不仅是国家、社会须考虑的议题，也应当引起每位个体尤其是相关专业学子的关注。

第二节　影视媒介语境下的跨文化传播

在影视媒介所呈现的跨文化传播之中，观众既可了解非语言行为的特殊性，如中国台湾电影《听说》，也可感受地区方言的魅力，如中国电影《火锅英雄》；既可察觉通用语言的重要性，如英国电影《国王的演讲》，也可借助承载文字的书信尽

---

① 吴瑛，乔丽娟. 国际舆论新格局与中国话语新空间［J］. 对外传播，2021（1）：9–13.

情想象，如日本电影《情书》；还可意识到广播在战争年代的作用，如罗马尼亚电影《永不中断的广播》。影视以海纳百川的包容性将其他媒介形态收为己用，无法记录的非语言行为与语言行为以影视画面与声音的形态被镜头记录下来，抽象的文字与不完整的图片在动态的影像中变得具象完整，影视集各种媒介优势于一身，已然成为跨文化传播最主要的新形式。

因此，虽然从媒介角度出发研究跨文化传播的语境有多种选择，但当下最贴近于大众的媒介形态当属影视，探讨跨文化传播必然绕不过对最新媒介形式的论述。在当前提倡的中国国际话语权的传播内容中，主流媒体与社交媒体、文学、影视及翻译作品被列为重中之重，而这些内容都离不开媒介的承载。本书特以影视媒介语境为前提，以影视作品为主要研究对象进行跨文化传播的案例分析。媒介与跨文化传播是共生共存的关系，影视作品内容呈现着过去与现在的跨文化传播活动，而跨文化传播活动也作用于影视作品的生产与传播，二者相互作用、共同发展。

首先，影视作品呈现着过去与现在的跨文化传播活动。车尔尼雪夫斯基有句脍炙人口的名言："艺术源于生活，又高于生活。"影视艺术中的跨文化叙事虽多为编剧虚构，素材却来源于真实的生活，经由原型提炼加工后再以艺术形式呈现于荧屏。比如获得 2019 年奥斯卡最佳影片奖的电影《绿皮书》，讲述黑人钢琴家雇用白人司机送他去南方巡回演奏的故事，两位主人公在历史上皆有原型，其中司机的人物原型之子作为该片编剧之一，在影片中部分还原其父与钢琴家巡演时因种族歧视导致的坎坷旅程。彼时美国种族隔离与种族歧视政策盛行，"非洲裔美国人"（African-American）的概念还未普及，黑人被冠以"有色人种"（colored）或"黑鬼"（ne-gro）的贬义称呼，只能遵循着绿皮书谨小慎微地生存。20 世纪已经飘散的历史情形读者们当然不得而知，电影却以再现的艺术令历史碎片再次生动鲜活，使观众以史为镜，得以窥见早期难以猜想的跨文化传播形态，了解犹如附骨之疽的种族歧视之来源，以及跨文化传播交流之路的艰难险阻。

其次，影视媒介语境为跨文化传播的分析提供跨越时空界限的平台。自文明诞生之初，不同文化的交流碰撞就在各个时间与空间中周而复始地发生着，但作为浩渺宇宙中微弱短暂的存在，人类在生命长度、肉身能力等有限维度里掣肘不断，所能察觉的文化认知多囿于己身，对于远方的人及文化所知甚少。而影视媒介则为人类突破时空限制、了解异于自身场域的文化提供最为便捷的平台，古有"秀才不出门，便知天下事"，如今影视也可令观众足不出户概览各地风土，于人情百态中领略文化底蕴。观众通过影像得以短暂地游离于习以为常的现实世界之外，体验一番颠覆头脑的想象风暴，间接学习电影中的跨文化传播，而后在现实生活中践行跨文化传播。

例如在新冠疫情暴发初期，日本导演竹内亮拍摄了中国抗疫题材纪录片《好久不见，武汉》，记录了封城结束后十位武汉普通百姓的生活片段。武汉这座因疫情被污名化的城市曾因信息壁垒遭遇无数误解，而这部纪录片为外地人乃至外国人了解武汉的真实状况打开了窗口。该片被朝日电视台、日本电视台等日本主流媒体转载播放，相关报道阅读量成功登顶雅虎国际新闻的排行榜，甚至有网友自发将该片翻译成多国语言以方便该片的国际传播。跨文化传播不仅体现在该片的国外媒介转播上，还包括网友以翻译的形式参与并促进了中国文化的国际传播。

最后，在现实层面考量，影视媒介语境具有丰富庞杂的资源与具象可感的情境，是跨文化传播学习较易切入且性价比最高的资源。相比于留学、移民等跨文化传播环境的营造，影视媒介的跨文化传播学习不必跋山涉水、旅居异国他乡，也无须优越的家庭背景、特定的语言储备或文化知识。较低的准入门槛使得影视媒介成为读者学习跨文化认知最适宜的方式之一。通过电影《卧虎藏龙》中武林的爱恨情仇，外国观众可了解中国古代的武林侠义精神；通过电影《我的盛大希腊婚礼》中希腊女性与非希腊裔男性的婚姻，希腊文化与非希腊文化的差异与冲突在家庭的缩影里被一一放大；通过美剧《初来乍到》中华裔家庭的美国日常生活，中美文化的双重浸染使得跨文化适应成为移民家庭的必修课。诸如此类的跨文化传播现象轻易发生且不会引起社会层面的广泛关注与重视，而在影视媒介的表达下这些现实情境的浓缩和艺术化再现比比皆是，体现出在对社会、文化议题的关注之余，也以通俗易懂的语言及画面提升了观众对跨文化传播的自觉认知。

相对而言，跨文化传播对于影视媒介作品的生产与传播也有一定影响，一般有助于影视作品的国际化传播，有时甚至会决定影视媒介的生产。电影《卧虎藏龙》获得第 73 届奥斯卡四项大奖，除却影片自身的优势外，也与导演李安遵循好莱坞发行策略，在美国为该片进行地毯式宣传造势有关。"中国电影走入国际市场，多靠导演亲自叫卖，这是中国电影，而不是西方电影特有的现象。因为中国电影在本地不景气，又没有海外市场，需要额外费力去打出来，明星不可能像我这样做地毯式的宣传。"① 李安亲历这部电影大大小小的宣传造势，为中西文化之间的交流不断努力，才使得《卧虎藏龙》在西方影迷有所了解的基础上夺得奖项。再如在国内电影

---

① 张克荣. 李安［M］. 北京：现代出版社，2005：8.

界大放光彩的吴宇森导演，因《英雄本色》《喋血双雄》等电影受到好莱坞公司的邀约，为此他苦学英语与美国文化，在好莱坞又经历了两年的跨文化冲击与适应，才凭借影片《变脸》奠定了好莱坞一级导演的地位，后续又拍摄了《碟中谍Ⅱ》等享誉全球的影片。若非在中美文化冲击中艰难适应，吴宇森逐渐习惯并接受了好莱坞的影片制作规则，这些影片也未必能与大众见面。

在影视媒介流行的今天，一帧帧影像画面的陪伴已成为一辈辈网生代的日常构成。迭代迅速的科学技术不断推进着媒介技术的多元与进步，VR、AR、MR 等不断挑战现实与虚拟的边界，历史、语言、地域、民族、国别等要素在跨文化传播过程中的限制作用不断减弱，互联网平台与传播技术使得跨文化传播在虚拟世界中频繁发生，再反作用于现实社会，形成协同联动。当然，媒介在加速跨文化交流的同时也催化了跨文化冲突的频发。媒介在搭建不同圈层文化交流、适应乃至融合的契机之余，也有激化跨文化碰撞、冲突甚至对抗的潜在风险，尤其在"逆全球化"现象中，这种加速容易导致矛盾的升级与后果的扩大。

在"万物皆媒"的时代，跨文化传播离不开作为基底的影视媒介语境。本书聚焦影视媒介，既考虑到影视内容的通俗性与趣味性，也顾及跨文化传播学理与现实相结合的功能性，希冀有助于读者在媒介语境中提高分辨与判断能力，以进一步提高在媒介化社会生存所需的跨文化传播技能。

第三节　案例研究法

本书以案例研究法为突破口，通过对通俗易懂的影视作品进行文本分析，有助于读者在接触跨文化传播领域时，能以轻松愉悦的心态消化吸收相关理论知识，从而为理解相关思辨性强的教程、专著打下一定的基础。在新闻传播学领域的跨文化传播研究专著之中，有关中国电影跨文化传播的历史轨迹、现实境遇、困境难点、传播策略以及影响力等，前人已有硕果，本书不再对上述内容进行赘述，而是以案例分析为切入点呈现当前国内外影视媒介中的跨文化传播，在比较的视野内考察中外影视作品在跨文化传播方面的差异，在此基础上提出中外影视媒介在跨文化传播方面各自的优势与不足，打破中外文化壁垒，更好地实现影视媒介的跨文化传播。

为此，我们首先需要对案例研究法进行界定，其次论述该研究方法用于影视媒介语境的适用性，最后阐明影视语境下的跨文化传播案例研究的价值及意义。

有关研究方法的书籍与定义存在差异，但学者专家们对案例研究法的特点与本质大多观点相近，如约翰·吉尔林（John Gerring）将概念界定为"案例指在某一时间点或经过一段时期所观察到的一种有空间界限的现象（一个单位）"①。而罗伯特·K. 殷（Robert K. Yin）则表示案例研究也属于实证研究，它的研究范畴是"深入研究现实生活环境中正在发生的现象（即'案例'）；尤其是待研究的现象与其所处环境背景之间的界限并不十分明显"②。从上述定义可知，案例来源于现实生活，经过对现象一定时间长度的深入观察可得，而案例研究则尽可能将现象从背景环境之中抽离出来，以单个案例或多个案例对其进行剖析阐释。

但案例研究的目的却并不在于将现象以故事的方式拾捡出来，或以数据的总结呈现于众，"而是力求通过这些具体信息，挖出对一些基本关系类别、基本特征表象、基本行为范型的认识"③。所以故事本身不是目的，通过故事的讲述进行知识生产才是案例研究法的价值所在。张静认为案例研究所能提供的知识通常有三种，分别是解释性知识、理解性知识及规范性知识，更高一层或许还可提供价值性知识；案例研究法源于对现实生活的观察，其研究成果也得回归于现实层面，它的出发点也就是落脚点。

经过对研究方法定义的拆解，可以发现跨文化传播及影视媒介都扎根于现实生活的土壤之中，尤其影视作品内容本身也或多或少地反映出其时的社会现象与大众文化，两者都以文化的形式反映并反作用于社会实践，选取典型的影视作品作为研究对象与案例研究法匹配度较高。但在媒介技术突飞猛进、媒介机构百花齐放的当下，媒介生产迭代速度较快，影视作品数量不计其数，题材类型繁多，但作品质量参差不齐，这就要求本书在选择研究范畴时侧重于跨文化关联度较高的作品，且匹配影视艺术的特性展开具象鲜活的阐述。

那么，通过影视作品的案例分析来研究跨文化传播有什么好处呢？

首先，影视作品的案例分析可以帮助读者获取有关案例语境所生产的知识。本书除了讨论经典跨文化传播理论，还对每个影视案例之中跨文化传播发生的原因、过程及结果都进行了概括和解析，有助于读者获取有关跨文化偏见、差异与冲突的

① 吉尔林. 案例研究：原理与实践 [M]. 黄海涛，刘丰，孙芳露，译. 重庆：重庆大学出版社，2017：14.
② 殷. 案例研究：设计与方法（原书第 5 版）[M]. 周海涛，史少杰，译. 重庆：重庆大学出版社，2017：21.
③ 张静. 案例分析的目标：从故事到知识 [J]. 中国社会科学，2018（8）：128.

解释性知识。而当案例中呈现出有关国家、民族的文化习俗等内容时，读者便可通过影视语境知晓不同文化群体的特征及特点，由此在日常生活实践中运用理解性知识提升自己的跨文化传播能力。在上述两种知识的基础上，读者还可以根据影视媒介所展现的跨文化传播结果获得启发，在消除文化偏见、文化霸权与文化冲突方面间接习得相关经验教训，在文化接纳、适应与融合过程中获得更佳的跨文化体验，以减少现实社会中遇到文化休克的可能。

其次，跨文化传播流淌于社会的日常生活实践当中，在相对稳定中不断游走变化，而同样日新月异的影视媒介能够敏感地察觉、捕捉这一过程，最终在时效性高、覆盖面大、传播速度快的影视作品中以艺术化的手法表达出来。采用案例分析则能够及时把握跨文化传播的新形态及其变体，对于影视所呈现的新现象进行创新性的阐释，在突破颠覆既有框架的束缚之余，还具备发现新理论、创造新思想的可能。如1979年王树忱导演的《哪吒闹海》与2019年饺子导演的《哪吒之魔童降世》在故事内涵与文化表达方面已大相径庭，两者的叙事背景虽都源起并传承了古代传统的神话故事主线，但在不同历史语境下所塑造的哪吒形象却相差甚远，前者中的哪吒是神性大于人性的英雄，而后者中的哪吒却是神性微弱而人性复杂的少年。这给我们的理论创新带来了较大的空间与可能。

再次，案例研究法时常遭受争议的一点便是案例是否具备典型性与代表性，所研究成果又能在何种程度上对现实世界具有普适性。案例受限于某一段具体的时空与情境，实难获得如自然科学般放之四海而皆准的规律与法则。但影视案例的选择可以通过对现实社会的高度还原或概括，以高水平的案例文本为对象来凸显其典型性，至少在同类型或同题材影视作品之中具备代表性，而非单薄的个例或绝无仅有的特例。

因此，本书在案例方面审慎选择分析对象，所援引作品考虑其制作质量与受众反馈。对单个案例研究分析充分考察单个样本的复杂性与特殊性，经过简化后对其作归纳、概括，从抽象中延展开来，以生动形象、鲜活完整的具象形态为读者还原被遮掩的边缘；对多个案例的研究分析又以实证的方式抽繁化简，详略得当地归纳总结某一现象，令读者更容易吸收、接纳该现象的特征及本质。不同文化因差异存在独特因素，但文化本身又有其普遍特征。因此，跨文化传播分析既离不开对单个案例独特性的还原，也离不开对多个案例普遍性的归纳总结。

最后，从教学角度来看，理论知识的学习多因学理性、思辨性较强而略显枯燥，一旦缺少问题意识、例证引导及实践接触，往往容易流于形式和表面，犹如囫囵吞枣不得其解，难以达到预期的学习效果。为解决这一问题，现在许多高校教育模式与课程设置中都已转向多元的教学手段，案例教学成为跨文化传播领域教学的有效抓手。本书采用适用于跨文化传播分析与影视媒介语境研究的案例分析方法，以详细完整的典型案例对跨文化情境进行细致入微的描述与分析，以小见大、深入浅出地阐释相关跨文化传播理论，两相结合令理论与现实的联结更为紧密，避免出现理论与实践"两张皮"的情况。

这种联结在跨文化传播教学中具体可表现为以下三点：第一，案例教学可以将理论知识同跨文化实践情境有效串联，在日常的、有趣的场景中学习理论知识，不仅能够加深学子对理论的理解，培养举一反三的能力，还可以理论指导实践，使其跨文化传播技能得到切实的提升；第二，案例教学所具有的故事性与趣味性可以充分调动学子的积极性和自主性，使之对跨文化传播产生兴趣点与好奇心，在主观意愿的驱使下自觉进行相关阅读与学习，无疑能够达到事半功倍的教学效果；第三，案例学习强调多种方法的综合运用，每个案例的特殊性有助于学子在不同案例分析过程中形成多维度分析的思维模式，在扩大视野之余也能拓展思维的宽度与深度，逐渐具有独立展开案例分析的能力。跨文化传播的案例分析可以同理论教程相结合，二者相互补充可以进一步平衡跨文化传播学习的专业性与通俗性。

本书共选择28个影视案例进行跨文化传播分析。除主要的影视作品，即经典电影、电视剧外，本书还将其他类型的影视媒介作品如纪录片、综艺节目、栏目频道、直播、网络游戏、专题事件等纳入其中，以此扩大案例研究对象的涵盖范围。此外，本书尽力兼顾案例分析的趣味性与可读性，试图抛砖引玉，激发读者对跨文化传播的思考。谨以本书为中国跨文化传播发展学术研究添砖加瓦，期待与有志同行者一道探讨。

第二章

文化价值体系与跨文化交流

所谓文化价值体系，似乎多数时间如同空气一般存在于日常生活，身处其中的人往往难以察觉，一旦有不同的"他者"文化相对应时又会恍然大悟，对于自身所处的文化价值体系有所了悟。比如，我们常常在与人交流时会谈及不同的三观、民族与信仰等，但鲜有人会意识到这就是文化价值体系的差异。

在对文化价值体系不自觉到自觉的认知过程中，我们会逐渐对自己或其他的文化价值体系有明晰的界限感，最简单也最直接的依据便是这三个核心要素：世界观、信仰、价值观。因此本章共选取五个案例，按照影视作品的历史时间为序，讲述内含中国文化价值体系的本土影视作品、华裔离散电影在跨文化传播过程中分别呈现了怎样的中国文化价值，以及这些呈现在西方文化视角下又如何被理解。此外，也以韩剧《鱿鱼游戏》为案例讲述韩流文化的反向输出。在比较研究的视野下，我们对于所在的文化价值体系如何形塑自身、影响世界才会有更完整的认识。

正如美国文化人类学家露丝·本尼迪克（Ruth Benedict）所说："随着我们日益变得有文化意识，我们可以使自己习惯于一种艰难的训练。我们可以训练自己，培养出对我们文明的主导特质进行判断的能力。对于一个在该文化特质影响下成长起来的人，要认识自己文化的特质是极为困难的。"[①] 跨文化传播需要我们首先认识自己，对自己的文化特质有所认知，才能更好地与其他文化交流、取长补短，以促进世界对中华文化的认知。

第一节　《饮食男女》：现代社会中国家庭伦理的瓦解与重生

一、案例介绍

电影《饮食男女》（*Eat Drink Man Woman*）是中国台湾导演李安"父亲三部曲"中的最后一部。该片讲述了一个中国台湾普通家庭的生活变化与家庭成员的情感故事。父亲老朱是当地的中国菜名厨，三个女儿各自上班，大女儿朱家珍是信仰基督教的保守教师，二女儿朱家倩是作风开放的职场女强人，三女儿朱家宁在快餐店上班。星期天的晚餐成为这一家人沟通交流的固定场合，也只有在餐桌前后，平

---

① 本尼迪克. 文化模式［M］. 何锡章，黄欢，译. 北京：华夏出版社，1987：193.

常互不干涉的一家四口才会进行情感的表达与交流，在餐桌上宣布自己的决定，告知其他家庭成员。故事的末尾，一贯无人问津的大女儿与三女儿都迅速结婚，离开原生家庭，父亲也出售老屋与大女儿的好友另立新家，唯独受人追捧的二女儿孤身独居，传承了父亲的厨艺。

一日三餐既凝结着父亲与女儿之间难以宣之于口的亲情，又以小见大地反映出中国传统的家文化与现代社会思潮的碰撞。"饮食男女"这四个字出自《礼记·礼运》中的"饮食男女，人之大欲存焉"，影片正如其名，紧扣"食欲"和"性欲"两条主线刻画中国传统的家文化在现代社会如何被"解构"再"重构"。

该片自 1994 年 8 月在美国艺术电影院线上映，获得了第 39 届亚太电影展最佳作品及最佳剪辑奖、戛纳影展导演双周开幕片、全美影评人协会最佳外语片、第 77 届大卫·格里菲斯奖最佳外语片奖、第 67 届奥斯卡金像奖最佳外语片提名，以及第 52 届美国金球奖电影最佳外语片提名，却在国内遇冷，在金马奖上颗粒无收，连票房也惨淡不已，不禁令人反思其中的问题。

二、理论聚焦：家庭伦理视角

根据影评网站"烂番茄"（Rotten Tomatoes）的评价来看，西方观众对于影片中所呈现的美食佳肴与琐碎日常兴趣颇深。中国菜同样能勾起他们的食欲，而基于性欲所产生的家庭伦理也让他们感到身临其境。人类最基本的两项生理需求使得这部影片被不同文化的观众接受。在分析该影片何以令中国式家庭被美国观众所喜爱之前，首先需要了解中国家庭伦理的历史及内涵。

在中国的传统文化中，家庭伦理的本质是社会与国家伦理的表现，由伦理关系、伦理结构与伦理作用构成完整的伦理规范体系。家庭伦理是一种社会共同体伦理，以家庭伦理关系为纽带、以伦理结构为支撑并以伦理功能为血脉。这一规范体系并不抽象，而是具体可行的，对个体人格的塑造和社会的规范有强大的影响力和渗透力。

从历史渊源来看，古代中国的社会制度最初建立在血缘氏族的基础上，原有的血缘部落逐渐转变为家国同构的伦理政治体制，国在家中、以家构国，由此形成了影响深远的宗法制度。① 自此，家庭亲缘关系成为中国伦理文化的根源和起点，家庭伦理关系是中国社会的基本伦理关系。整个社会与国家（朝廷）的伦理道德由家

---

① 周俊武. 论中国传统家庭伦理文化的逻辑进路 [J]. 伦理学研究, 2012 (6): 75－80.

庭伦理延伸而来，家庭、社会和国家三个层次的伦理关系互相渗透，三者融合成为贯穿个体与社会伦理关系的实体。如《大学》所言："心正而后身修，身修而后家齐，家齐而后国治，国治而后天下平。"①

中国传统的家庭伦理建立在"血缘—宗族"观念之上，表现出等级化、单一化和严格化的特征。② 首先，传统家庭伦理等级森严。儒家文化在传统的长幼伦理关系等级秩序下，对长幼关系强调"父为子纲"，对夫妻关系强调"夫为妻纲"，并将这一思想贯穿整个社会体系。至今，中华民族依然强调尊老、敬老、养老等美德，"孝文化"已顺延千年而不衰；而丈夫作为一家之主享受男权至上，妻子处于从属地位并承担家务劳动的分工体系也绵延至此，整个国家及社会仍旧默许男性被赋予振兴家族、担负重任的角色，期望女性符合男性需求而温顺体贴、维护家庭和睦。这种强调"血缘为核"的宗族关系仍然表现出父系氏族的典型特征，即以男性长者为中心，构建出由内而外的伦理圈层，形成等级分明的"家族制"。

其次，由于传统家庭结构依附于族权制度和宗法制度，家庭伦理结构比较单一。尤其是在家国同构的统治下，"父权""夫权"在家庭结构中占据统治地位，决定着整个家庭的结构乃至家族的发展。传统社会强调集体协作和分工，重视子嗣绵延、家族兴旺，因此在传统宗法文化主导下，家庭建设的目标结构模式是"四世同堂"的"大家庭"。家庭成员共同管理家庭资产，个体不具有任意支配财产的自由与权利。各个成员依赖于家族的运行，家族命运与个体命运捆绑在一起，并且家族命运高于个体命运。③ 这种以家为单位的家长制随处可见，家庭成员共同生产、分利，也一道承担风险，个体的小家庭受大家族与宗法制的约束。

最后，中国家庭伦理规范向来是社会伦理规范的基础，因此家庭伦理也强调合法性与纪律性，有严格甚至苛刻的特征。常言道"国有国法，家有家规"，家庭、家族的运行依靠严格的律令治理，由此构成稳定的社会秩序。因此，在家庭伦理体系建构的过程中，家规、家训作为传承家风的文本，传递了家族的道德规范和伦理纲常。④ 当然，除了家规、家训等以家为单位的教化文本，其他经典著作如《论语》《大学》等也将家庭伦理文化与各类知识融合在一起。在严格的家庭伦理规范下，男性和女性有着严格的分工，如男性承担物质生产、文化教养等主要活动，女性则

---

① 李桂梅. 现代中国的社会伦理与家庭伦理［J］. 湖南师范大学社会科学学报，2004（2）：51－54.
② 李云峰. 中国家庭伦理共同体的时代变迁、现状审视及逻辑建构［J］. 伦理学研究，2022（1）：127－134.
③ 李桂梅. 略论中西家庭伦理精神［J］. 湖南师范大学社会科学学报，2005（2）：20－23.
④ 周俊武. 论中国传统家庭伦理文化的逻辑进路［J］. 伦理学研究，2012（6）：75－80.

谨守"三从四德"的本分为家中男性服务，承担整合家庭关系、抚育孩子和传宗接代的义务，这种分工时至今日仍不少见。

中国家庭的传统伦理严格又统一，从古至今一直维系着整个社会的和平稳定与正常运转。因此在传统社会，考察伦理也是围绕"家"本位而展开。而中国传统的家庭伦理在现代社会文明冲击下所产生的变化，正如影片《饮食男女》所呈现的那般，从传统家庭伦理的"瓦解"开始。

三、案例分析

《饮食男女》的故事发生在 20 世纪 90 年代的中国台湾省台北市，主人公是一个普通台湾家庭的父亲及他的三个女儿。作为自古以来中国不可分割的一隅，台湾虽然历经现代化制度的改革及西方文化的冲击，但是中国文化底色中的传统家庭伦理与规范从未褪去。象征着两地文化同根同源的中国菜，以朱家家宴的形式在影片中出现了六次。该片以饮食为切入点描摹出该家庭"瓦解"与"再生"的全过程。

1. 家庭伦理文化的"瓦解"

如前文的案例介绍所示，妻子早逝的老朱独自拉扯大三个女儿，直至她们长大成人各有工作，一家四口仍然住在一起。作为饭店大厨的老朱除工作外还在照顾女儿们的饮食起居，为女儿们做色香味俱全的晚餐，帮女儿们洗衣服，叫女儿们起床等。这一人物形象与中国典型的严父角色有明显的背离，但总体来说这个家庭的运转方式依然受到传统家庭伦理的约束。

父亲与三个女儿彼此间地位是不平等的，父亲的权威仍然不容置疑，且对女儿们情感的表达也有难以逾越的文化屏障。例如，当女儿提及父亲的味觉退化和心脏状况时，父亲总是毫不犹豫地打断她，拒绝承认自己的健康问题；家倩尝到火腿"蒿了"后，犹豫着说了出来，问是不是父亲的味觉不灵了，父亲一口反驳"我舌头好得很！"再如，父亲要求女儿们星期天回家吃晚餐，她们即便有事也不得不赶回家中，面对满桌佳肴并没有食欲大开，反而视之为避免父亲生气的"任务"，姐妹三人吃着父亲精心准备的大餐，却只担心父亲的不满与责怪。

当然，这种不善表达情感也体现在女儿们对父亲的态度上。家倩偶然在医院碰见父亲体检，在一边等待很久的她在父亲走后与医护人员对话，才知道父亲的心脏出现问题，却始终没能上前与等电梯的父亲直接对话，泪水满眶地维护着父亲的要强。这也体现出即便接受过高等教育，女儿们仍然默认父亲作为家庭的权威是不容置疑的，父亲不愿意示弱，那么她们就不能忤逆他的意愿。父亲作为一家之主坚定地维系整个家庭运转，但终究这个"大家长式"的家庭在现代文明的冲击下开始慢慢"瓦解"。

（1）从"家本位"到"人本位"。

中国传统家族的宗法人伦秩序的基本精神内核是"家庭本位"，一切应当以家庭的利益为重。① 也只有在家庭完整的情况下，个体才能实现自身的利益，因此每个人都要为家庭的运行而努力。男性承担的是供给经济、维系家庭正常运行的责任；女性则负责教养孩子，维护和睦的家庭关系。在电影中，大女儿家珍的人格特征及其表现就是"家本位"的伦理精神。

家珍是家中年纪最长的女儿。她沉闷中有些偏执、不容他人质疑的性格与父亲相似。有句古语为"长姐如母"，作为长女，家珍在母亲缺席的家庭中不得不承担比妹妹们更多的责任，为此她努力维护家庭的和睦，小心翼翼地克制自己对自由与爱情的渴望。如同传统家庭的母亲一般，家珍注重自己在家庭中仅次于父亲的权威，常常扮演母亲的角色，对两个妹妹的说教导致她与家倩一直处于疏离的情感状态。家珍认为妹妹不愿意跟自己分享她的内心，但家倩说："自从妈死了以后，你就开始当起了我的家长，而不是我的姐姐。"

影片的奇妙之处也在于此。作为一名基督徒的家珍洁身自好、思想保守，为了维系家庭暗自做好牺牲自己的准备。即便因为妹妹即将另立门户而心理不平衡，但还是默默承担了为父亲养老的责任。影片中家珍多次表示过自己的立场，比如在与锦荣聊天时，家珍就说"反正我是要照顾爸一辈子的"；当谈及过往，家倩问她为什么当初不跟男朋友李凯去美国，家珍的回答是"这里是家，是爸的全部"。为此，她不断压抑自己对恋爱和婚姻的需求，以坚定的信仰将自己包裹为清心寡欲、纯真圣洁的形象，而这些品质也符合中国传统家庭母亲的形象。但实际上，作为一个正处于青春年华的女性，家珍在这种灭人欲的自我压抑中已濒临崩溃。在家中听到猫叫春、邻居唱歌，她就会烦躁难忍；在课堂上抓住学生传情书，她也会不近人情地严厉批评。

家珍的性格真实还原了传统父权家庭影响下女性自觉背负的重担：她对上要承担为父亲养老的重担，对下还要照顾妹妹们，维系整个家庭的团结和睦，无须嘱咐便自觉牺牲。这种压抑并非来自外部的强迫，而是顺应家庭伦理之下的自我剥削，其背后是数千年父系社会对女性思想的灌输，因此家珍才更难以释放自身的欲望。

然而，在影片结尾部分，家珍也像家宁一般先斩后奏，不管不顾地自行结了婚，

---

① 高乐田. 以人为本重构中国家庭伦理［J］. 湖北大学学报（哲学社会科学版），2002（6）：73－76.

在晚餐告知家人后便与新婚丈夫离开，婚后使得丈夫一同成为宗教信徒。她在长时间欲望的压抑下突然爆发，思想从"家本位"转变为"人本位"，最终获得了个体的解放。这种人物的自我觉醒也正符合美国影视主要的叙事程式，相关影评也认为这样的结局并未令人跌破眼镜，尚处于情理之中。

（2）走出家庭的"性"。

在中国的传统社会中，"性"的议题在家庭层面是消失的。只有在传承家族"香火"的阶段，"性"才会被隐晦地提及，仿佛获得了特殊的许可证。除此之外，"性"在传统社会伦理体系中被有意地忽视，似乎它唯一的价值便是人类繁衍后代，而个体的欲望无足轻重。因此在家庭中，"性"作为人类最基本的欲望被个体严格克制，唯有在家庭共同利益面前才会被释放。但在现代文明的冲击下，"性"也逃离了"家庭"的束缚。

电影《饮食男女》中的二女儿家倩是航空公司的管理层。作为前卫的成功职业女性，她的"性"观念对比大姐的保守显得更加开放，虽在家庭中未曾提及，但在社会交往中向来敢于承认并追求自己的欲望，如在与前男友分手后，两人仍以朋友之名保持肉体关系，享受两性关系带来的满足的快乐；在得知干将李凯已婚已育之后，也不以道德枷锁束缚自己对他的好感与渴望。但她在纵情声色的同时，也会将在家中无法获得的亲密感不自觉地投射到自己的性伴侣身上。最终，姐妹各自结婚，连父亲都有了新的家庭，唯有家倩一人独居，重新捡起中断的厨艺，代替父亲烹煮佳肴邀约家人们聚餐。就家倩这个角色而言，在经历现代化改革的二十世纪末，女性开始觉醒并尝试解放自身。

"饮食男女，人之大欲存焉。"影片从一道道中国传统美食佳肴开始，在一次次的家宴中展现家庭关系的变化，叙述人的基本欲望——"性"与"食"。家倩是现代社会职业女性的象征，性格坚韧好强，追求独立自主，性观念开放，与彼时美国女性相似度较高。作为影片中女性故事的主线人物，家倩的故事也十分符合美国观众对电影的期待视野。

（3）"欲望"从伦理体系中"释放"。

中国自古被称为礼仪之邦，礼教是维系封建社会制度的重要工具，也是伦理体系中重要的思想源流。宋代理学家朱熹提倡礼的回归，讲求"克己复礼"，追求"存天理，灭人欲"。该思想要求对人的私欲加以控制，认为个体应当遵循"天理"，即中国古老的道德传统与伦理体系。西学东渐时期，新文化运动强调推翻旧道德、建立新道德，理学思想便一度被视为封建礼教的典型而遭到强烈抨击，"克己复礼"等礼教原则也逐渐被现代文明所抛弃。封建社会被推翻后，中国文化受到西方文化的剧烈冲击，社会制度、经济体制和大众文化方面都发生了翻天覆地的变化，社会伦理体系自然也随之发生巨变。在当今社会，个体的私欲在市场经济运行下被鼓励释放，成为一种新的道德规范，个人主义虽仍服从于集体主义，但也不再处于边缘化的隐形状态。

所以我们可以在影片中看到，老朱一家人都在追求各自的欲望，无论是逃离家庭、追求情爱还是满足性欲、组建家庭。三女儿家宁看似天真可爱，但故意制造闺蜜及其男友之间的嫌隙，随后乘虚而入俘获本属于闺蜜的男友。在第三次家宴中，家宁突然向家人宣布自己怀孕，随后画面就来到她在雨夜和男友搬家的场景。最后，老朱在家宴上公布他与家珍好友锦荣的恋情，宣布自己将组建新家庭、出售老房子的计划，起初遭到女儿们的强烈反对。在这个母亲缺位的家庭中，女儿们试图获得父亲的关心和爱。但父亲作为传统家庭的家长，疏于沟通也不擅长情感的表达。在长期的隔阂生活中，女儿们离家的愿望愈发强烈，连父亲也在别处寻求情感寄托。父亲在长期的单身生活中压抑自身欲望以致丧失味觉，而在组建新家庭后又突然寻回了味觉。

在家中每个人都能通过聚餐获得食欲的满足，但基于性欲产生的爱的需求未能得到满足，最终在一次次的家宴中每个人都为了离开家庭而发出公告，家庭在这个过程中逐渐解散。

2. 家庭伦理文化的"再生"

影片除了讲述老朱家的故事，还讲述了梁伯母一家的故事。梁伯母育有两个女儿，大女儿离婚后独自养育孩子，小女儿远嫁美国。梁伯母先是奔赴美国来到小女儿锦凤身边，试图融入当地文化却以失败告终，又回到台北和大女儿锦荣居住，对中国传统家庭文化的变化有着更为清晰的认知。在与老朱的对话中，她以自己的亲身经历安慰他"儿孙自有儿孙福"，儿女长大了终归要脱离原有的家庭，在新的屋檐下生活，如此看来儿女们都是靠不住的。

费孝通认为中国乡土社会的关系网络如同差序格局，每个个体都是他人社会影响的中心。个体都是以家庭为单位，通过血缘、地缘来划定自己的关系网络和行动范围。中国台湾地区大多数人口最初都来源于大陆的大家族体系，后来移居台湾重新扎根。在现代化的冲击下，小家庭也在个体的不同选择下进行分化，难以再聚合成大族群。

影片中的第五次家宴彻底将家的含义放置在现代社会语境下进行阐释。老朱在公布他与锦荣的恋情之前，借酒直言："其实一家人在同一个屋檐下，照样可以各过各的日子。但是从心里产生的那种顾忌，才能成为家的意义。"朱家的每个人都曾小心翼翼地维系家庭的和睦，为此不得不压抑自己的想法，试图以保持平衡的方式维系个人与家庭间的关系。但最终两个女儿选择离开这个家庭，结婚并组建新的家庭，追求自由与爱情。老朱也选择公开自己与锦荣的恋情，和锦荣组成新的家庭。作为家庭关系中最具权威的黏合剂，他也打破了传统家庭伦理对自己的束缚，不再担负原有家庭"大家长"的身份，管理女儿们的生活日常，将自己束缚在过去的婚姻关系与家庭关系中。

影片开头，老朱试图用每周的聚餐来维系家庭的互动与沟通。但实际上，女儿们都不再注重这点口腹之欲，反而想摆脱原生家庭的束缚，家在"摇摇欲坠"。随着三女儿、大女儿相继嫁人，影片快结束时，老朱主动宣布家的"解散"，他也不再当厨师，而是专心经营自己新组建的小家。

片尾，二女儿家倩如同曾经的父亲那般，做了满桌家宴邀请家人团聚，但只有父亲老朱到场。他认为汤里的姜太多了，家倩说："跟以前妈做的一模一样啊！"老朱这才反应过来，自己的味觉恢复了。最后，老朱的一声"女儿啊"，家倩的一声"爸"，让女儿和父亲在和解的同时又找回了"家"的感觉。

在现代社会中，个体与家不再是"共存亡"的关系，家庭更多是一种情感纽带，是个体寻求亲情的所在。朱家在现代社会前进的车轮下分散，却又在食物的抚慰、亲情的沟通中"重生"，形式化的团圆聚餐被打破，但家的记忆、家的食物以及家人的情感再度构成了家的意义。

四、案例启示

中国作为历史悠久的国家，拥有璀璨的文明，大唐盛世一度引领世界文明的前行。但在近代工业文明中，中国传统社会逐渐土崩瓦解，讲述中国故事不仅为内宣所需要，也要寻找适宜于外宣的跨文化传播方式。在美国学习电影拍摄的导演李安无疑摸索出了自己的道路，他以好莱坞式的拍摄手法讲述中国台湾普通家庭的故事，将人性中对"食"与"性"的需求作为阐述中国"家文化"的切入点，再结合美国编剧的意见进行修整，最终拍出了西方观众喜闻乐见的影片。

李安的"父亲三部曲"一以贯之地描摹了中国传统的家庭伦理，向西方观众展示了中国传统家庭是如何受到现代文明的冲击，逐渐融合成新形态的故事，在影片中也或多或少地融入了美国元素。通过一个个以家为单位的故事，李安以人性为立足点，表述个人在融入社会体系过程中的反抗与接受。在现代社会的伦理体系中，中国传统伦理对性的压抑与西方文明对性的开放形成鲜明对比，"父亲三部曲"影片中也不时会突出这种跨文化的差异，作为戏剧矛盾的焦点在家庭日常生活的琐碎中呈现。不论是李安的《饮食男女》《喜宴》还是《推手》，都反映了家的伦理关系、伦理结构和伦理功能的变化，反映了中国传统社会与西方现代工业文明的接轨。

李安的"父亲三部曲"均以家庭为讲述中国故事的核心单位，以个体故事的叙述展现中国传统家庭伦理的结构，其后再阐述中国伦理体系的重构。每一个故事主角都是随处可见的普通人，但李安又能够将人性的共通之处细细勾勒出来，在简单的故事中捕捉传统伦理秩序的影子，在个体身上放大中国现代文明的进程，再结合中美文化的差异与冲突通过镜头呈现出来，这是李安导演向西方观众讲述中国故事的不二法门，也是"父亲三部曲"的最为精妙之处，对中国影视剧的国际化传播大有启发。

第二节 《琅琊榜》：从文化价值观维度看中国古装剧出海日韩

一、案例介绍

《琅琊榜》（*Nirvana in Fire*）是 2015 年中国现象级的古装电视剧，改编自作家海宴的同名小说。该剧的故事背景为参照南梁时代虚构的架空世界，讲述"麒麟才子"梅长苏沉冤昭雪、扶持新君、振兴国家的政治斗争历程。该剧开播以后在国内收视率持续攀升，播出仅一个月网络播放量就超过 65 亿次，微博话题榜的阅读量超过 20 亿次。[①]《琅琊榜》凭借宏大的叙事、精湛的摄制再现中国古代文化的典雅之美，通过朝廷上下、皇室内部对权力的争夺再现了中国传统文明之博大精深，主角梅长苏睿智冷静、深明大义的人物形象也备受观众喜爱。这部剧因此成为 2015 年最受中国观众欢迎的电视剧，并获得中国电视剧"飞天奖"中的优秀电视剧奖和优秀导演奖。

除在国内取得超高收视率与轰动效应外，《琅琊榜》还成为继《甄嬛传》之后又一部成功出海到日本、韩国和东南亚国家的中国古装剧。它在韩国中华 TV 创造了历史上最高的收视率，在韩国视频网站 TVING 上单集点击次数高达 15 000 次。有关围绕该电视剧产生的主题旅行也在韩国引发热烈反响，单人旅行费用高达 110 万

---

① 祁娟. 优美与崇高：谈电视剧《琅琊榜》的美学价值体系 [J]. 当代电视，2016（1）：26－27.

韩元。① 在日本,《琅琊榜》于2016年在日本银河电视台播出,获得了一定的口碑,收视率和评价颇高。②

近年来,中国古装剧如《陈情令》《甄嬛传》《花千骨》《步步惊心》等被广泛引入东亚周边国家。由于日本、韩国与中国同属东亚文化圈,三个国家的文化渊源颇为深厚,这就为彼此间的跨文化传播奠定了一定的文化基础,使得国家间的影视剧传播较为便捷。因此,本案例从文化价值观维度切入,研究《琅琊榜》成功进军日本与韩国市场背后的文化原因。

二、理论聚焦:文化价值观维度

本书第一章提及,20世纪60年代荷兰社会心理学家霍夫斯泰德为了调查企业组织之间的文化价值差异,用大量调查研究各国员工在价值观、文化理念方面的国别差异,随后出版《文化之重:价值、行为、体制和组织的跨国比较》,其中提出分析文化价值观的五个维度:权力距离、不确定性规避、个人主义与集体主义、男性气质与女性气质、长期与短期导向。③ 同属东亚文化圈的日本、韩国在这五个维度上表现出较多的相似之处,它们较为典型的价值理念是集体主义精神,这与西方国家的个人主义形成了较大差别。

从文化接近性的角度来看,中国、韩国与日本三国从古至今在文化观念、价值取向方面非常接近,因为三者在文化源流上都承接自东亚儒家文化圈。这一圈层以古代中国为核心,主要的宗教文化、服饰文化、礼俗制度及文字体系都出自古代中国,在某种程度上东亚儒家文化圈也可被称为中华文化区。东亚文化以中华文化为轴心,辐射到东亚各国以及东南亚部分国家。④ 因此,对于展现出古代中国文化风俗、道德制度与审美情趣的文化产物,日本与韩国等东亚国家观众天然便能产生亲切感,且相较西方观众而言更为热衷。

---

① 韩国吹起"汉流"《琅琊榜》领军[N/OL]. 朝鲜日报(中文版),(2016 – 08 – 04)[2022 – 09 – 20]. http://cnnews. chosun. com/client/news/viw. asp? cate = C04&mcate = m1003&nNewsNumb = 20160845611&nidx.

② 「瑯琊榜」が日本で放送へ、中国語音声に日本語の字幕[EB/OL]. (2016 – 01 – 21)[2022 – 09 – 20]. http://j. people. com. cn/n3/2016/0121/c206603 – 9007322. html;青树明子.「完全被迷住了!」日本人如何看待中国电视剧?[EB/OL]. (2017 – 06 – 12)[2022 – 09 – 20]. https://zh. cn. nikkei. com/columnviewpoint/tearoom/25528 – 2017 – 06 – 09 – 09 – 40 – 59. html.

③ 霍夫斯泰德. 文化之重:价值、行为、体制和组织的跨国比较[M]. 2版. 上海:上海外语教育出版社, 2008.

④ 田文棠. 儒家文化与东亚文明[J]. 唐都学刊, 2006(2):120 – 125.

三、案例分析

东亚儒家文化圈中究竟有哪些文化价值受到各国共同的认可呢？中国古装剧又如何呈现这些文化价值以博得观众好感？下文将从儒家礼文化、文化价值观维度中的集体主义和权力文化出发，分析电视剧《琅琊榜》在国内成为现象级热播剧的同时也能在日本与韩国等地区流传甚广的原因。

1. 文化同宗：儒家礼文化

儒家的礼文化包括礼节和礼仪两部分，是儒家文化对"礼"这一观念的综合概括。由于中国的"礼文化"是儒家思想体系的根基，有时儒学也会被称为"礼学"或"礼教"。即便中国的社会形态不断变化，"礼义廉耻""忠孝节义""仁义礼智信"等观念在今天仍然形塑着中华民族的性格与品德。在儒家文化统摄社会体制的历史时期，礼与法捆绑在一起，作为"天地之序"而具有教化国民与规范社会的功能。古代中国作为东亚文化圈的核心，儒家礼文化不断地辐射并影响着日本社会。

在公元 600 年左右，日本宪法中就出现"以和为贵"的礼法精神，还有"君臣有礼位次不乱，百姓有礼国家自治"等关于礼文化的表述。在现代化改革过程中，日本也并未抛弃礼法文化，而是主张"东洋道德，西洋艺术"。甚至当前日本民众所行的鞠躬礼仪，也起源于中国的儒家礼文化。这种影响力也同样在韩国落地生根。敬语文化是韩国文化的特征之一，它来自韩国人对自然力量的崇拜，而随着封建王朝的建立与儒家文化的传入，敬语文化逐渐丰富成熟并成为封建体制的重要秩序体现。① 敬语文化中不仅包含尊卑等级，也融入儒家文化的"礼让"。由此可见，韩国在现代社会冲击下仍能保留敬语，与中国民众仍以礼文化约束自身的原因如出一辙。

这些礼文化在电视剧《琅琊榜》中也展现得淋漓尽致。该剧不仅有中国山水画般的景象，还设置了蕴含着丰富"礼仪"文化的人物形象。主人公在相见或离别时都恪守礼俗，涉及拱手礼、揖礼、附手礼等，且礼仪根据场合与人物身份的不同而相应变化。例如，静嫔面对太皇太后行稽首礼，面对皇后则行顿首礼，给长公主行万福礼，给其他妃子行空首礼；长辈对晚辈不需要还礼，而同辈之间则需要还礼。穆霓凰与梅长苏在未相认时相互之间行的是揖礼，相认以后则行万福礼。不同的礼节既明确体现了人物的身份地位，还反映出人物间的关系远近。礼节不仅运用在人

---

① 李丹. 韩国敬语与礼文化的"力"驱动关系研究［J］. 东疆学刊，2015，32（4）：49－52.

物相遇、分离之际，在丧葬习俗中也有要求。比如，在皇祖母薨逝时，众人行的是振动礼，这是丧礼相见时隆重的跪拜礼节。

以上礼节在现代社会人们的日常生活中已然消失无踪，却作为宝贵的文化资源流传下来，成为中国古装影视剧中独具魅力的文化底蕴。日本与韩国同样是尊崇礼文化的国度，因此两国观众很容易对中国古装影视剧中表现的礼节礼义产生亲切感与共鸣。也正是这些礼俗细节之处的真实还原，令《琅琊榜》显露出超越国别的生命力和影响力，赢得了日韩观众的偏爱。

2. 集体主义精神：家国情怀

中国是信奉集体主义文化的典型国家，家国同构的思想历来与儒家伦理文化相勾连。古代中国长期以小农经济为主，形成了以家庭为核心的社会单元模式，而儒家学说主张以己推人、由近及远，将原本属于家庭的血缘关系推广到社会关系，如"老吾老，以及人之老；幼吾幼，以及人之幼"，因此推而广之，国家也是所有人的大家庭。① 与此同时，三纲五常也统摄着家庭、家族与国家，父子关系是家庭等级规范的核心，君臣关系是政治等级制度的核心，而君臣、父子同构，又形成了忠孝一体的道德思想。这种家国同构的伦理文化强调集体主义精神与道德理念，个体被束缚在家族的秩序中，臣子被束缚在国家的政治等级秩序中。这种文化精神历久弥新、影响深远，光宗耀祖、精忠报国现在仍然是中华文化大力宣扬的民族美德。

与中国相似，日本与韩国的社会文化也属于典型的集体主义文化。露丝·本尼迪克对日本民族性的研究发现，在日本社会，对个人行为的评价是重视集体而轻视个体，个人要利用集体的期望去约束自身。② 与此类似，有学者指出韩国社会受儒家文化的影响，总体上也强调集体的价值，强调个体对集体关系的维护，目的是实现和谐与统一。③

就集体主义精神而言，《琅琊榜》中的主角梅长苏象征着古中国文明中的士阶层，他们有着深明大义的家国情怀与忧国忧民的赤诚之心。剧中，梅长苏回京城的首要目标是完成父亲的心愿并为家族洗刷冤屈，以告慰赤焰军的亡灵。即便自己跌入火海，但为了父亲的遗言、为了证明家族清白，他仍承受扒皮去骨之痛，再度卷入朝政之争；即便他最初的所作所为只是为了让家族沉冤得雪，但看到国家统治走向衰败之时，他

---

① 舒敏华．"家国同构"观念的形成、实质及其影响［J］．北华大学学报（社会科学版），2003（2）：32－35.

② 罗长海．企业文化与集体主义价值导向［J］．社会科学，1992（4）：41－45.

③ 刘志东．论儒家文化对韩国崛起的影响［J］．辽宁大学学报（哲学社会科学版），2000（4）：82－85.

又殚精竭虑地将锐意进取的萧景琰推上皇位，以保江山社稷安稳、黎民百姓太平。生命垂危之际，他仍然将家族、国家放在首位，最终战死沙场了结一生。

"苟利国家生死以，岂因祸福避趋之"这句古语出自中华民族伟大的爱国英雄林则徐。古往今来无数仁人志士为了国家甘愿奉献出自己的生命，这样的利他精神在崇尚集体主义的社会更容易获得理解与认同，因此《琅琊榜》在日本、韩国等东亚国家较易受到欢迎。

3. 权力文化：智斗与权谋

"权谋"即诡变的计谋，往往与智斗同时存在。[①] 法家集大成者韩非子认为君主必须有权有势，方能治理天下，"万乘之主、千乘之君所以制天下而征诸侯者，以其威势也"[②]。在中国封建社会时期，上层王公诸侯为了争夺王位而权斗，下层官员为了升迁而钩心斗角，权谋文化在朝堂内外、上下阶层中普遍存在。古代小说中也有不少以政治权谋为主题，如四大名著之一的《三国演义》就是一部权谋与权术大全，讲述了东汉末年魏、蜀、吴三国争夺中原霸主地位而战争不断的故事。它将各国谋士之间的智斗描绘得精彩绝伦，三十六计如雷贯耳，反间计、美人计、骄兵计、空城计等谋略惊艳四方。这部小说同样在日本、韩国有较高知名度，日本社会甚至掀起过全民"三国热"。[③] 除原著小说外，漫画、游戏等形式的衍生产品也颇受欢迎，类似的情景在韩国社会也同样上演，由此可见日、韩两国民众对中国王朝历史中权谋之争题材作品的喜爱程度。

回溯中国古装剧的历史，自1980年以来以宫廷生活为主题的电视剧不断涌现，其中有不少涉及政治权谋的历史古装剧，如《雍正王朝》《汉武大帝》等，其中权谋斗争是推动剧情发展的重要因素。[④]《琅琊榜》也可归于此类，该剧的权谋斗争由两条主线构成：一是"复仇"，二是"夺权"。争夺王权的过程中发生了一系列惊心动魄的故事，包括兰园藏尸、妓院杀人、内监被害等，这些血案的背后正是各方权势的较量。比如在宁国侯一案中，各方权力汇聚一堂，上演角逐王位的最后一搏，政治权谋表面上没有腥风血雨，实则暗藏杀机，内里隐藏着无数的智慧与心计。而梅长苏则凭借丰富的阅历与超群的智慧，生得一颗七窍玲珑心，最后如愿以偿，成为权谋斗争中的赢家。

---

① 熊笃.《三国演义》的兵家权谋 [J]. 明清小说研究，2002（3）：163-175.
② 韩非. 韩非子 [M]. 张觉，点校. 长沙：岳麓书社，2015：191.
③ 陈甜. 古典文学的海外传播及启示：以《三国演义》为例 [J]. 社会科学家，2017（9）：145-148.
④ 王俊秋. 权谋文化传统与"清宫戏"的盛行 [J]. 中国文学研究，2008（3）：102-105.

由此可见，《琅琊榜》也体现了中国传统文化中热爱智慧的价值取向，在"以和为贵"的风气中，所崇尚的处事作风也是能智取绝不武斗。正所谓"知者不惑"，行事通达、智慧灵活，才能"运筹帷幄之中，决胜千里之外"。这也是深受三国文化影响的日本、韩国民众对《琅琊榜》产生好感的原因之一。

四、案例启示

继 2011 年《甄嬛传》获得成功的跨文化传播之后，《琅琊榜》作为一部由架空小说改编而来的古装剧也成功出海，在日、韩电视剧市场中分得一杯羹。不过虽然现在出口日本、韩国的中国古装剧较以往有所增加，但真正引发热度的佳作数量还比较少。《琅琊榜》之所以在日本、韩国能够拥有较高的收视率与知名度，不仅因为影视本身的制作优良，更因为剧中蕴含着丰富的中国传统文化。从礼俗、服饰、场景等颇具中国古典美学意境的文化物质载体，到体现集体主义精神的家国情怀、反映智斗与权谋的权力文化，无处不在的中国元素与传统文化将一个个精妙的故事串联起来，勾勒出权力派系之间的矛盾与冲突，引发观众强烈的好奇心与观看欲，这才是这部影视剧得以实现跨文化传播的根源。

作为东亚文明的核心，中国一度作为东亚地区文化的引领者，不断辐射并影响周边各国的文化发展形态。这样深厚的历史根源使得如今中国古装剧的出海也便利不少，容易受到周边国家的广泛关注和热烈欢迎。即便如此，除利用好跨文化传播的基础——与东亚国家文化的同根同源外，还应当进一步挖掘中国传统文化中的优秀元素，使得传统文化、现代技术与人文价值理念深度融合，中国古装剧才有可能走出东亚，获得更广泛的接受与认可，从而再现中华文明的光辉。

第三节　《狼图腾》：乡愁文化中的跨国家跨民族价值取向

一、案例介绍

电影《狼图腾》（*Wolf Totem*）改编自姜戎的同名小说，由法国导演让·雅克·阿诺执导拍摄，历时 7 年筹备与制作，并于 2015 年在中国和法国先后上映。作为首部由外国导演执导拍摄的中国自然生态相关电影,《狼图腾》在拍摄之时就考虑到了全球化的上映与传播,让·雅克·阿诺在以原著为参考的前提下,在电影的拍摄过程中也做出了符合当代中西方、汉蒙等各民族审美的改编,并融入了自身对于中国文化的理解。

这部电影围绕自然、狼性和羊性的话题展开,以人作为嫁接的桥梁讲述了北京知青陈阵和杨克前往内蒙古额仑大草原插队下乡,与狼结缘,与牧民结缘,爱上狼并养了一只小狼的故事。电影展现了游牧民族与农耕民族的冲突,狼、羊、人三者间的角力,体现了传统文化与地域特色的消逝,暗含了对于人在现代化过程中的价值取向变迁的思考。以畜牧业为主的内蒙古草原上的游牧民族具有剽悍的民族性格。因为对"腾格里"的敬畏,草原民族努力地遵守传统的生态戒律,维持着草原的现状。可随着农耕文明的扩张和进驻,草原最终退化,狼也不复存在,原来自给自足的田园式生活最终被机器、火种以及现代化生产所取代。在原著中,作者在讲述这段人、动物和环境的关系时,尝试通过对人与狼的关系探讨自然与文化的民族性,而电影《狼图腾》则相对弱化了冲突,体现了共同价值与调和性。对于观众而言,在观影结束之时,难免让人产生怀念故土、物是人非的"乡愁之情"。

影片上映以来,凭借其优异的视效、情节以及富有深度的思考,全球累计获得票房收入超过1.2亿美元,并获得了第30届中国电影金鸡奖最佳故事片、第16届中国电影华表奖优秀故事片奖、第52届金马奖最佳视觉提名等多项荣誉。中外合拍的创作形式已经随着《狼图腾》《长城》等众多电影的上映日益得到受众的喜爱,而《狼图腾》作为其中把商业价值和文化价值做到良好兼容的佼佼者,则更具有代表性和进一步分析的价值。以乡愁文化作为分析和探讨本案例的角度,可以探寻中西之间乃至不同民族之间的文化价值交集和相通之处。以此为焦点,亦可以求得在跨文化传播之中双方共同的意义空间和切入点,为我们看待并促进不同民族、不同文明之间的交流互鉴提供一个新窗口。

二、理论聚焦:乡愁文化

乡愁文化是由传统文化概念阐发而来,国内外有两条不同的"流变"脉络。在国外,"乡愁"与"怀旧"一词具有接近性,古希腊词汇中"nostos"和"algia"都有"回归故乡""怀念故土""思念家乡"的意思。在17世纪80年代,瑞士医生霍弗尔在研究思乡病时指出,其原因在于"轻快精神经由中脑纤维的持续运动,而脑中仍然黏附着关于祖国思想的印痕"。18 世纪 70 年代，"乡愁"一词逐渐在英语中被使用，原因在于工业革命的兴起与发展，使得分工日趋精细化的人们不得不背井离乡，前往远处的城市打工，而故土的农田也逐渐被机器大工业生产的轰鸣所取代，"nostalgia"一词开始变成集体心理的情绪，"homesick"也作为一种对故乡思念的情感表达被广泛使用。"乡愁"概念逐渐从病理学及心理学内涵扩展到文化和社会学内涵，拥有强烈的文化学意蕴。在中国，"乡愁"概念的提出与运用始于古代诗歌和散文作品，主要是作品创作者在异乡通过创作表达自己思乡的情感。可以说，"乡愁"概念在诞生伊始就被赋予了一种"诗意"精神。

乡愁文化的具体含义和概念边界在学界目前还没有统一的定义，根据不同的分类可以有多个版本。李蕾蕾根据哈贝马斯的"公共领域"理论将乡愁文化界定为"故乡地理、童年历史、公共生活和情感记忆"四个维度。[①] 彭佐扬则指出乡愁文化的内涵有三点表现："第一，乡愁文化强烈的情感共鸣蕴涵着主体对地理故乡的精神皈依；第二，故乡有形与无形素材的载体构成是乡愁文化价值产生的基础和前提；第三，乡愁文化具备现代价值功能。"[②] 种海峰则从乡愁文化的情感表征角度出发，把乡愁文化分为三个层次："第一层次是以血缘为纽带的亲人思念；第二层次是以地缘为纽带的故乡地理怀念；第三层次为最深层次，是对安生立命根本之历史文化的深情眷恋。"[③] 可以看到，对于乡愁文化，虽然不同学者有不同的解释，但普遍认可其中地理故乡要素的重要性及其所蕴含的文化价值。

根据社会学家马斯洛的需求层次理论，人的情感需求作为较高层次的需求，对人具有重要意义，是人们追寻价值的出发点。乡愁文化是关于"故土"和"自然"的情感文化，在文化传播中不仅能够超越现实地域的区隔呈现出共同的价值取向，也超越了不同生活背景的人们在后天形成的价值观和文化观念，成为接合文化和情感的桥梁和纽带。乡愁文化的传达需要依托必备的载体，而电影作为一种艺术和文化表现形式同样能良好地呈现其内在的价值。几千年来的中国不仅有农耕文明的经济形态和乡土中国的故乡情怀，同样也孕育着多民族的文化和属于他们的乡愁文化，而这些多元的文化提供了横跨多个时空场景的地理空间和精神价值。从本案例出发，有助于我们开拓视野，更加完整地认识乡愁文化，并以此为依托为更好地进行跨文化传播提供借鉴。

---

① 李蕾蕾."乡愁"的理论化与乡土中国和城市中国的文化遗产保护［J］. 北京联合大学学报（人文社会科学版），2015，13（4）：51－57.

② 彭佐扬. 乡愁文化理论内涵与价值梳理研究［J］. 文化学刊，2016（4）：113－118.

③ 种海峰. 社会转型视域中的文化乡愁主题［J］. 武汉理工大学学报（社会科学版），2008（4）：601－605.

三、案例分析

1. "看得到"的乡愁：共通的文化意义空间

乡愁作为一种抽象的文化，其呈现需要依托特定的文化符号，不仅包括具体的文字，也包含人文及自然景观、特定的行为乃至多样的文学文本。阿斯特莉特·埃尔（Astrid Erll）在《文化记忆理论读本》中的《文学作为集体记忆的媒介》中指出："文学作为集体记忆的媒介有两个本质特征：第一，对于处在社会文化背景下的个人记忆而言，它是一种重要的媒介框架。第二，只要是有关团体和社会群体的记忆，文学作为一个储存（文化文本）和传播（集体文本）信息的媒介，也将是在文化背景下被回忆。"[①] 对于文学来说，人们在阅读和接受其文本及改编的过程中可以形成集体记忆与情感价值，而这些内容与人类实际在社会实践和经验中形成的集体记忆有共通之处，因而现实主义流派的文学文本往往可以表现为对时代记忆的集体反映。

电影《狼图腾》作为一个优秀的有关记忆和情感的文学文本，将乡愁以一种可视的具象传达给观众，采用视觉化的呈现形式和可视化的故乡符号，如"草原""牧民""牛羊""蒙古包"等元素，勾勒出牧民的"故乡"和"故土"。此外，反复出现的祭祀"腾格里"、牧民下葬等仪式也作为一种民俗的形态被表达出来，给观众以一种直观的视觉冲击力，从而使其产生对自身民族、文明文化的反思与审视。即便与海洋文明的西方和农耕文明的汉族传统理解中的故土形象有所差异，但借助第一人称的电影视角，观众得以融入导演所营造的氛围和语境之中，在观影过程中获得了与主角共通的价值理解，不同国家、不同民族的人得以超越时空去感受相同的集体文化记忆和时代文化记忆——工业化革命和故土的消逝。在此基础上，影片同样与经历过第二次工业革命和第三次工业革命浪潮的世代产生了情感共振。除了直观的呈现形式，电影中的视觉、听觉符号同样借助隐喻和转喻的手段承接了意义，让观众得以直接从文化符号本身获得对意义的解读，例如电影中对"狼烟"的刻画就表达了对于过去历史和纷争的回顾，同样作为一种"去国怀乡"的乡愁隐喻被观众所理解并引发联想。

2. "记得住"的乡愁：文化记忆的情感共鸣

文化记忆是文化人类学上的重要概念，是由扬·阿德曼基于哈布瓦赫的集体

---

① 埃尔. 文化记忆理论读本 [M]. 余佳玲，等译. 北京：北京大学出版社，2012：227.

记忆理论细分得出的。扬·阿德曼将记忆划分为三个维度，分别是个体维度、社会维度和文化维度，也可以理解为个体记忆、社会记忆和文化记忆。文化记忆在他的经典解释中被理解为"一种集体使用的，主要（但不仅仅）涉及过去的知识"①。文化记忆是一种对过去的文化在空间上实现的聚合，譬如通过图像、文本、文物古迹等在空间上的汇聚，塑造或者重塑个体乃至民族对于社会集体记忆的理解和认知。

在文化层面，情感在其中起到了良好的引导和构建作用，例如西方对于纳粹大屠杀的文化创伤研究，就在某种程度上实现了对文化记忆的再塑和反思。而乡愁则正处在文化记忆和情感的交界处，既蕴含了个体和民族对于故土故乡的理解和认知，也融合了基于这种理解和认知而产生的怀念、思虑和感伤的情感。换句话讲，乡愁体现的正是文化记忆的情感层面。从这个角度上来说，情感共鸣是其显著特征，蕴藏了对故土风貌人情及自然生态的情怀，包含了人类最质朴的情感普适认同性和共通的价值取向。

电影《狼图腾》就较好地实现了对自然生态的真实呈现，也通过实拍的手段营造出一个尽可能真实的 20 世纪牧民生存状态，借助影视化的表达和台词文本从片中角色之口道出了过去人们的生存哲学，展现了"原始"的人们与自然、故土之间的情感羁绊，如用牛粪烧火、利用狼的存在来控制羊群数量等桥段无疑都体现了蒙古族人民"取之于自然，又还之于自然"的文化习俗。这样一种文化记忆虽然由少数民族所保有，但其中所包含的情感上的对于自然的尊重、对于传统文化的留恋却是跨民族、跨地域的。

"乡愁"作为一种对于曾经的、已经逝去的生活方式和文化方式的迷惘和惆怅的心理情感，在当下越来越被人们所留意。在中国现代化进程中，"乡愁"具体是指对于工业化之后消失和被迫丢弃的自然景观和文化生活的追怀。② 在过去，人们常常把乡愁仅仅视为农耕文明和农业文化的专属物，而事实上，西方同样有海上水手"思乡病"的表述传统。《狼图腾》则从民族的层面上为我们了解和认识乡愁开辟了新的视野，"乡愁"不仅是属于汉民族的情感，同样也是历经了工业化和现代化变迁的蒙古族等少数民族的文化记忆。随着城市化的不断扩张和传统社会的退场，"乡愁"已经具有社会集体性和普遍性，逐渐成为对世界人文与自然亲密和谐的文

---

① 韦尔策. 社会记忆：历史、回忆、传承［M］. 季斌，王立君，白锡堃，译. 北京：北京大学出版社，2007：6.

② 陶成涛. 文化乡愁：文化记忆的情感维度［J］. 中州学刊，2015（7）：157－162.

化生活的一种追怀式的文化思潮，无论是东西方还是跨民族，都能够引起文化记忆上的情感共鸣。

3. "留不住"的乡愁：文化价值的现代性反思

"乡愁"是一种典型的现代性情绪，体现了个体与集体对过去的向往以及回溯的冲动与愿望。对个人而言，"乡愁"是"离家—思乡"的旧有生存经验和情感方式的直接表达，与迁徙和回乡的冲动有关，反映了一个人的童年经历和现实生存状态，包含了一个人的精神成长和精神嬗变。而对于现代性的集体来说，"乡愁"则表现了"现代性与全球化整体境遇下的'怀旧'（nostalgia）情绪：不论是文化的、历史的、政治的，还是消费的。它寓于现代性进程中，与标榜'进步主义'的现代时间观背道而驰"①。随着现代化进程的深入发展，乡愁逐渐成了一种集体化的情绪，成为生存在都市中的人们向往田园和渴望回归自然的文化现象。以此作为文化背景，可以看到《狼图腾》用西方化的影片构建形式，结合东方少数民族的生活经验，从一个侧面呼应了现代人对"诗意"生活回归的向往和对被城市所取代的自然人文的留念，继而探讨"田园牧歌"式生活的远去与现代人应该走向何方的问题。这也是影片能在取得国内外观众一致认可的同时在文艺上取得一定建树的原因。

正如奥斯瓦尔德·斯宾格勒说："精神上由乡村所形成的文化人类被他的创造物、城市所掌握、所占有了，而且变成了城市的俘虏，成了它的执行工具，最后成为它的牺牲品。"② 在人们处在"加速社会"中的当下，时间和空间都被异化和改造，迈向现代化的人只有通过乡愁来遥寄对遗失了的生活处境的思念。乡愁跨越时空，成为联结人们情感的文化纽带，也实现了对时空的超越，让不同民族、不同国度的人们感受同一份心境，产生共同的理解。这正是《狼图腾》所传递给我们的重要的跨文化传播价值。

四、案例启示

《狼图腾》改编电影的成功，离不开法国导演让·雅克·阿诺历时七年的辛苦筹备，也离不开中国所提供的大力支持，但更多的还是源自影片本身所体现的共通的文化价值。通过发掘民族题材、地域题材和好的故事，融入全世界一致认同的价

---

① 李姝，龚刚. 现代性乡愁的消隐与显化：以刘以鬯作品为中心 [J]. 粤港澳大湾区文学评论，2021（6）：47-54.

② 斯宾格勒. 西方的没落 [M]. 齐世荣，译. 北京：群言出版社，2014：156.

值取向和文化需要，以此作为依托，电影的创作有了与观众诉求交汇的空间，从而也在跨文化传播的过程中实现了有效的传达和接受。

在中国电影跨国出海频遇困境的当下，《狼图腾》为我们树立了一个正面的典型。中外合拍的电影虽然成为主流，但在传播的过程中，中国的影响力和文化价值却未能得到好的传达，原因在于我们在电影创作及其跨文化传播的过程中往往未能找到共同的文化价值取向和与跨民族、跨地域受众相融合的意义空间，也就自然难以避免"文化折扣"所带来的负面影响。《狼图腾》启发我们在进行跨文化传播过程中要找到跨民族乃至全人类所共同认可的文化价值和情感，譬如从"乡愁""正义""自然""亲情"等维度去建构跨文化传播作品的意义和内涵，避免一味地强调"价值输出"，走向"价值共创"或"价值共鸣"。此外，在发掘传播题材时同样可以拓宽视野，发掘少数民族文化及其与汉民族文化的交织点，通过多样的题材和方式来展现。在形式上，我们则要逐渐走出中外合拍中中国导演、中国演员去参加外国故事创作的主流，而是要让更多的外国和中国少数民族的导演和演员加入到中国主流故事和电影的创作中去，用不同的视角去探讨经验生活和实践过程中的中国形象、中国故事，塑造更具有人文情怀和情感价值的优秀作品。

第四节　《鱿鱼游戏》：韩剧的全球化转型之路

一、案例介绍

《鱿鱼游戏》（*Squid Game*）是由黄东赫执导，李政宰、朴海秀、魏化俊、郑好娟等主演的韩国惊悚悬疑电视剧，于2021年在Netflix平台上线播映。该剧主要讲述了456位韩国现实生活中的失意者受邀参加的一场生存游戏，游戏内容为20世纪70—80年代东亚地区的经典儿童游戏，共包含六个环节，分别是"一二三木头人""抠糖饼""拔河""打弹珠""走玻璃桥""鱿鱼游戏"。游戏规则如下：每当有一名玩家被淘汰，奖池将增加1亿韩元，六轮游戏过后的唯一胜者将获得456亿韩元的奖励。这份巨额奖金对每一个深陷债务危机的失意者来说无疑极具诱惑力，但是这份巨额奖励的代价却是455人的生命，因为迎接每轮游戏失败者的结局只有残酷的死亡。

《鱿鱼游戏》简单而又残忍的剧情设定，使得这场生死较量的游戏每一集都牵动人心。该剧上线后，在欧美引起了前所未有的热烈反响，甚至打破了 Netflix 的多项纪录，成为该平台那一时期热度最高的剧集。在中国，《鱿鱼游戏》词条曾连续一周登顶新浪微博热搜榜，关于"鱿鱼游戏"话题的阅读量高达 18.7 亿次，豆瓣评分人数高达 15.4 万。该剧在全球范围内势如破竹般拿下 Netflix 平台各地区的日榜第一，包括北美、韩国、日本、新加坡、泰国、德国、英国等近 20 个国家或地区。在此之前还从未有过韩剧登上美国收看榜首位，《鱿鱼游戏》在全球掀起了一股收视狂潮。[①] 2022 年，第 79 届美国电影电视金球奖评选时，《鱿鱼游戏》一路斩杀许多欧美剧集，入围了剧情类的最佳剧集奖。

此后，《鱿鱼游戏》逐渐形成热门的大 IP（intellectual property）。剧中一些游戏道具及玩法（如糖饼、弹珠等）在东亚以外的国家流传开来，与剧集一道形成了世界范围内的"糖饼游戏""弹珠游戏"热潮。且这股热潮并不局限于互联网虚拟情境中的受众观看与游戏狂欢，在现实世界中也有糖饼的售罄与剧迷的表演模仿行为，真人版"一二三木头人"游戏在荷兰鹿特丹街头盛行，黄衣橙裙的巨型女孩玩偶登陆澳大利亚悉尼海港大桥，电视剧相关的主题体验店在法国巴黎引得万人空巷。[②]这些现实境况而后又反哺各社交媒体，以还原剧集内容的视频模仿秀形式呈现于大众眼前，虚拟货币市场也闻风而动推出一款"鱿鱼币"，发布之后最高涨幅达 2 300 倍。与之前专注于甜蜜浪漫的爱情题材、温馨现实的家庭题材韩剧相比，《鱿鱼游戏》的播映完全打破了韩剧给世界各国观众的固有印象。

二、理论聚焦：亚洲性

1. 韩剧的"亚洲性"特点

在《鱿鱼游戏》之前，《来自星星的你》《太阳的后裔》等爱情题材的韩剧也曾风靡亚洲国家，形成了具有亚洲特性的韩流景观。学者代乐认为：韩流之所以成功是因为采取了去民族化发展的策略，使用大多数国家共享的故事模式，这有利于国际市场的顺利接受；另外，韩流以东亚共通的中国传统文化为基础，融合了现当

① 王亚琦. 暴力围城的欲望角逐：论 Netflix 新剧《鱿鱼游戏》爆火全球的动因 [J]. 延边大学学报（社会科学版），2022，55（2）：20 – 27.

② 尤达. 简约美学与共振传播：韩剧《鱿鱼游戏》的传播力提升策略研究 [J]. 传媒观察，2022（1）：44 – 51.

代西方文化，包含多种混杂元素，有意识地创造了"亚洲性"，并把引领"亚洲流"作为其未来的发展方向。[①]

在这样的追求下，韩剧的叙事通常从平民视角出发，所讲述故事的题材也多为爱情剧或家庭剧，剧中的故事情节力求引发亚洲各国观众的共鸣。以早期的爱情剧为例，"灰姑娘"的叙事模式已成固定，女主角大多是出身平凡但又极为努力的善良女孩，她们在历经苦难后终能与所爱的"白马王子"修成正果，从此幸福地生活在一起。这样的桥段对于每个情窦初开、对爱情充满想象的女性来说都是梦寐以求的，符合女性观众对爱情的期许。所以女性观众在观看此类韩剧时会不自觉地投射自己的情感，渴望在自己平凡的生活中也能有此经历。

同时，这种情感的表达与投射都带有强烈的"儒家价值观"色彩。韩剧中描绘的家庭故事、爱情故事的伦理道德观念都归属于传统的东亚儒家文化圈，影视剧传达的也正是具有"东亚特点"的价值观。因此早期的韩剧在进入欧美国家市场时，一定程度上形成了跨文化传播隔阂。

2. 韩剧的"全球化"转向

随着全球化进程的加快，只注重"亚洲性"的韩剧在世界范围内其他影视剧的激烈竞争下备受打击，其跨文化传播的国际市场愈加受限。在地球村中，不同社会、文化及地区的人们获得了前所未有的广泛的交往渠道与平台，不同文化之间的跨文化传播已成为一种新常态。若要想使自己的文化思想赢得更广泛人群的认同，必须发掘出文化的最大公约数（也可说是最小公倍数），获得接收方最大限度的理解，从而减少传播中容易出现的误解。[②] 韩国也逐渐意识到韩剧的传播不能再满足于亚洲范畴，而应积极转向全球化的跨文化传播，打开影视剧的全球市场迫在眉睫。

至此，韩剧的叙事不再囿于"亚洲性"，而是尽力融汇中西方文化，将不同文化的元素拼凑在一起，迈出"全球化"转型之路的重要一步，其目的是形成世界范围内的"共振传播"。共振传播借用物理学中的共振概念，强调传播者所传播的信息应当与其受众感受形成一种共振反应。哈特穆特·罗莎将此定义为"一种与世界相关联的模式，在这种模式中，主体被所遇到的人、地点、物体所感动，进而采取相应的行动"[③]。《鱿鱼游戏》的全球化传播就是一种共振传播模式，而在这种模式的背后还有四个至关重要的支撑点，分别为"放宽创作限制"的本土环境、"平台

---

① 代乐. 泛亚洲文化身份：英语世界的韩流研究［J］. 福建论坛（人文社会科学版），2021（6）：140－148.

② 张青. 韩剧：文化消费主义的范本［D］. 武汉：武汉大学，2015.

③ ROSA H, HENNING C. The good life beyond growth：new perspectives［M］. London：Routledge, 2018：47.

世界主义"的 Netflix 模式、"零度暴力美学"的叙事策略、"直击资本痛点"的价值内核。正是在上述四点的支撑下，韩剧才在良好的创作环境与引进的西式叙事模式中努力探索出从"亚洲性"转向"全球化"的成功道路。

三、案例分析

那么，《鱿鱼游戏》如何凭借共振传播模式的四点支撑走上"全球化"转型道路，"韩国""Netflix""暴力"与"资本"要素如何排列组合，才能打造一部火爆世界的热剧？

1. "放宽创作限制"的本土环境

《鱿鱼游戏》的爆红首先离不开的，就是韩国影视剧开放包容的创作环境。众所周知，韩国较小的国土面积难以支撑重工业的发展，因此韩国政府历来奉行"文化立国"的国家战略，高度重视本国影视行业的发展。1998 年之前韩国曾实行电影审查制度，影视剧创作空间受到严格限制，难以生产出符合欧美观众喜好的影视作品，而这一年政府便废除限制颇多的电影审查制度，采用欧美国家一贯流行的电影分级制，不再限制暴力、恐怖、政治等题材，韩国电视剧也由分级制代替严格的审查制，自此韩国影视创作的空间和自由度得到巨大提升。[①] 同时，韩国在本土文化政策上实行"义务上映制度"，使得影视剧在国内本土的排片量得到有力保障。

在这样宽松、包容的影视创作环境下，电影《素媛》《蚯蚓》《熔炉》《寄生虫》等触痛社会现实敏感神经的作品得以顺利上映，有关国家政治议题的类型片也大量诞生。这样自由的影视创作令韩国影视业的口碑和影响力在世界市场迅猛提升。《鱿鱼游戏》也是在韩国影视行业分级制度确立后诞生的作品，即便该剧涉及贫富差距和血腥暴力，但依然能与观众见面，可见稳固包容的制度保障与友好开放的创作环境对影视跨文化传播的重要性。

2. "平台世界主义"的 Netflix 模式

美国网飞公司 Netflix 是一家会员订阅制的流媒体播放平台，是美国平台型网络视频企业的典型代表。早在新冠疫情蔓延全球之前，北美地区网络视频付费用户的增量已经基本封顶，于是 Netflix 等大型网络视频平台公司不得不向世界其他地区扩

---

① 王亚琦. 暴力围城的欲望角逐：论 Netflix 新剧《鱿鱼游戏》爆火全球的动因 [J]. 延边大学学报（社会科学版），2022，55（2）：20 - 27.

展，以寻求新的付费用户群体，继续扩充市场份额。这一为获得经济利益的商业行为同时带来了复杂的文化结果：Netflix 在世界其他地区制作影视剧引发了长视频领域的"全球流量战争"，突破了以好莱坞为代表的美国本土传统主流文化和意识形态，并因为 Netflix 的全球化渠道反向地影响了美国社会。① 与好莱坞的传播模式不同，Netflix 能较为自由地结合所在地区的文化特色，打破美国单方面向其他国家输出文化产品的格局。包括流媒体平台在内的数字平台系统成为全球信息交互集散和社会交往的新场域，由此全球传播的"平台生态系统"从构想变为现实。② 可见，Netflix 传播模式的本质是一种平台世界主义，在这些流媒体平台上，世界各国的跨文化传播都可以实现加速流通。

《鱿鱼游戏》的成功就是一例实证。Netflix 平台对韩国本土的影视制作团队没有过多限制，反而在资金、技术等方面给予大力支持。正是在这样强大的平台支持下，《鱿鱼游戏》的结局不再是美国好莱坞最经典的"超人打败恶魔"式的圆满结局，而是充满了反讽、凄凉、血腥的暗黑色彩——获胜的主人公并未动用这笔人命换来的巨额财富，而是成为自我放逐的流浪汉，过着比过去更为惨淡的人生，也无力阻止下一场游戏的再次上演。

这样极具荒诞意味的结局反而演绎了人性中真实的暗色与现实的残忍。韩国冷峻的现实主义影视剧打破了异国观众对韩剧唯有甜蜜的固定印象，让他们通过游戏进一步了解韩国文化。且从跨文化传播角度来看，Netflix 与韩国影视公司共同打造的这部影视剧挑战了影视行业中的西方中心主义，外部文化的"回流"冲击了美国本土影视剧行业百试不爽的"本土情节"和"东方文化想象"，一些非英语、非好莱坞式的高质量文化作品也能顺利进入西方市场，填补西方受众对异域的想象，从而促进世界各地影视媒介的跨文化交流互鉴。

3. "零度暴力美学"的叙事策略

导演黄东赫在《鱿鱼游戏》这部电视剧中对暴力的想象是一种基于旁观视角的"零度美学"风格，具体可表现为在描绘暴力场景时视觉画面相对干净整洁，音乐方面多柔软婉约，多镜头切换的剪辑风格，避免过于暴力、过于血腥的完整呈现。"暴力是为了个人利益或满足，旨在伤害受害者并不顾社会的制裁而采取的有意的、

① 孙佳山. 《鱿鱼游戏》触碰了美精英哪根筋［N］. 环球时报，2021 - 10 - 25（15）.
② VAN DIJCK J, POELL T, DE WAAL M. The platform society: public values in a connective world［M］. Oxford: Oxford University Press，2018: 6.

反社会的、使人遭受痛苦的行为。"① 直面暴力令人不适，但当暴力以一种"美学"的视觉形式呈现时，观众暂且可以放下过度刺激的心理不适，在不过分沉溺于故事情节的状态下对影视剧产生"零度"的距离感。如此也有助于观众内心略微消除暴力情节所带来的不适，将注意力聚焦于影视作品的艺术手法和美学价值方面。

《鱿鱼游戏》在视觉和听觉的叙事策略上都体现了"零度暴力美学"的特点。在视觉上体现为极大的反差，游戏场地的布景充满童真趣味，如巨型女孩玩偶穿着可爱的裙子，棺材与武器都以礼物的形式用粉色蝴蝶结包裹着……但是每当有人被淘汰时，原本美好纯真的色彩之中就会出现血流成河、支离破碎的恐怖画面，在粉色、蓝色、黄色的鲜艳色块衬托下令人毛骨悚然，极具视觉冲击力，这种美学色彩上的处理给暴力的情节增添了一层滤镜。② 在听觉上，该剧的配乐总能恰到好处地渲染气氛。例如，游戏参与者们沉浸于死亡游戏带来的紧张窒息氛围，但他们所听到的广播却一直播放着舒缓安详的乐曲，每轮游戏前后，小猪存钱罐的亮相总是伴以活泼轻松的音乐，试图安抚游戏参与者紧绷的神经，同时给他们带来继续参与下一轮游戏的动力。这样的音乐调性也带动观众的听觉稍稍缓解视觉感受到的暴力画面冲击，对血腥暴力的故事情节产生一定的心理疏离感。也正是在这种"零度暴力美学"的叙事策略下，童真与血腥的冲突更为凸显，这对于信仰"人之初，性本善"的东亚儒家文化圈层而言无疑形成了巨大挑战，但是对本就认同"人性本恶"的西方观众而言则更具强烈的吸引力。

4. "直击资本痛点"的价值内核

黄东赫说："我想要写的，是一则寓言，是一个关于当代资本主义社会的故事。它说的是某种极端形式下的比赛，是要为了活命而去比赛。本身，韩国社会就很强调这种竞争，也因此让身处其中的每一个人都感受到很大的压力。我们有5 000万的人口，国土面积就只有这么一点。再加上地缘关系的因素，感觉像是常年被隔绝在陆地之外，久而久之，我们的国民就有了这么一种岛国心态。我们似乎随时都在为下一次即将来临的危机做着准备。一方面，这会促使我们未雨绸缪，有积极意义；另一方面也确实带给我们很大压力，会产生各种各样的副作用。"③

正如黄东赫所说，韩国的生存压力使韩国人陷入恶性竞争的循环，资本主义使人的异化严重。现实中的韩国社会也是一场不见血泪的"鱿鱼游戏"，而《鱿鱼游

---

① 胡正荣. 电视暴力研究 ［J］. 世界电影，1992（4）：153－169.
② 李浩瑄.《鱿鱼游戏》背后的韩国现实困境 ［J］. 廉政瞭望，2021（19）：64－65.
③ 李浩瑄.《鱿鱼游戏》背后的韩国现实困境 ［J］. 廉政瞭望，2021（19）：64－65.

戏》则使用各类隐喻与符号对其进行艺术化展演。比如，剧中游戏规则的执行者都带着遮掩面部的头套，其上印制的圆形、三角形和正方形标志分别对应着劳工、士兵和管理者的身份，他们是这场游戏中不受关注却又无处不在的帮凶；而任人宰割的参赛者与拥有至高无上权力的 VIP 分别代表着社会阶层的两极，他们的面部是清晰可见的。处在资本两极的有产阶级和无产（负资产）阶级也被两种截然不同的颜色区分开来，两个阶级群体中一方被资本左右，互相残杀以竞争上升阶层的一个名额，而另一方则随时可能被踢出现有阶层甚至会失去生命，因此谁都不存在真正的安全。① 等级森严、层级分明、阶级对立，这是对韩国等级分化社会的真实写照。

此外，《鱿鱼游戏》以游戏的方式隐喻对资本的深恶痛绝，也很契合后疫情时代世界普通民众的心声。资本主义使得世界地区经济发展不平衡，国与国之间、地域与地域之间贫富差距悬殊、阶级不平等、阶层固化问题严重，但这些现实痛点在好莱坞的商业影视作品中却并不多见。《鱿鱼游戏》以残酷血腥的暴力美学将资本主义的遮羞布彻底撕破，通过展现底层人民的苦难与无助引发了全球观众的共鸣与共情。可以说，正是全球化的"后遗症"和"低文化语境"的社会痛点促成了这部韩剧在跨文化传播的意义上能够最大限度地诱发全球共情。②

四、案例启示

综上所述，《鱿鱼游戏》凭借"放宽创作限制"的本土环境、"平台世界主义"的 Netflix 模式、"零度暴力美学"的叙事策略和"直击资本痛点"的价值内核成功实现跨文化传播，成为火爆全球的网络热剧。它带给世界范围内观众难忘的视听体验和深刻的感触反思，这样的传播效果也正是韩国影视"全球化"转型的成功之处。

当然这样一部影视剧在何种程度上可以借鉴也是有待商榷的问题。《鱿鱼游戏》的情节充满了血腥与暴力，在监管不严的情况下容易对缺乏判断力的受众产生负面影响。在高度媒介化社会中，保护未成年人不受血腥暴力影像的误导相当困难。该剧播出后就有不少中小学生模仿剧中一些暴力行为，对自己及他人的身心健康都造

---

① 张伟，郑乐吟. 现象级网剧《鱿鱼游戏》的符号隐喻分析［J］. 传媒观察，2022（4）：61 – 66.

② YOUNG J Y. Behind "Squid Game" show's global appeal is a country's economic unease［EB/OL］.（2021 – 10 – 06）［2022 – 09 – 22］. https：//www.nytimes.com/2021/10/06/business/economy/squid – game – netflix – inequality.html？action = click&pgtype = Article&state = default&module = styln-squid-game&variant = show&region = MAIN_CONTENT_3&context = storylines_guide.

成了伤害。如何应对影视跨文化传播可能导致的负面效果是一个棘手的议题，除了做好对流媒体平台的监管之外，跨文化传播内容的尺度与伦理问题不容忽视。

就中国影视剧的跨文化传播而言，《鱿鱼游戏》的"全球化"转型路径给网络视听平台的搭建以及影视产品的传播都提供了可借鉴之处。中国影视剧的"全球化"转型之路已起步，既要做好流媒体平台的建设，搭建具备海外传播优势的网络平台，在政府指引下做好数字基建工作，也要充分挖掘中国本土文化与他国文化间的"异同"；既要发扬中华优秀文化，讲好中国故事，也要不断探索不同文化间的"共性"，在对外传播中注重文化的接近性，不断突破文化壁垒，结合不同的文化，提高本土文化的跨国吸引力。《鱿鱼游戏》的目标受众本就以欧美观众为主，因此更契合西方文化的价值观。而中国的跨文化传播更需要走出具有中国特色的跨文化传播之路，得到更多的文化认同，实现更好的传播效果，才能在全球化趋势下使中华文化更好地屹立于世界民族文化之林。

第五节 《青春变形记》：华裔电影中的后东方主义叙事

一、案例介绍

《青春变形记》（*Turning Red*）是由加拿大华裔女导演石之予（Domee Shi）编剧并执导的皮克斯动画电影，2022 年 3 月在北美地区上线，北美以外的地区则以影院形式上映。该片以 2002 年的加拿大多伦多市为故事背景，讲述了成长于典型华裔家庭的 13 岁女孩李美琳的青春期奇特经历。李美琳（以下简称"美美"）一家住在唐人街的"李氏祠堂"中，这是多伦多历史最悠久的、供奉家族先祖的祠堂，同时也会作为旅游景点对外开放。美美的母亲李茗对她的照顾无微不至却又掌控颇多，导致美美总是在母亲面前扮演她心目中的乖乖女，但私下的美美和她的欧美朋友一样叛逆活泼。当母亲毫无顾忌地拆穿美美的暗恋时，美美冷静告诫自己要顺从父母，然而内心的情绪难以抑制，在先祖神秘力量的加持下，她变成一只红色的小熊猫。此后，但凡她控制不住情绪时就会变成小熊猫，母亲、外婆及其他亲人一起举行仪式试图让美美回归正常，但她最终选择保留自己的小熊猫变身能力。

这是一个华裔少女在青春期寻找自我的成长故事，美美的特殊之处在于她受到家族遗传的小熊猫基因，家族的女性都要经历特殊的仪式才能解除这一特殊能力，从而完全回归到普通人的生活之中。在此期间，美美在人际关系、自我认同和家庭观念等方面发生了很大变化。该片涉及青春期、中国式家庭、友谊、女性独立意识等多重元素。

《青春变形记》自上线、上映以来，在北美地区各流媒体平台的播放量极高，在北美地区以外的影院票房收入超过 1 980 万美元，各大媒体、影视从业人员、观众对其评价颇高。截至 2022 年 10 月 6 日，该片在"烂番茄"影评网收到 274 条评论，支持率达到 95%。元评论网的平均分也达到 8.3。该片还获得好莱坞影评人协会季中奖（Hollywood Critics Association Midseason Awards）两项提名。在中国，豆瓣电影的评分人数也超过了 25 万，并获得 8.2 的优异分数。在这部由华裔导演执导的影片中，小熊猫这一具有象征意义的物种在母亲李茗与美美之间被截然不同地对待，其中的代际差异如何被西方观众理解呢？

二、理论聚焦：东方主义与后东方主义（Orientalism & Post-Orientalism）

在回答这一问题前，先来了解一下萨义德（Edward W. Said）提出的"东方主义"理论。"东方主义"理论本身有多重含义：首先是指对东方历史沿革、文化演进、民族特性进行学术研究的学科；其次也可指一种建立在东西方二元对立基础上有关东方的思维方式，在此基础上还建构了与东方和东方的人民、习俗等有关的理论、诗歌、小说、社会分析和政治论说；最后，东方主义被视为一种规范化（或东方化）的写作方式、想象方式和研究方式，有助于实现西方控制、重建和君临东方。① 东方主义的核心之一是强调东西方差异，与此同时也肯定了东方主义与权力之间不可避免的关系。② 因此，东方主义陷入一种潜在的阐释焦虑的困境，视野、立场受到局限，拘泥于"中国化""西方化""西体中用"或"中体西用"等刻板范畴，使论述空间受限，还有陷入"自我东方化"的危险。③

受西方文化强大语境的影响，中国在文化发展和跨文化传播中面临诸多困境。但无论是东方主义还是西方主义，在全球化背景之下二元对立的思维方式很难符合时代向前的发展趋势。在此情形下，学者王岳川提出了"后东方主义"，既反对东

① SAID E W. Orientalism. ［M］London and Henley：Routledge & Kegan Paul，1978.
② 芮雪. 萨义德的东方主义再反思［J］. 文艺争鸣，2016（7）：149－153.
③ 龚刚. 从东方主义到后东方主义：以中国传奇的西方重构为例［J］. 社会科学，2022（1）：175－183.

方主义对中国的"妖魔化"，也反对西方主义中东方对西方的"巨型想象"。① 他将后东方主义定义为"用后话语对西方俯视东方的'东方主义'贬低式的'文化训导'加以消解和颠覆"，② 并强调打破二元对立的东方西方理论，通过世界性来消解西方中心和东方中心的二元对立，从而解除一方压倒或取代另一方的紧张关系，以此避免在东方主义语境中坠入"殖民文化"的危险。因此，后东方主义倡导东西方文化之间的真实平等对话，以开放的心态、多元并存的态度、互补的策略面对东西方的文化互动。③

随着全球化持续深入发展，世界各国对人类命运共同体的意识不断加深。在消费主义盛行的当下，龚刚认为："代言政治的衍化、消费群体多元化及共同体意识的形成，使好莱坞叙事环境及叙事策略发生改变，东方主义式的好莱坞叙事很难再占据主流，后东方主义叙事逐渐形成趋势。"④ 在备受好评的《青春变形记》里，叙事内容与传播效果又体现了怎样的后东方主义？

三、案例分析

1. 个人主义语境下中国传统"孝道"观念的阐释

在影片开头，美美自述："我家的第一条规则就是孝敬父母，他们是至高无上赐予你生命的人，含辛茹苦只为了给你一个栖身之所，让你有食物可吃，极为丰盛的食物，你至少可以回报他们的方式就是言听计从。"中国典型式孝道自古以来便是如此。

中国古代历史上舜帝以"孝道"著称，在其执政期间提出"五教"布于四方，曰"父义、母慈、兄友、弟恭、子孝"（《史记·五帝本纪》），中国社会的"孝文化"意识由此诞生。之后儒家文化强调的"孝"也以家庭人伦为基础。曾子提出"君子立孝，其忠之用，礼之贵"（《大戴礼记·曾子大孝》），即为人子女遵循的"孝"有两大原则：一为忠；二为礼。其中，"忠"是指发乎内心的敬爱之情，"礼"是恪守孝之礼仪。在这两个原则基础上，人伦之孝还包含了"养亲、敬亲、谏亲与全体、贵生"这几点具体要求。⑤ 管子则从纵向、横向外延这一理念，即父

---

① 王岳川. 后东方主义与中国文化身份 [J]. 理论与创作，2010（3）：4－9.
② 王岳川. 发现东方 [M]. 北京：北京大学出版社，2011：41.
③ 王岳川. 后东方主义与中国文化身份 [J]. 理论与创作，2010（3）：4－9.
④ 龚刚. 从东方主义到后东方主义：以中国传奇的西方重构为例 [J]. 社会科学，2022（1）：175－183.
⑤ 曾振宇. 儒家孝文化及其影响 [J]. 理论学刊，2000（1）：116－119.

子、兄弟、夫妻三个系列,对一个家族内部应遵守的"孝道"进行分析。① 而反观西方价值观中占主导地位的个人主义,宣扬的是"人生而自由平等",这与中国传统的"孝道"观念有较大差异。② 正如美美在上述自白后提到:"当然有人会说,要小心哦,孝敬父母是好的,但如果做太过,你可能会忘记了尊重自己。"

该影片的主题就是基于中式家庭中传承的"孝道"与成长于西方的子女追求"自我"之间的互动。从影片开头美美对"孝"的自白可知,她认可父母对自己的养育之恩,也在努力做到对父母的有求必应,但她认为这些都是自己的主观意愿,并非传统中国文化或中国父母所强迫或要求她去做的。但是她也提到了"有人"认为"孝顺父母与尊重自我"之间存在矛盾冲突,即过于孝顺父母会忘记如何尊重自己,而这个"有人"必然不会是与美美传承同一孝道观念的华人。美美身边有三个来自不同文化背景的好友显然如此认为,她们觉得放弃卡拉 OK 而喜欢回家打扫宗祠的美美"完全被洗脑了"。

但随着剧情继续展开,暗恋异性与追星四城乐队等事件成为母亲和美美之间爆发冲突的高压线,美美因过分压抑情绪谨守孝道而变身红色小熊猫,自此这个 13 岁的华裔女孩逐渐意识到"自我"的重要性并不断探索真正的自己。影片末段,母女二人双双变身红色小熊猫彼此对峙,正是身怀传统"孝道"观念的中国母亲与受西方文化熏陶追求"自我"的女儿之间文化差异的交锋:

> 美美:我不再是你的美美了!我说谎了!利用熊猫是我的主意,去泰勒的派对也是我的主意,全部都是我的主意,我喜欢男孩!我喜欢响亮的音乐!我喜欢扭动身体!我已经 13 岁了,面对现实吧!
>
> 李茗:你以为你够成熟了,能够对我撒谎,还责怪我!你怎么可以那么、那么粗鲁?

当然,这部影片对"孝道"的阐释并未仅仅停留在父母以孝道压迫子女的表层,而是对不同文化价值体系进行更为深入的阐释。一方面,美美的三个好友认为她完全被洗脑了,从西方文化中的个人主义出发对"孝道"进行批评,并鼓励赞美

---

① 周怀宇.《管子》孝论:中国孝文化的理论起源 [J]. 安徽大学学报(哲学社会科学版),2013,37(1):82 – 88.

② 魏晓燕. 先秦道家与西方个人主义思想之比较 [J]. 武汉理工大学学报(社会科学版),2010,23(5):733 – 736.

化身小熊猫的美美。另一方面，母亲李茗也道出了"孝道"是为子女好的初衷："我以为我会有更多时间的，你还那么小，我以为如果我像鹰一样关注着你，我就能看到征兆，就能有所准备……"她时刻关注美美的成长并对美美的学习与生活进行全方位的管理，要求女儿取得优异的成绩，禁止她早恋、参加派对或演唱会，所凭借的都是传统文化价值观念中的人伦之孝，要求女儿"养亲、敬亲、谏亲与全体、贵生"。

但在青春期的美美心中，能帮助她控制情绪不变身的、最重要的人却是自己的朋友。因为她们无论何时都欣赏她而不批评，喜爱她而不要求，鼓励她寻找"自我"。母亲李茗对美美的诸多期待与要求，既源自她与自己母亲之间类似的相处方式，也出自对女儿过强的保护欲。最终，母亲与美美各自后退一步，美美坦承自己的担心："我终于明白了我是谁，但是我害怕这样可能会让我离开你。"母亲对自己的教育方式道歉，并许可了美美给她自由："你试图让所有人都满意，但是对自己太严厉。如果这是我教给你的，那我很抱歉，所以，不要因为任何人而犹豫不前，你走得越远，我会越骄傲。""自我"与"孝道"间的矛盾终究因爱而有所缓和。影片结尾美美依然会帮助母亲运营宗祠，但她也可以和小伙伴们去唱卡拉 OK。这表明中国传统文化价值观念中的"孝道"与西方个人主义所追求的"自我"仍然存在共存的方法。

2. 西方社会背景下中国传统家族观的展示

在传统的儒家文化中，"家"是承载"孝"的场所，家庭是社会最基本的构成单位，家族本位也是中国传统社会的突出特征。中国典型的家族制度主要形成于宋代，宋代以前宗法大家族是一种等级家族制，而从宋代起家族"成为一种平民化和大众化的制度并深入乡里之间"[1]。至明清时期，作为社会血缘群体组织形式的宗族，在制度上和观念上都已达到相当成熟的程度。[2] 孙本文认为："中国社会组织以家族为中心。一切制度风尚，几无不由家族推而广之。"[3] 其中，祠堂是象征家族传承及礼教的重要文化符号，它的主要功能是作为全族祭祀祖先的场所、族众讨论族中事务的会场以及家族的法庭，并且随着家族制度的平民化和大众化，"族必有祠"在城乡已成为一种普遍的现象。[4] 宗族血缘观念影响十分深远，海外移民也会通过在移居地建立同乡会、

① 李卓. 中日家族制度比较研究 [M]. 北京：人民出版社，2004：50 - 51.
② 李永芳. 中国古代传统家族制度的历史嬗变 [J]. 湖南社会科学，2022（1）：164 - 172.
③ 孙本文. 现代中国社会问题（第一册·家族问题）[M]. 北京：商务印书馆，1947：49.
④ 徐扬杰. 中国家族制度史 [M]. 北京：人民出版社，1992：320.

宗亲会等社会组织，构成自成体系的内部结构，以此维系海外移民社会的正常运作。①
宗族、家族成员的连接、团结、相互支持是中国传统家族观的核心原则。

美美家的祠堂中供奉着能够化身为红色小熊猫的家族先祖，同时也作为旅游景点对外开放。影片中的祠堂主要承担拜祭先祖、祈福的作用，祠堂的案台上摆放着香烛、香炉、贡品，墙壁上挂着家族先祖——新怡的画像，李茗母女二人会通过上香的方式向新怡祈福，庇佑家人。当祠堂作为景点向外开放时，母女二人会向游客讲述先祖新怡的故事，并重点强调新怡作为一个动物保护者在保护小熊猫方面作出的努力，这也使得信仰不同的外国游客更容易理解宗祠供奉的含义。影片后半段对中国传统的家族观念刻画更为鲜明，比如为美美抽出小熊猫"灵魂"所举行的仪式、家族女性共同冒着风险帮助李茗完成仪式等。这些部分家族成员的全体出动也使得这部影片更全面地传达了中国传统的家族观念。

为了仪式顺利进行，美美的外婆带领着四位亲戚前来帮忙。外婆对美美说："可怜的小乖乖，要控制住那只人性的野兽一定很难，你的家人现在在这里了，美美。我们会处理一切的。"按照道士的讲解，仪式生效需要多人发自内心一起歌唱，"门"才能打开，歌唱声音越大，仪式的能量就越强。这也反映了中国传统文化中"众人拾柴火焰高"的古训，即在危机面前，家族齐心协力才能渡过难关。除美美以外，家族中的长辈都时刻谨记并遵守这一准则。所以当外婆及亲戚们都化身小熊猫帮助母亲完成仪式时，美美惊讶地问她们："你们在干什么，万一变不回去了怎么办？"而她们却回答："你的妈妈需要我们，她是家族的一分子！"

在中国传统家族观念中，家族成员时刻将家人放在第一位，但成长于个人主义为主导观念的西方社会中的美美，却难以理解母亲及其她亲人宁可舍弃自我的价值观。即便如此，存在价值观念差异的她们一起合力将母亲拖进了仪式法阵范围内，所有人都按照自己的意愿成功完成了仪式。可见，成长于不同年代、社会环境的家人们即便家族观念有差异，但骨子里的团结互助却是共通的。

3. 中西精神哲学的结合

中国传统哲学以人的精神生命与精神理想为主要关注点。在儒家的"道德修养"、道家的"修道得道"以及佛教的"解脱人生烦恼"等精神的影响下，中国精神哲学形成了独特的面貌和风格，在此基础上中国精神哲学开始了对人的精神活动

---

① 曾少聪. 中国海外移民与中华民族认同 [J]. 民族研究，2021 (4)：71 – 84, 141.

与精神现象进行形而上的追寻和具体的研究。① 其中，中国精神哲学中的伦理道德是重要的组成部分。中国文明史和精神史呈现出以伦理与道德构成的人的精神世界的发展规律，并且从文明的开端就显示其作为伦理型文化的特殊走向，孔子"克己复礼为仁"的精神哲学范式是中国伦理道德哲学形态的经典表达。② 与西方精神哲学中强调宗教"和解"的文化使命不同，在中国精神哲学中，宗教被伦理道德所吸纳，成为伦理道德建构的支持环节。其中，宋明理学创造的儒道佛三位一体的哲学体系和精神构造，是中国传统文化的辩证综合，将儒家的入世、道家的避世、佛教的出世互补互摄。③

《青春变形记》这一影片一方面与好莱坞、皮克斯及迪士尼等叙述中国故事的类型电影一样，使用大量中国元素，除各类服装造型及布景、道教仪式与先祖祭拜外，佛教禅宗的思想也隐于其中。美美在第一次变身红色小熊猫后，试图通过睡觉来使自己变回人类，在此过程中她发现使自己身体放松、心情平静，就可以从小熊猫形态变回人类。这里其实借鉴了佛教禅宗的文化行为。为让自己保持平静的心态，她双手合十，在心中默念："我很平静，禅。"这是美美第一次从小熊猫变回人类所使用的方法。其后，美美在每次情绪激动时都会按照此法安抚自己，让自己保持情绪稳定："好的，没什么大不了的。你会搞清楚的，小李。就做一个冷静的、成熟的成年人，你完全就是这样的，你行的。"

另一方面，影片也吸纳了部分西方精神哲学。外婆与母亲等人理所当然地认为，美美应当将小熊猫"灵魂"从身体中抽出才能"痊愈"，并一直提醒美美不要释放太多情绪，变身小熊猫的次数越多，完成仪式的难度也就越大，美美就更加难以被"治愈"。外婆说："美美，我知道你在做些什么，我知道要克制住这野兽很不容易，把它放出来感觉真好，好自在。但每次你这样做，它就会变得更强大，而你就会和它永远地绑在一起，仪式则会失败。"这也反证了中国的精神哲学"克己复礼"，强调个体克制并管理自我的情绪，使得自己的言论、行为都合乎礼制。

但美美无法放弃自己在小熊猫形态时所感受到的快乐，她享受释放自己的情绪，即便不符合礼仪也无所顾忌，最终放弃抽出自己小熊猫的"灵魂"。但是这一行为并未造成外婆等人所担忧的可怕后果，美美的选择受到先祖新怡支持，二人一起化

---

① 刘文英. 中国传统精神哲学论纲［J］. 中国哲学史，2002（1）：77–84.

② 樊浩. 伦理道德的中国精神哲学范式与中国话语［J］. 学海，2016（2）：5–13；樊浩.《论语》伦理道德思想的精神哲学诠释［J］. 中国社会科学，2013（3）：125–140，206.

③ 樊浩. 伦理道德：如何造就现代文明的"中国精神哲学形态"［J］. 江海学刊，2018（5）：56–67.

身小熊猫、鼻子相触的画面，象征着传统文化最终以另一种形态得以传承：先祖出于对小熊猫的喜爱请求上天让她变为小熊猫，美美也同样完全接纳作为小熊猫的自我。根据影片结尾来看，美美已经可以随时变换两种形态。这种符合西方文化的结局设定无疑也认可了西方精神哲学中对人的个性的关怀，即对自我的控制并不能靠压抑来实现，接纳也许才是控制自我的关键。

四、案例启示

20 世纪 80 年代的跨族裔电影人在欧美影坛亮相，他们的影片重点描摹远离家园的离散体验，这类由跨族裔者创作、在内容中涉及离散的影片，被称为跨族裔电影。[①] 而在早期的华裔离散电影中，好莱坞华裔导演先驱王颖的影片也不乏无家可归、疏离迷惘的迷失情愫，但是好莱坞电影叙事系统始终遵循着西方中心的核心模板，而族裔性和民族化的元素仅仅是电影中的重要装饰品，华裔、中国、东方文化在这类电影中一直处于东方主义的凝视之下。[②]

《青春变形记》的导演石之予也是一位离散电影的创作者，她于 1989 年 9 月出生于中国重庆，两岁便跟随父母移民加拿大。她是第一位皮克斯短片电影女导演，其执导的以加拿大华裔女性为主角的 8 分钟短片《包宝宝》（Bao）获得 2019 年奥斯卡最佳动画短片奖，她成为第一位获得该奖项的华裔女性。在这部动画电影中，她对于中国文化的反思及西方视角的解读仍然清晰可见。在西方电影行业中获得成功的华裔导演榜样李安是她喜爱的导演之一。

的确，在中国影视作品的跨文化传播进程中，李安及其作品是里程碑式的存在。李安电影的特征之一便在于突出了跨文化之中存在的自我认同与身份认同等问题，尝试着越过不同电影工业及叙事手段，竭力在家庭范围内融合中西方文化，拍摄出中西方观众可以共赏的作品。早期的"父亲三部曲"无一不是围绕家庭展开，影片中的家庭既是不同文化价值观念发生冲突的场所，也是中国家庭伦理与西方文化具有融合可能的平台，家庭本身是重要的价值载体，其中人物的悲欢离合足以反映社会变迁与文明进程对个体的影响。他认为中国传统电影属于通俗剧，其中美感便在于隐喻与触景生情的婉约与朦胧之美。他的这种美学追求不仅是对中国传统审美精

① 王宜文，王娅姝．华裔新离散电影中的身份再认同与跨文化协商：以《摘金奇缘》《别告诉她》为例 [J]．未来传播，2022，29（1）：95 – 101，129.
② 游飞．跨族裔电影研究 [J]．当代电影，2013（9）：115 – 116.

神的继承，更是对族裔身份的继承。①

《青春变形记》跳出了传统好莱坞华裔电影陷入东方主义叙事的困境，而采用后东方主义的叙事方法，通过世界性来消解西方文化和东方文化之间的误解。首先，这部影片主题聚焦于青春期少女寻找"自我"，并不特别强调美美的跨文化适应，而是以生长于不同文化背景的女性都必然会经历的普遍问题展开故事。其次，影片并没有将中国传统"孝道"、家族观以及中国精神哲学塑造为停滞的、落后的、封建的，与现代的、进步的西方社会相对立的形象，而是将这些内容呈现为客观存在的家族文化背景。主角美美学着遵循"自我"的过程就是中西方文化对话交流的过程。随着美美学会表达自我的真实想法、选择遵循"自我"，影片对中国传统"孝道"、家族观以及精神哲学的阐释也更加深入，孝顺、家族、克己并不代表毫无界限地压抑自我、抛弃自我，为家族牺牲的奉献精神与家庭观念则足以令人动容。最后，美美找到了"自我"与"孝道"共存的方式，并未全盘西化或谨遵传统，这样的结局也更容易为中西方观众所接受。

综上所述，跳出东方主义的窠臼、抛弃西方中心主义强加给东方文化的想象，以后东方主义的开放视角去讲述中国文化，是通过影视作品进行跨文化传播的另一种可行思路。

本章讨论

1. 在类似《饮食男女》的家庭情节电影中，还有哪些常见的家庭传统伦理问题？

2. 《琅琊榜》等中国古装剧还有哪些容易出海的文化因素？

3. 请列举一部他国关于乡愁的影片，分析异国乡愁与中国传统乡愁有何异同。

4. 你如何理解《鱿鱼游戏》的"零度暴力美学"叙事策略？

5. 在动画电影《青春变形记》中，哪个中国文化元素最具独特性？

---

① 向宇. 从离散叙事到跨族裔想象：论李安电影创作 [J]. 当代电影, 2013 (9)：116－121.

第三章

文化偏见、霸权与帝国主义

　　跨文化传播需要面对的不仅是文化间价值体系的差异和跨文化交流中的困难，还需要解决因为跨文化而产生的各类已有难题，包括不同文化群体彼此间因差异而产生的文化偏见，因文化发展不均衡导致的文化霸权，以西方资本主义国家为主导的文化帝国主义，以西方视野解读东方文明时产生的"东方主义"，后殖民主义时期各文化有关话语权的争夺，等等。

　　上述这些问题也可算作跨文化传播失败的尝试或积累的后果，时至今日依然影响着人们的日常生活。比如以浪漫爱情故事为主题的韩剧广泛跨文化传播，令其他国家对韩国文化知之甚少的女性误把影视剧形象与现实混为一谈，产生韩国男性均浪漫温柔的认知，一批批东西方女性奔赴韩国寻找爱情，最终经历了想象的幻灭。

　　本章选取三个案例分别讲述跨文化传播中的文化偏见、霸权与帝国主义问题，希冀以此引发读者关于跨文化传播负面效果的重视与反思。

第一节　《绿皮书》：美国不同族裔间的对抗性凝视与消解

一、案例介绍

　　电影《绿皮书》（*Green Book*）是美国著名导演彼得·法拉利（Peter Farrelly）执导的、由真人真事改编的剧情片。该片讲述意大利裔美国人托尼·利普被非洲裔古典乐钢琴家唐·谢利聘用为私人司机，护送其去种族歧视严重的美国南方巡回演奏的故事。通过一本有色人种出门必备的"绿皮书"，影片以人种优势与身份地位对调的方式，成功刻画了美国有色人种因为种族歧视所面临的生存困境和身份危机。

　　故事发生在20世纪60年代，当时美国社会的种族歧视观念还很普遍。白人托尼失业后急需赚钱缴付房租、养家糊口，于是在朋友的推荐下应聘了黑人钢琴家唐的司机，保护唐在南方巡演时的旅途安全。唱片公司给了托尼一本黑人专用的"绿皮书"作为生活指南，上面列着黑人在各地可用餐的饭馆与可休憩的酒店。当时，美国南方比两人所处的北方种族隔离意识更为严重，巡演的旅程中唐也因各种遭受歧视的行为陷入一次次麻烦，而托尼则一次次解救了唐。两个背景、身份、地位、阶级迥异，甚至彼此存有偏见的人就在这段危机四伏的旅程中跨越了种族与文化的隔阂，出乎意料地成了好友。

该片于 2019 年斩获第 91 届奥斯卡最佳影片、最佳原创剧本、最佳男配角三项大奖，在中国上映仅四天就凭借种族内核和喜剧外衣拿下 1.25 亿元的票房，成为"豆瓣评分最高的奥斯卡最佳影片"。

二、理论聚焦：刻板印象（Stereotype）

美国舆论学家沃尔特·李普曼（Walter Lippmann）在《舆论学》中提到"固定成见"一词。他认为："对于大部分事物我们并不是先观察而后解释，而是先解释然后观察的。在非常嘈杂混乱的现实世界中，我们深知我们的文化已经对我们形成了固定的成见。"[1] 他的这一观点解释了人们产生固定笼统看法的原因，即在工业化社会人们所能从亲身经历中获取的认知极为有限，大多数时候他们对于某一类人或事的观念都来自大众媒介所提供的"拟态环境"，而大众媒介对于这些观念的加强或改变都具有极大的影响力。鉴于人们时间、精力甚至生命的有限性，刻板印象几乎是无可避免的。

德国哲学家加达默尔（Hans-Georg Gadamer）也持类似的观点，他认为"一切理解都必然包含某种前见""前见就是一种判断，它是在一切对于事情具有决定性作用的要素被最后考察之前被给予的"。[2] 即便胡塞尔主张在判断之前要封闭前见，以免影响个体对于事件客观真实的认知，但现代社会中的人类已经习惯将前见当作既有认知的积累，以此考察、判断新的事物并展开相应的行动。无论是无意识的预判还是有意识的参考，前见已经无法如胡塞尔所期望的那般，被剥离于个体的思维模式与框架之中，但他也提醒了我们，要关注前见可能造成的负面影响，比如"刻板印象"。

对于"刻板印象"的认知，东方与西方趋同。陈国明认为，"刻板印象"通常指人们对某个对象形成的一种固定的看法，并把这种看法推而广之，以偏概全地认为这个对象所属的整个群体成员都具有该特征。[3] 它往往以间接经验为依据，忽略个体差异和事实材料，在头脑中形成先入为主的印象。"刻板印象"常常被看作跨文化传播的障碍因素之一，[4] 如果在跨文化交流中受到刻板印象的影响而对不同文化差异产生误解或无视个体的差异，那么可能会形成严重的跨文化冲突。如性别刻

① 李普曼. 舆论学 [M]. 林珊，译. 北京：华夏出版社，1989：52.
② 加达默尔. 真理与方法（上卷）[M]. 洪汉鼎，译. 上海：上海译文出版社，1999：347.
③ 陈国明. 跨文化交际学 [M]. 上海：华东师范大学出版社，2009：50.
④ 马丁，那卡雅玛. 跨文化传播 [M]. 5 版. 陈一鸣，刘巍巍，译. 北京：清华大学出版社，2019.

板印象会加剧女性在职场中的弱势地位；种族刻板印象会引发深层次的偏见和歧视，甚至引发种族矛盾和种族冲突；而对于国家的刻板印象则不利于跨文化传播，各国间存在的文化隔阂与误读也会影响人类文明的进程。

因此，本案例选择影片《绿皮书》展开分析，解读影片中因刻板印象而引发的种族歧视、种族冲突等问题，分析其通过怎样的叙事手法表现美国不同族裔间的对抗性凝视与消解，从而在一种相对温和的语境中达到中西方观众的普遍接纳。

三、案例分析

1. 角色设定："黑人"与"白人"的二元对立

20 世纪 60 年代的美国，白人与黑人的社会地位严重不平等。白人群体比黑人群体占有更多的资本，拥有更好的教育机会、更体面的工作和更丰厚的财产，进而占据了更优越的社会地位。但在电影《绿皮书》中，主人公唐却是黑人社群中的一个特殊个例，他不与自己的种群共处，在白人对高雅音乐的喜爱中获得了通往上层社会的渠道，却一直受到种族歧视；司机托尼是典型的美国白人，他本对黑人怀有嫌憎之情，连家中被黑人维修工喝过的水杯都要扔掉，却处于社会底层，生活所迫，不得不为黑人工作。托尼和唐与主流文化截然相反的相处模式令所有人感到诧异。

托尼本是夜总会的服务员、司机，生性暴戾、行事鲁莽、言语粗鄙，没有受过高等教育，习惯用武力解决问题。他的家庭十分普通，住在纽约布朗克斯区破败的公寓，因为工资不稳定还面临着无法交房租、电费等困境。反之，唐性情温和、谈吐克制、举止儒雅，十分注重礼仪，还有心理学、音乐学、礼拜仪式艺术三重博士学位，日常进出于各类高级场所；作为一位名扬四海的钢琴大师四处演奏，还曾两度受邀到白宫演奏。他的财力雄厚，住在纽约第七大道卡内基音乐厅豪华的阁楼上。与托尼相比，他优越的生活条件更像是当时的白人。

无论是身份地位、教育水平、个人修养，唐都远远优于托尼，但这些客观因素并没有使得托尼在最初对唐有任何高看。即便他穷困潦倒、社会地位低下，在长久以来刻板印象的浸染下他仍然看不起唐，骨子里的种族优越感不受客观现实的影响，更遑论起初他并未注意到种族歧视对黑人的伤害。这为旅途中二人在跨文化交流时产生争端埋下了伏笔。

2. 环境展现：不同族裔生存环境的鲜明对比

影片中的"绿皮书"便是美国文化堂而皇之地令种族歧视合法化的产物。历史上这本小册子是纽约哈莱姆黑人社区的邮政职员维多克·雨果·格林编写的，上面注明了哪些旅馆与餐厅可供黑人入住、用餐，从而减少可能遇到的种族歧视及潜藏的危险。但即便黑人完全遵照这本小册子行事，也不能完全保证出行的安全。在电影中，唐在巡演期间按照"绿皮书"安排住宿，偶尔会在杂乱不堪的黑人社区内将就；被白人警察抓捕后遭到不给衣物的羞辱，而这种事情大概率不会在白人被捕时发生；即便在餐厅演出，服务员及经理仍然禁止唐在此用餐。

在旅程中一路坦途的托尼与屡次深陷危机的唐形成了鲜明的对比，起初的托尼也并未意识到黑人的生存环境之恶劣，因为他对黑人的刻板印象都来自白人文化潜移默化的影响，此前他也拒绝与黑人接触。但在与唐的旅行过程中，托尼通过自己的亲身经历逐渐有意识地与唐并肩而战，一起抵抗种族歧视所带来的不公平待遇。在白人与黑人对立的社会环境下，两人与主流文化相反的跨文化交流无疑引人注目。

3. 剧情内核：从对抗性凝视的消解到身份认同

当唐告知托尼这份工作不仅是当一名司机，还要安排他的出行日程，照顾他的饮食起居，成为他的私人助理、男仆，做洗衣服、熨烫衣服、擦皮鞋等琐事时，托尼径直起身告辞，让他另请高明。与人比拼吃热狗，宁可伤身也要赚取微薄赌资的托尼，在高薪的诱惑下依然不愿意弯腰为黑人工作。最后还是唐打来电话婉转请求托尼接下工作。

巡演途中，托尼亲眼看见了唐遭受的种种尴尬和屈辱。在雇佣关系下他履行合约帮助唐解决各种麻烦，与此同时也逐渐认识到唐的尴尬处境；而长期离群索居的唐也在相处过程中忍不住教导托尼礼仪，指导托尼给妻子写信时表达思念之情。影片开场时，托尼将黑人维修工用过的水杯直接丢进了垃圾桶，这一细节显示出他受种族歧视观念的影响之深重；而在影片结尾处，托尼却主动邀请唐来家中共度圣诞节，并且见面时开心地上前拥抱他，让他与家人同桌而食。由此可见，他彻底改变了过往基于刻板印象对黑人的误解。托尼和唐的拥抱，也代表着"白人""黑人"这两个不同族裔间"对抗性凝视"的消解。

除了托尼与唐的种族"和解"之外，影片中还有一条重要的副线，即唐的自我"和解"。在巡演期间，起初住在黑人社区中也不愿与之共同娱乐的唐，在最后一站被巡演餐厅经理拒绝在此用餐后，与托尼一起来到黑人酒吧免费演奏，与黑人同胞们共享音乐。这部分剧情展现出以唐为代表的少数族裔面对歧视时，在跨文化语境中认知自我、寻求身份认同的过程。

四、案例启示

1. 消解角色二元对立，打破种族刻板印象

《绿皮书》采用了典型的二元对立叙事模式，通过高低语境文化互动向观众揭示了 20 世纪 60 年代发生在美国的种族歧视历史与少数族裔的反抗，将彼时处于边缘的非洲裔美国人所遭遇的文化困境以温和的故事形式呈现于众。这对于当下仍然发生的对亚裔、非洲裔的歧视具有警示意义，也能引起在各文化群体中处于边缘或底层的少数族裔的共鸣。《绿皮书》对于审视当前美国种族冲突频繁的根源具有参考价值，也给发生在世界各地的少数族裔被歧视现象敲响了警钟。这部影片也说明，即便种族冲突背后还涉及种族意识、社会权利关系、社会秩序等错综复杂的因素，但种族歧视的刻板印象、对立冲突并非不能消弭。各族裔间的跨文化交流有其必要性与重要性，在大众传媒时代，因媒介而产生的刻板印象也应当通过媒介去消除，诸如此类的影片正具备这样的存在价值与意义。

2. 根植民族文化土壤，讲述精彩"中国故事"

虽然《绿皮书》是一部以种族歧视为背景的影片，但它的成功对中国电影出海也有启示之处。科琳·沃德（Colleen Ward）的"双维度"模型理论认为，跨文化适应除对新文化环境的适应之外，同时拥有保持传统身份的倾向性。中国电影若要获得《绿皮书》般的国际性传播影响力，应当根植于民族文化土壤，取民族价值观及民族精神等保持传统文化精髓的部分予以影视化。除了宏大的主旋律叙事外，微观层面的叙事更容易为其他文化群体所理解和接纳，精彩的"中国故事"正等待我们去挖掘和传播。

第二节 漫威电影宇宙：文化帝国主义视角下的价值入侵

一、案例介绍

漫威电影宇宙（*Marvel Cinematic Universe*，缩写为 MCU）是漫威影业基于漫威漫画角色制作的一系列超级英雄电影的集合。这一架空宇宙通过不同作品跨界形成独特的世界，有共同的文化元素、背景设定、人物故事与救世任务，并且与其他漫

画、电影与动画等系列同属一个官方认可的多元宇宙。漫威电影宇宙在漫威系列电影的基础上发展而来，且更为复杂。它基于独特的视角，创立了一个多次元的共同世界，将众多系列电影的人物设定、剧情故事和电影框架联系起来，使它们在同一世界观下系统性地为观众呈现更为丰富的剧情。

目前，漫威电影宇宙分为四个阶段。第一阶段由 2008 年的《钢铁侠》开启，主题是复仇者集结，包括《钢铁侠》《无敌浩克》《钢铁侠 2》《雷神》《美国队长：复仇者先锋》《复仇者联盟》六部电影。漫威凭借这六部超级英雄影片以总计 10 亿美元的成本赢得高达 37.4 亿美元的全球票房，以高成本换取高收益。第二阶段由 2013 年的《钢铁侠 3》开启，主要包括《钢铁侠 3》《雷神 2：黑暗世界》《美国队长 2：冬日战士》《银河护卫队》《复仇者联盟 2：奥创纪元》《蚁人》等电影。第三阶段由 2016 年的《美国队长 3：内战》开启，主要包括《美国队长 3：内战》《奇异博士》《银河护卫队 2》《蜘蛛侠：英雄归来》《雷神 3：诸神黄昏》《黑豹》《复仇者联盟 3：无限战争》《蚁人 2：黄蜂女现身》《惊奇队长》《复仇者联盟 4：终局之战》《蜘蛛侠：英雄远征》等电影。第四阶段由 2021 年的《黑寡妇》开启，主要包括《黑寡妇》《尚气与十环传奇》《永恒族》《蜘蛛侠：英雄无归》《奇异博士 2：疯狂多元宇宙》《雷神 4：爱与雷霆》《黑豹 2》《蚁人 3》《银河护卫队 3》《惊奇队长 2》等电影。值得注意的是，此阶段漫威宇宙不再局限于电影，电视剧系列也被囊括其中。

漫威电影宇宙作为美国好莱坞经典电影的代表之一，凭借其庞大的世界架构、丰富的故事链条、科技感与想象力十足的场景特效及精彩的打斗场景成功冲出本土，在世界范围内掀起影迷追捧的狂潮。漫威电影宇宙的成功建立离不开其庞大的受众基础、强大的资本运作及其承载的价值。当然，观众在享受视觉盛宴的同时，也会受到系列影片传输的西方文化价值观影响。漫威电影宇宙在全球范围内的推行已逐渐具有文化霸权的危险形态，每一部超级英雄电影反复强调的个人主义与英雄主义都属于西方文化的向外扩张，资本主义隐藏在故事背后使之成为文化殖民的工具。

随着经济的全球一体化，文化的一体化也不可避免地发生。在全世界范围内广泛传播的文化产物之中，美国的价值观念与意识形态占据主导，各个国家及地区的文化多样性与独特性受到威胁。随着美国文化商品的不断渗入，很多国家面临"文化同化"的险境。本节在文化帝国主义的视角下重点探讨：漫威电影宇宙通过何种方式传播、承载了哪些西方价值观？漫威电影宇宙的扩张给中国影视产业造成了怎样的影响？中国电影如何应对文化霸权？为建立文化自信提供新的视角与思路。

二、理论聚焦：文化帝国主义（Cultural Imperialism）

1. 理论源起及历史

在对文化帝国主义展开探讨之前，有必要先对帝国主义范式（imperialism para-digm）进行了解："该范式认为'现代化理论'的弊端在于将第三世界国家发展落后且缓慢的原因归结于是这些国家自身的问题（即为落后的传统文化限制了其现代化进程），而忽略了这些国家发展中的结构性的制约因素，即为殖民时期，资本主义国家实施的经济、政治、军事上的剥削。"① 文化的帝国主义研究范式也是基于资本主义国家对第三世界在文化方面的制约与影响研究，最早的相关研究是 20 世纪 60 年代对美国电视节目进入拉丁美洲国家后的影响效果研究，其矛头主要指向西方的文化侵略与文化霸权，尤其是美国文化商品向第三世界的倾销。

在相关的文化帝国主义理论之中，具有典型代表性的三种分别是列宁的帝国主义论、葛兰西的文化霸权理论和后殖民主义批判理论。

20 世纪初，列宁所著《帝国主义是资本主义的最高阶段》（简称《帝国主义论》）是关于帝国主义理论的著作，他在这本书中提出的垄断资本主义理论，既是分析当时社会经济问题的方法，也是认识当代资本主义文化垄断的依据。② 邱卫东认为，以美国为代表的西方资本主义国家只是将过去那种野蛮、残暴的侵略与剥削方式娴熟地转变为一场"没有硝烟的战争"。③ 无论资本主义如何转换其剥削与扩张的形式，都掩盖不了其丑恶面目。从这个层面来说，当代资本主义发展并没有脱离列宁帝国主义论的核心议题。

20 世纪 60 年代，安东尼奥·葛兰西（Antonio Gramsci）的文化霸权理论对于文化帝国主义理论进行了新的补充说明。学者洪晓楠、邱金英认为："文化帝国主义的有关论断始于 20 世纪 60 年代，其基本思想来源于葛兰西在其《狱中札记》中提出的'文化霸权'理论。"④ 葛兰西认为霸权存在两种形式：一种是政治霸权（political hegemony）；另一种则是文化霸权（cultural hegemony）。二者的主要区别在于政

① 潘慧琪. 不平等的世界传播结构："文化帝国主义"概念溯源［J］. 新闻界，2017（12）：11 - 16.

② 张树德，孟国丽，刘景昊. 列宁帝国主义战争根源理论及当代意义［J］. 当代世界与社会主义，2020（2）：47 - 52.

③ 邱卫东. 列宁帝国主义论及其当代价值研究［J］. 思想理论教育，2020（6）：34 - 39.

④ 洪晓楠，邱金英. 文化帝国主义理论产生的背景及概念辨析［J］. 大连理工大学学报（社会科学版），2007（4）：51 - 55.

治霸权是强制性的，通过国家暴力机关的执行来统治民众；而文化霸权却是非强制性的，基于被统治阶级的认同使用意识形态而非暴力去教化民众。

20世纪70—80年代，后殖民主义思潮及理论在西方世界涌起。该理论认为由于殖民主义的历史原因，现代文化已经被西方文化垄断，非西方文化想要被世界接纳、现代化，就必须采用西方的语言、文化、思想，因此在文化和思想上依然深受文化殖民主义的压迫。文化帝国主义就是文化上的殖民主义，造成强势的西方文明与弱势的非西方文明之间的不平等关系。

2. 理论内涵

美国学者赫伯特·席勒（Herbert Schiller）是研究文化帝国主义的代表学者。他在《大众传播与美帝国》中解释了文化帝国主义的概念，认为文化帝国主义是关于西方发达国家通过文化输出对不发达和欠发达地区实现文化霸权和文化控制的理论。他关注国际文化生产与流通过程中的不平等结构，以及由此形成、扩大和加强的跨国支配。席勒以"依附理论"为依据揭示大众媒介与美国政府、军界和民间企业构成盘根错节的利益共同体本质，它们一道控制美国社会的文化传播，令美国的大众传播业覆盖全球，致使发展中国家丧失文化主权。他认为文化帝国主义用文化商品的输出、消费与支配取代传统的战争与暴力，继续维系第三世界国家对发达资本主义国家的依附。

3. 理论特征

文化帝国主义理论的主要特征有三个，分别是霸权性、隐蔽性和渗透性。

霸权性是指文化与军事、政治一样，也具有霸权性质。西方发达国家凭借其强大的资本和经济实力，在全球传媒市场占有绝对份额90%以上，其话语权和话语声量在国际上处于不容撼动的高地，因此在各类国际组织与事务中能够推动有利于己的规则及秩序，从而为本国谋取更多利益，稳固其霸主地位。

隐蔽性是指西方发达国家将其文化价值观念隐含在自己生产的文化商品中，借助经济全球化浪潮将其推销至尚不发达的、处于发展中的目标国家，以通俗娱乐的包装形式进行大众传播，最终由此完成文化入侵及殖民。这种跨文化传播的形式使得西方文化的传输难以察觉，但目前第三世界国家对此亦有警觉。

渗透性是指为达到良好的传播效果、攫取更高的利润，发达国家通过大批量的文化工业产品生产与海外销售，使得本土以外的消费者潜移默化地接受西方价值观影响。这种渗透同样披着经济的外衣，以看似友好的跨文化交流姿态将帝国主义的触角伸向更远更深之处。而漫威电影宇宙如今已然牢牢裹挟着全世界范围内喜爱超级英雄电影的观众，利用电影、电视剧及其周边商品鼓动观众消费此系列产品及服务，观众犹如落网之鱼般成为资本积累任意打捞的对象。

三、案例分析

1. 文化商品背后的价值入侵

（1）集体主义与个人主义。

个人主义强调个人利益至上，是一种以个人视角看待世界、社会和人际关系的世界观。作为一种价值体系，它主张一切价值以个人为中心，个人本身具有最高价值，主张个人利益优先于国家或社会群体，反对社会或政府等机构对个人利益的外部性干涉。个人主义强调个人内在价值的道德立场、政治哲学、意识形态和社会价值观。[①] 它提倡个人（生涯）目标和愿望的实现，重视（个人思想与行动的）独立和自力更生，通常与极权主义、集体主义和其他社团主义社会形式形成对比。漫威电影宇宙对于个人主义价值观的宣扬百试不爽，超级英雄们（如美国队长、钢铁侠、蜘蛛侠、雷神、黑寡妇等）就是个人主义的具象呈现。通过这些英雄人物的塑造及故事的流传，历史根基尚浅的美国社会反而格外具有文化自信。

集体主义则主张个人服务于社会、个人权利应当受到集体权利的制约，一旦个人利益与集体利益发生冲突时，集体利益应当优先，一切行动和言论也以集体为重、个人为轻。在极权主义国家集团中，这种意识观念被用于对精神领袖或政党的绝对忠诚，集体中的非核心个体也因此而丧失了与集体相等的权利。

西方文化大肆宣扬个人主义，抨击强调集体主义的国家，这种行为在影视作品中体现得淋漓尽致。如电影《蜘蛛侠》中，男主角彼得·帕克本是一个弱小的普通人，由于意外事件拥有了蜘蛛特性的超能力，彼时漫威电影宇宙中已有美国队长、钢铁侠等典范在前，帕克也自然而然地追随前辈的脚步，穿上蜘蛛衣化身为城市的守护者，自觉与邪恶势力展开斗争。这种"普通人＋超能力"的叙事模式中掺杂的个人成长、公平正义、爱国情怀等文化元素引发观众共鸣，再辅以各超级英雄间的梦幻联动，唯有在美国影视作品之中观众才能感受到如此极致的个人英雄主义。

---

① WOOD E M. Mind and politics：an approach to the meaning of liberal and socialist individualism ［M］. Berkeley：University of California Press，1972.

（2）白人至上。

"白人至上"是一种种族主义的意识形态，来自对人种学的断章取义和随意歪曲。这一观念认为白人族裔优于其他族裔，"白种人至上、余皆劣种"的思想历史悠久，在西方国家一度根深蒂固，即便是现代社会也有不少白种人自诩高贵，有时也会反映到影视作品的叙事之中。漫威电影宇宙中虽没有直接的相关呈现，但部分影片中也有似是而非的隐喻嫌疑。

比如《银河护卫队》中的主角星爵是团队中居于领导地位的白人，而卡魔拉、小浣熊、小树人和德拉克斯等有色人种和生物则处于被支配地位，星爵带领整个团队与邪恶势力斗争，虽有团队合作精神却有不少个人主义行为，但最终他的领导总会使得团队取得胜利，其中白人的绝对支配权和领导地位不言而喻。

2021 年 9 月在北美地区上映的电影《尚气与十戒传奇》里对人种的歧视更加明显，主人公尚气的父亲满大人的原型是欧美文化圈中"黄祸"的代表人物——傅满洲。该片的主人公是出生在中国河南一个小乡村的尚气，他的父亲是逼迫他杀人的邪恶大反派，而他的母亲却是引导他走向正途的美国白人女子。影片结尾，尚气最终加入英国政府并与其共同对抗父亲满大人，大义灭亲完成"弑父仪式"，这无疑也证明了他对自己作为黄种人血统的摈弃，在精神上选择"皈依西方"，侧面反映了"白人至上"的种族主义思想。

（3）保守主义。

保守主义者强调要维护传统社会的纽带，诸如家庭、伦理、宗教等，强调对国家强烈的责任感。漫威电影宇宙在多影片的联动使得影视分析难以凭借单一影片展开，集结多位超级英雄的《复仇者联盟》是基于每位超级英雄个人电影的延续。保守主义者以美国队长为典型，在成为复仇者联盟的领导者之前，他在《美国队长》所讲述的战争中为了阻止红骷髅、保护美国民众，坠入冰川被冰封七十年；醒来后发现自己已经处于 21 世纪，在科技高度发达的现代社会里他的价值观仍停留在"二战"时期，导致他与钢铁侠在合作过程中屡屡发生矛盾冲突，经过磨合后二人渐渐产生信任与默契。作为美国拯救者的英雄象征，美国队长跨世纪复活并永远保持年轻的人物形象设定，在一定程度上也有着美国精神永葆年轻的隐喻意味。

2. 价值入侵后的现实影响

（1）唤醒本国文化意识。

文化帝国主义的特点之一是以强大的资本为后盾，进行市场扩张。西方发达资本主义国家的文化商品向全世界扩张程度严重，长此以往会导致文化全球化向单一、同质的方向发展。但文化本身就是多元的，各地区和国家的文化自有其特色，外来文化在入侵之时也会引起本土文化的警觉与反击，在跨文化冲突与碰撞之中因竞争而有所进益，人们原本长期处于单一文化处境而被钝化了的文化感知力也会在外来文化的冲击下再度敏锐。同时，各国在面对外来文化入侵时不会始终处于被动状态，而是会积极发挥主观能动性保护本土的文化。例如漫威电影宇宙以描摹个人英雄主义见长，近些年中国也陆续推出了弘扬中华文化、传承中华文明的英雄主义影片，如《西游记之大圣归来》《哪吒之魔童降世》等。

（2）刺激本土电影发展。

21 世纪以来，漫威电影宇宙的"入侵"给中国电影行业带来新的发展思路。从 2015 年的《西游记之大圣归来》到 2019 年的《白蛇：缘起》和《哪吒之魔童降世》，再到 2020 年的《姜子牙》，四部由中国神话改编而来的动画作品皆是国漫的用心之作。在漫威电影宇宙的启发下，中国也开始构建中国动画电影宇宙，《哪吒之魔童降世》和《姜子牙》均取材于古代神话《封神榜》，在电影《姜子牙》的宣传片中也曾出现哪吒这一人物。其制作团队称会打造由《哪吒之魔童降世》领衔的中国"封神宇宙"，消息一出，振奋人心。由此可见，外来文化产品的扩张也会给本土电影提供新的发展思路，两种文化在竞争之中也能共同进步。

（3）文化安全面临冲击。

在 2018 年 8 月 21—22 日的全国宣传思想工作会议上，习近平总书记强调："我们必须既积极主动阐释好中国道路、中国特色，又有效维护我国政治安全和文化安全。"

在中国，文化安全是指一国文化相对处于没有危险和内外威胁的状态，以及保障持续安全状态的能力。但目前西方资本主义国家凭借其经济和文化优势，大力拓展和占领世界文化市场，借助全球化浪潮，将其主流价值观、文化理念、行为准则推行至其他国家，文化帝国主义对各国的文化安全产生冲击。漫威电影宇宙作为美国推行文化帝国主义的强有力工具，通过对超级英雄伟岸形象的塑造令美国形象也连带着闪闪发光，营造出美国在各种末日与生存危机面前一马当先、无所不能的霸主地位，掩盖美国社会对女性、有色人种、少数族裔的歧视，以及警察滥用职权、枪支管控不当等现实问题，而将个人主义、自由主义、拜金主义、白人至上等思想包装为文化商品向外输出。

漫威电影宇宙自 2008 年以来已经在海外市场运行十多年，在世界各地积累了大批忠实粉丝，文化波及范围之广、程度之深、力度之大，已经隐隐威胁着各国的文化安全。尤其对于中国文化来说，漫威电影宇宙所推崇的个人主义精神在某种程度上不断冲击着中国传统文化弘扬的集体主义观念。作为社会主义国家，集体利益大于个人利益是保证中国人民凝聚力的思想前提，是实现群体利益和集体愿景的理论基础。美国自身尚且难以保障弱势群体的个人利益，如《美国堕胎权法案》令男女平等的文明倒退回 1973 年以前，妇女被剥夺身体的自主权。但漫威电影宇宙塑造高度自由的个人主义精神，强调个人利益、重视个人自由、注重自我观念、坚持自我主张，这一反差不得不令人警惕。

（4）威胁中国意识形态。

后殖民主义理论认为，西方在殖民主义时期以其主流价值观为核心形成了一套评判体系，以霸权姿态审视并控制东方文化。萨义德也在《东方主义》中提出西方出于对自身利益的考量，实行了一套建构东方的策略，长久以来误导西方民众对东方的理解。漫威电影宇宙垂涎于中国巨大的影视市场及消费潜能，在一些影片设定人物时加入些许中国元素与少量华裔演员，但这些中国元素往往无足轻重。比如，曾出演《爱情公寓》的中国演员金世佳在《美国队长 3》中出演了一个记者的龙套角色，全程镜头仅有 3 秒，试图以此令中国观众买单而已。甚至还有部分漫威电影对中国文化存在刻板印象乃至歧视，最典型的就是纽约唐人街。作为海外中国文化群体的缩影，唐人街的景象通常被展现为杂乱无序、鱼龙混杂的贫民窟。仍然以《尚气与十戒传奇》为例，满大人的人物形象设定是如撒旦般的邪恶化身，他博学多才却无恶不作，从外貌到身份体现了西方社会对黄种人的偏见集合，在电影的具象描摹下无疑会加深西方受众对中国人的刻板印象。

在意识形态领域，漫威电影宇宙中的钢铁侠这一人物设定本就是共产主义的对立面，不可避免地与红色政权产生冲突。钢铁侠产生于越战当中，这场爆发于东南亚的大规模局部战争预示着美国与共产主义的敌对立场。漫画开篇便是托尼·斯塔克被囚禁于越南，并遭到越军的残暴攻击。他的许多死敌都是共产主义阵营的人物，比如黑寡妇、绯红机甲、满大人等，其中绯红机甲是苏联为对抗美国而制造的毁灭性重型机甲，隐喻美苏的军备竞赛。钢铁侠的头号死敌满大人作为民族主义者，拥有巨大的个人力量，这也折射出西方对于中国崛起的焦虑。即便进入 21 世纪后，漫威电影放松了对共产主义的敌视，钢铁侠的形象设定也从冷战英雄转变为反恐战争英雄，漫威的政治倾向也从狂热的反共产主义转变为自由人文主义，但无论是彼时与共产主义斗争，还是此时与恐怖主义斗争，以钢铁侠为代表的漫威超级英雄终究是一种于中国不利的意识形态宣传形象。

四、案例启示

通过以上分析可知，我们应该辩证地看待西方发达国家的文化帝国主义。一方面，适当的竞争会加速中国的文化建设，在文化强国战略下可借鉴其成熟的发展模式，发展本国文化产业，进一步唤醒本国国民的文化意识和文化自信。另一方面，我们在面对文化帝国主义的行径时要有所警觉，为维护本国的优秀文化传统、文化利益和文化安全采取积极措施，以实际行动捍卫本国文化安全。具体而言应做到如下三点：

第一，要积极发挥民族国家保证文化主权不受侵害的作用。毛泽东强调，"思想这个阵地，你不占领，就被别人占领"，要想避免资本主义文化价值观的入侵，我们应坚定文化自信，走社会主义文化道路，用中华优秀传统文化和社会主义先进文化浸润人民的心灵。继政治强国和经济强国之后，我们正在朝着文化强国的道路前进。当然，民族文化的弘扬并非为了故步自封，更不能走极端的民族主义文化道路，而要以海纳百川的包容姿态迎接外来文化，取其精华、去其糟粕，抵御文化霸权，在与世界各种文明交流对话的过程中，坚定文化自信，旗帜鲜明地反对文化帝国主义，主动维护世界文化的多样性。

第二，在建立国际新秩序的进程中，第三世界国家应共同抵制文化帝国主义的侵害。文化帝国主义本身是国际政治经济秩序不平等的产物，它的存在严重威胁着全球文明的多样性，阻碍着人类文明的进步，因此处于文化弱势地位的第三世界国家应当联合起来共同抵制文化帝国主义。面对西方世界不健康的文化观念入侵现象，我们应该稳定立场、学会辨别、批判看待、积极反抗。近些年，中国致力于全球治理方案的推进，致力于以人类命运共同体的意识，打破旧有的、不合理的、不平等的国际秩序，为全球治理提供新方案和新思路，从根本上打破文化帝国主义和文化霸权。

第三，要强化意识形态安全教育，巩固马克思主义和习近平新时代中国特色社会主义思想的指导地位。文化帝国主义的根本目的是传播西方主流价值观，将异质文化生搬硬套给其他国家。对此我们应主动应对，强化意识形态领域的安全教育，加强人民群众对社会主义和集体主义的认同教育，不断弘扬和践行社会主义核心价值观，增强我国社会主义意识形态领域的凝聚力和向心力，从而更好地抵御文化霸权的渗透。

第三节 《黑客帝国》系列：跨文化传播的领导权争夺

一、案例介绍

《黑客帝国》（*The Matrix*）是由美国华纳兄弟娱乐公司发行的系列动作片，由沃卓斯基兄弟执导，基努·里维斯、凯莉·安妮·莫斯、劳伦斯·菲什伯恩等主演。自1999年3月31日第一部《黑客帝国》上映以来，该系列已经先后出品了3部续作，分别为《黑客帝国2：重装上阵》（2003年5月15日上映）、《黑客帝国3：矩阵革命》（2003年11月5日上映）、《黑客帝国4：矩阵重启》（2021年12月22日在北美地区上映，2022年1月14日在中国上映）。

该系列影片讲述了年轻的网络黑客尼奥在偶然中发现自身所处的现实世界实际上并不存在，而是自己的大脑在由一个名为"矩阵"的计算机人工智能系统控制中生成的。在一名神秘女郎崔妮蒂的指引和帮助下，尼奥见到了黑客组织的首领墨菲斯，三人达成了反抗的共识并走上了抗争"矩阵"的征途。在这个过程中，尼奥在虚拟世界中遇到并战胜了"矩阵"程序史密斯，并最终带领反抗军抵御了机器大军的入侵，为22世纪的人类争取到了最终的和平。影片通过出色的视觉效果和剧情设计为观众呈现出了一个完整的未来世界，通过视角的切换和剧情的推进，虚拟空间"Matrix"、人类据点"锡安基地"和"母体"所处的机器领域逐渐呈现在观众眼前，构筑出了一个真实与虚幻交织、压制与反抗并存的人类未来境遇。该系列影片除保持了一贯优秀的故事情节和特效之外，同样给观众提供了另类的关注世界的角度，包含关于人类"存在"真实性的哲学假设以及涉及权力和反抗的思考。凭借深度的内容，该系列影片取得了出色的跨文化传播效果，引起了国内外观众的热烈探讨和思考。

《黑客帝国》上映20余年，早已在全球范围内取得了商业上的巨大成功，前三部分别在全球斩获2.889亿美元、5.47亿美元、2.85亿美元的高票房，同时也在电影界引起了巨大的反响，获得了第72届奥斯卡金像奖最佳剪辑、第53届英国电影学院奖最佳摄影提名、第23届日本电影学院奖最佳外语片提名等多项奖项。《黑客帝国》不仅为人们提供了娱乐和消遣，还引发了形而上的各式研究。

在学界，对《黑客帝国》系列影片的研究已自成一派。"有史以来，从未有影片像《黑客帝国》那样，引起哲学家们如此巨大的关注兴趣和讨论热情。这确实是一个相当奇特的现象。"① 当代西方思想家斯拉沃热·齐泽克也在《〈黑客帝国〉或颠倒的两面》中运用拉康、康德和弗洛伊德等人的哲学对影片提出了自己的理解："Matrix 又是什么呢？简单说来就是拉康所言的'大他者'，那个虚拟的象征序列，那个为我们构建了现实的网络。"② 从《黑客帝国》的影片文本出发，可以有众多理解和发散的角度。而本案例则从跨文化传播的视角出发，聚焦葛兰西的文化领导权理论，去阐释《黑客帝国》电影系列中的文化现象，从而为跨文化传播的研究和实践提供一定的启示。

二、理论聚焦：文化领导权理论

"文化领导权"（或称"文化霸权"）理论由西方马克思主义理论先驱葛兰西提出。该理论围绕无产阶级革命运动，给予了一定的革命战略启发。"领导权"一词在 20 世纪的俄国被作为政治词汇频繁使用。而在关于社会民主主义的论述中，普列汉诺夫就曾强调要使无产阶级在革命运动中起到领导作用；阿克塞罗德将领导权作为政治术语明确提出；列宁则将该概念进行了更具深度的阐释，强调政治领导权和无产阶级专政。葛兰西的"文化领导权"理论正是基于以上展开的研究和应用。

在葛兰西看来，占统治地位的政治集团倾向于通过在政治社会和公民社会这两个领域行使领导权来巩固和维持其统治政权的合法性。第一个是政治社会的政治领导权，它通过警察和军队等国家暴力机器行使权力政治；第二个是公民社会的文化领导权，即知识和道德，它在本质上代表了统治集团的意识形态，并通过宣传和教育的形式为其服务。统治集团通过文化和舆论领域建立起维护其统治政权的意识形态阵地，并依靠学校和教堂等非政府社会组织潜移默化的文化影响，获得人民的自愿认同。因此，无产阶级必须有意识地主动培育自身的知识分子阶层，通过"阵地战"的方式夺取文化领导权。在葛兰西的观点中，文化领导权的占据和剥夺与政治社会的建立和瓦解存在根本上的区别：前者以润物无声、悄无声息的方式悄然改变着人民群众的心理认知；后者是以暴风骤雨的形式突然占领

---

① 江晓原.《黑客帝国》之科学思想史［J］. 新发现，2012（7）：108 – 110.
② 齐泽克.《黑客帝国》或颠倒的两面［M］//王逢振. 2001 年度新译西方文论选. 桂林：漓江出版社，2002：207.

国家的统治工具。

简言之，文化领导权最直接的含义就是一个阶级对一个民族、一个国家、一个社会在精神道德与意识形态领域的控制领导权，[①] 而其作用的方式是多样的。葛兰西的文化领导权理论主要试图表达的是无产阶级要重视道德精神和意识形态领域的宣传教育，努力让民众拥有无产阶级的共同的集体意志，让无产阶级意识形态占据领导地位。葛兰西指出了无产阶级的应对目的，无产阶级夺取文化领导权的最终目的在于获取人民群众的普遍认同，为推翻资产阶级最终建立无产阶级政权的合法性提供有力的群众支持。在具体的无产阶级革命道路上，葛兰西认为应该使用非暴力的手段在社会上传播无产阶级先进的思想文化和意识形态，来获得一个国家或一个社会的文化领导权。

具体到跨文化传播领域，如今国际大环境以和平为主，国与国之间的政治、经济和文化交流日趋紧密，不同的文化产品也在飞速地进行着流通和消费。在这一过程中，由于西方国家掌握着传播的主要路径、渠道及话语权，其意识形态往往借助文化产品、文化消费及各种文化内容潜移默化地渗入欠发达国家和发展中国家，给这些国家的跨文化传播带来了一定的风险和挑战。

三、案例分析

1. "母体"空间：《黑客帝国》呈现的双重控制隐喻

《黑客帝国》系列电影构建了未来人类社会的生存形式。在 22 世纪，"母体"即 "Matrix"，以电脑运行数字代码的形式成了世界的主宰。作为一套控制系统，"母体" 创设出了虚拟世界，以脑机接口的形式连接未来人类的大脑，为人类建构了一个极度拟真和还原的 "现实世界"。这是一个梦幻般的空间，身处虚拟世界的人类正常地工作生活，却全无自觉的意识。与此同时，人类身体被禁锢和封锁在盛满营养液的玻璃器皿里的事实被掩盖，而人类本身也在实际上成了 "母体" 系统进化和维持运转的工具。这个世界中 "人类不仅在创造科学，发展科学，也同样接受科学的影响及科学对自身的改造"[②]，但最终却成了潜在的被科学规训的奴隶。影片以影像呈现和叙事的方式讲述了以主人公尼奥为代表的人类反

---

① 张繁星，宁莉莉. 葛兰西的文化领导权理论研究［J］. 今古文创，2022（21）：56 – 58.
② 聂珍钊. 文学伦理学批评导论［M］. 北京：北京大学出版社，2014.

抗军抵制这种控制的历程，而在文本隐喻的层面，也恰好与葛兰西的文化领导权理论产生了呼应。

正如葛兰西所谈到的，统治者会采用两种方式获得对民众的控制并确立自身的合法权益。《黑客帝国》中的"母体"也通过两条路径对人类实行镇压与驯服：其一是在政治上实现的领导权，在现实世界中依靠机器军队作为暴力机器去消灭人类的反抗军，在虚拟世界中则通过史密斯这样的程序去实现暴力的恐吓和删除；其二则是文化领导权的实现形式，其在意识形态层面产生最有效和根本的操控，通过把人的意识导入虚拟世界，去创设一个美好的幻境麻痹生活在其中的人类，让人类完全意识不到自己身处于控制之中。影片中虚拟世界的存在实际上就如同与我们现实社会中的各类文化产品，人们沉浸其中乐此不疲，而这种形式的控制却是最隐蔽、最深刻的，不仅让人身居其中，更让人深陷其中难以自拔，甚至于自愿受其领导而牺牲自我的自由。影片中也有类似的人物塑造。除了无意识臣服的"好主体"和像尼奥这样的"坏主体"，影片还塑造了一个有意识臣服的"更好主体"，即为了能重新接入"母体"而背叛反抗军的塞弗。九年前塞弗从"母体"中被解救，但他无法适应并痛恨已经化作焦土的真实世界，在这里物质生活被极度压缩，他只能过着贫穷单调的生活，因而他渴望回到"母体"，从而在虚拟现实中享受舒适而丰富的生活。为此，他与"母体"的特工史密斯秘密会面，并以出卖反抗军重要人物墨菲斯为筹码，要求重新接入"母体"，甘愿受到控制。在要求被批准后，他对着牛排说："我知道这块牛排并不存在，我知道当我把它放入口中时，是'母体'在告诉我的大脑，它鲜嫩多汁。你知道经过了九年的清贫生活，我最终明白了什么？无知就是幸福。"他自愿受到这种享乐的驱使而放弃了自我的主体性。

影片中"母体"的存在和对人的规训回应了葛兰西的文化领导权理论，文化的领导权渗透到了个体的社会生活中，成为一种文化政治，它借助舆论和意识形态实现了对人的驱使和驯服。借用福柯的话："它进入人们的肌理，嵌入他们的举动、态度、话语，融入他们最初的学习和日常生活。"[1]

2. 建立阵地：《黑客帝国》中反抗运动的文化参考

《黑客帝国》在刻画"母体"对人类规训的同时也讲述了人类反抗军的抵抗历

---

① FOUCAULT M. Power / knowledge: selected interviews and other writings, 1972—1977 [M]. GORDON C. New York: Vintage, 1980: 39.

程。在反抗母体控制的过程中，有两条并行的主线：一条是真实世界中"锡安基地"对机器人所采用的武力反抗和抵制；另一条则是尼奥等人在虚拟世界中对于人类自由精神的唤醒，从而实现对"母体"程序的叛逃。第二条主线在其中发挥了重要的作用，为革命的实现提供了合法性的支持和源源不断的新生力量。回归现实，这也与葛兰西对于文化领导权实现方式要依托"阵地战"的设想相呼应。"阵地战"要求革命者先从内部或底部彻底颠覆统治者塑造的神话，改造人们对于社会的普遍理解。因此，这就需要革命者逐渐塑造人们的语言、观念、信仰以及感知方式，也就是说，需要对人们的"常识"进行一场革命。

与《黑客帝国》所塑造的"母体"形象一致，电影中占据统治地位的"母体"正是巧妙利用虚拟社会在意识形态领域形成人类对现状的普遍认同，让人们沉浸在文化的享乐中而丧失了反抗意识，从而实现对人类的文化规训。但与此同时，这种渗透却并不是单向而无力抵抗的，反抗军正是抵制存在的证明，在程序空间里，并不仅仅有特工史密斯等人的镇压，同样也有尼奥和墨菲斯等人在对尚存理智和觉醒意识的人的拯救。实现身体的自由并不是真正的自由，而只有在精神上脱离"母体"的控制才能恢复自身的主体性。在跨文化传播的现实中，我们同样面临着不同文化和意识形态的侵扰，部分西方国家在不断地通过兜售文化产品来实现意识形态的渗透，以泛娱乐化的形式消弭人的斗志。但与此同时，被渗透的国家也在通过不断地规制其文化产品，以及宣扬自身的文化价值来抵抗这种文化上的入侵。

在《黑客帝国》中，革命的实现是依靠仅存的人类社会；而在现实社会中，文化领导权争夺的关键则在于市民社会。葛兰西特别强调了"市民社会"的概念，在市民社会这个新兴斗争场域中，作为物质生产的经济功能被相对削弱，而意识形态领域的文化功能则得到前所未有的加强。葛兰西指出，市民社会也是国家，而且事实上就是国家本身。市民社会和政治社会呈现出一种不可分割的互补关系，分别代表了国家的文化和政治力量。学校、新闻报刊等非政府性的社会组织也成为资产阶级与无产阶级双向渗透的意识载体，为抵制跨文化传播中的文化入侵，掌握本国的文化领导权提供了宣传空间。

3. 现实折射：渗透与抵制的传播之思

虽然《黑客帝国》本身为我们提供了关于文化领导权的洞见，但从批判的视野来看，电影作为一种文化产品，其本身也蕴含了西方的意识形态和价值观，作为一种潜在的文化输出起到了宣扬西方文化价值的作用，成为西方实现文化领导权的一种形式。电影中有意无意地凸显白人男性对世界的拯救和个人英雄主义的情节设定，弱化亚裔及东方角色的力量和作用，影片中"先知"及"保镖"等亚裔角色所做出的牺牲和指引最终都成为推动白人主角成为"救世主"路上的垫脚石。此外，电影形式本身在某种程度上也消解了探讨话题的深刻性，最终变成了一种娱乐化的消遣，过多的类似内容不仅容易使民众对西方文化产生"自觉同意"，同样也有让人认知世界的角度产生偏差、滑入泛娱乐化陷阱而缺乏深度思考能力的风险。文化领导权的争夺往往是潜移默化的，需要在跨文化传播的过程中给予清晰认知和特别重视。我们不仅要抵制文化领域的过度渗透，同时也需要加强自身的文化建设，取得在文化上的合意和认同，从而在保留住自身文化根基的同时做好面向世界的跨文化传播。

四、案例启示

随着经济全球化的不断深化，世界不同国家和民族之间的跨文化传播与交流也在不断加强，西方文化依托资本主义的发展和积累，在思想文化领域已经逐渐取得了霸权地位。从国家层面看，部分西方国家正在加速自身的文化渗透。这种文化渗透是多方面的，包含了物质层面的衣、食、住、行的文化产品消费，以及直接的思想文化领域等多个角度，而资产阶级的意识形态往往隐藏在文化背后，潜移默化地影响着受众。以电影工业为例，每年好莱坞都会输出众多包含西方价值倾向的电影，并且在影片中有意无意地加入对东方或中国的刻板印象。此外，西方大国不仅在加强对别国的文化渗透，还在更多地利用已经存在的"文化领导权"优势来遏制其他国家的文化表达，通过在民间宣传自身文化优势的同时贬低其他国家文化的形式，动摇其他国家民众对本国文化价值观的信仰。

对于中国的文化建设和跨文化传播而言，国际上的不利地位是客观存在的，仍有部分国民主流文化自信和信仰相对薄弱，缺乏对自身文化的认同，从而产生了对西方文化领导地位的依附心态。"总是存在一些人保持着殖民文化的心态，盲目崇拜西方，贬低自身，看不到西方文化衰败的现象，也看不到自身文化不断繁荣的事实。"[①] 因而要做好文化交流与传播，首先必须发掘自身的文化资源和属于自身的话语体系，避免被西方牵着鼻子走，以主流文化为引领，推动大众文化成为社会主义文化建设的有生力量。在新媒体时代"借助新兴技术最大限度地凝聚群体共识，产

---

① 杨鲜兰.构建当代中国话语体系的难点与对策［J］.马克思主义研究，2015（2）：59 - 65.

生一种'主流向心力',从而完成对多元价值观的有效整合"①,将文化产品和文化活动以人民群众喜闻乐见的方式呈现,从而让主流文化内化于人民群众的思想认知与日常行为中。其次,在国际层面,在社会流动加快、跨文化交流频繁的当下,具有"多义性"和"不确定性"的大众文化能否发挥积极作用,是决定跨文化传播效果的重要因素。在某种程度上,大众文化成为"文化帝国主义的殖民扩张同民族文化的奋起抗争与反扩张的场域"②,因此夺取文化领导权具有显著重要性。为了达到这一目标,我们需要为大众文化赋予民族属性,讲好中国故事,促进国际理解,巩固中国的国际话语权,让中华优秀传统文化通过电影、图片、电视剧等形式走出去,树立中华民族的身份标识。此外,我们需要避免西方的意识形态对抗的窠臼,赋予文化领导权话语以新时代内涵,尊重不同国家和民族的文化差异,打通跨文化传播的共同意义空间和文化契合点。

本章讨论

1. 不同族裔间形成偏见的原因有哪些?从跨文化传播的角度思考,还有哪些化解偏见的思路?

2. 你如何理解文化霸权与文化帝国主义之间的关系?

3. 请谈谈好莱坞电影在国际范围内掌握文化领导权的过程。

① 刘伟,彭琪. 中国文化领导权话语再阐释及其治理逻辑 [J]. 湖南师范大学社会科学学报,2021,50(6):23-28.
② 范玉刚. 大众文化互动中的文化霸权 [J]. 中共中央党校学报,2009 (1):107-112.

第四章

文化差异与跨文化冲突

在文化偏见、文化霸权及民族中心主义的影响下，本无优劣好坏的文化差异总是会引起跨文化冲突。在本章分析的《别告诉她》《推手》《暗物质》《孙子从美国来》《刮痧》五部影片中，中国文化与美国文化的差异成为两个家庭主要矛盾冲突的根源，不同文化背景中的人秉持着各自的文化价值体系及观念，在认同自身文化之时也对异质文化产生怀疑与误解，这就导致他们在跨文化的环境中必然受到文化冲击，甚至引发跨文化冲突。本章的案例就以影视叙事的形式对此类情形进行详细呈现。

第一节 《别告诉她》：文化维度理论下的中美价值观差异

一、案例介绍

《别告诉她》（*The Farewell*）是美国华裔导演王子逸自编自导，奥卡菲娜、赵淑珍主演的一部家庭情节剧影片。这部影片有导演半自传的性质，故事改编自她的生活经历，女主角碧莉的原型就是导演本人。

《别告诉她》讲述远在中国长春老家的母亲被查出癌症晚期，两个儿子携家带口分别从日本和美国回到老家，以给孩子办婚礼的名义探望她。碧莉幼时由奶奶养大，六岁后移民美国，但一直与奶奶感情深厚，她认为隐瞒病情意味着侵犯奶奶的知情权，因此对家人的做法很不理解。碧莉的父母并没有带她回国，她随后自行回国，在家族中多次讨论是否应该告知奶奶实情，最终还是与家人一起善意地瞒着奶奶。回乡期间她有了按摩拔罐、上坟祭拜、中式婚礼等经历，奶奶则在不知情的情况下一直健康地活着。在这一段时间里家族内部也由于多国文化差异而不断闹矛盾，这个大家庭中的情感矛盾、价值观念的冲突也不断地呈现出来。

《别告诉她》于 2019 年 7 月在美国上映，在 2020 年 1 月登陆中国影院。影片在北美地区出乎意料地大受欢迎，在 2019 年和 2020 年获得 20 多个奖项或提名，包括第 77 届金球奖最佳外语影片奖和音乐或喜剧类最佳女主角、第 20 届美国电影学会奖年度佳片、第 73 届英国电影学院奖最佳非英语片奖提名等。影评网站对该片的评分也很高，烂番茄网的支持率为 97%，平均分为 8.5，元评论网的评分为 8.9。

此外，影片在北美地区的票房收入达到了可观的 1 770 万美元，在世界其他地区的票房收入总计 540 万美元，其中中国票房仅占 58 万美元。以中国作为全球第二大电影市场的地位来看，这样的票房成绩似乎有点"水土不服"的表现，该片在豆瓣电影的评分为 7.2。根据影评来看，虽然这部跨文化电影在中国的传播效果并未如在北美地区般大放光彩，但影迷的评价却一致认可导演对中美文化差异的精准把握与自然表达。最难能可贵之处在于影片虽叙述了文化间的差异及由此引发的冲突，但从整体的呈现与最终的结局来看，并未突出某一文化的优越性或试图制造文化间的融合，而只是停留在个体的文化差异层面，反映了主人公最真实的生活。

二、理论聚焦

1. 文化相对主义与后东方主义

美国文化人类学之父弗朗兹·博厄斯（Franz Boas）提出文化相对主义理论，他认为各种文化、民族之间并没有好坏高低、进步落后的差别，野蛮与文明的划分只是种族主义者自身的偏见，任何民族都有其存在的合理性，都具有相对的独特性和内在结构。因此，评价文化并不存在唯一的标准，要阐释和评价一种文化，必须将其置于原本存在的环境中进行。[①]

如果把文化相对主义的观点套用在看待东方文化上就形成了后东方主义。后东方主义是文化相对主义的一种表现类型与具体运用，它是对东方主义的消解与颠覆，将东西方文化的要素平面化、理论化、抽象化，甚至取消了东方与西方的说法，在理论上与逻辑上公平对待双方。[②] 对中国人来说，后东方主义的视角可以平等的姿态维护中国的文化自尊与自信，这也与当下的中国国际地位的提升、建设文化强国的目标、加强中国文化的国际传播等时政背景与政策走向密切相关。后东方主义的目的在于打破二元对立的东方西方理论，为东方争取更多的文化话语权。

而对西方人来说，后东方主义其实已经成为当代西方世界正在实践的一种思想文化潮流。西方世界在"二战"结束尤其是冷战结束后，已出现主动消解东方主义、形成一种后东方主义的价值观的思潮变化。它的理论基础就是文化多元主义和文化相对主义，这两种理论主导下的文化现象几乎已经成为 21 世纪欧美文化的主流。1976 年爱德华·霍尔提出的高语境文化与低语境文化的文化分类模型，其实就是文化相对主义与后东方主义的理论实践，它通过社会学理论模型将不同社会文化

---

① LOWIE R H. Culture and ethnology [M]. New York：Douglas C. McMurtrie，1917.

② 学术界熟悉的东方主义是西方以不平等的俯视姿态看待东方文化、想象东方文化，是在不真实的基础上对东方文化的扭曲、误解、歧视，乃至仇视。

机械地视为平等的、相对的，从而抹平对于文化善恶好坏的价值判断。①

2. 价值观

价值观是人们判断好坏与善恶的依据和标准，它影响着个人的行为与选择。价值观作为文化价值体系的重要组成部分，彰显着个体文化背景的同时又作用于每个人的日常生活实践。国际知名社会心理学家沙洛姆·施瓦茨（Shalom H. Schwartz）总结了十一种人类主要的价值观，包括：以自我为导向（独立的思想和行为）、追求刺激生活（崇尚活跃和多样的生活）、享乐主义（追求个人在物质和精神上的快乐）、成就导向（积极争取成功与威望）、权力导向（重视社会地位）、平稳导向（向往稳定的生活状态）、规则导向（极力约束个人行为并与集体准则保持一致）、遵从导向（重视传承传统）、精神导向（努力寻找生活中的个人意义）、仁爱导向（与他人保持积极互动和良性社会关系），以及普世主义（认为所有人都值得理解并且每个人最终都会得到救赎）。② 这些价值观存在于各种不同文化之中，但每种文化都会有自身所偏向的一种主要价值观。此外，分析价值观的维度还有很多，比如个人主义与集体主义、高权力距离与低权力距离，等等。《别告诉她》通过展现一个大家族中分居于中、日、美三国的家庭成员团聚，表现出华裔群体长期居于海外所形成的价值观念的差别，他们在以上列举的价值观中各有侧重与偏好，因此围绕着"是否应当告知奶奶实情？"这一问题的看法不同。我们可以从文化差异和各自的价值观两方面对此进行解析。

三、案例分析

1. 文化相对主义视角下的中美价值观差异

文化相对主义对各种文化采取一视同仁的态度。《别告诉她》对中美价值观差异的探讨就是以这种视角进行叙事的。因此在众多华裔导演拍摄中国故事题材的影片中，《别告诉她》的导演并未将自身文化喜好强加于影视叙事，反而以一种平淡自然的叙事风格体现两种文化的差异与碰撞，这使得中美观众都能够在各自文化立场上对该片高度赞扬。

影片中的碧莉因成长于美国社会，其思维方式具有典型的美国价值观，即崇尚

---

① HALL E T. Beyond culture [M]. New York：Doubleday，1989.

② SCHWARTZ S H. Universals in the content and structure of values：theory and empirical tests in 20 centuries [J]. Advances in experimental social psychology. 1992（25）：1–65.

个人主义，从小受美国文化影响的她不能理解家人对奶奶隐瞒病情的行为，几次提出疑问，反复与不同家人协商。她表示在美国社会，患者对其健康状况有知情权，在临终之前应当有心愿要完成，不告知真相便剥夺了奶奶自行安排剩余生命的机会。而长居于日本的大伯则认为这是碧莉不负责任的表现，他认为美国文化的这种处理方式只是将责任丢给个人承担，而中国奉行集体主义，家庭成员的生命也不只属于自己。在国内土生土长的小姨奶奶则对此不以为然，告诉碧莉在她爷爷去世前，奶奶也作出了同样不告知的选择，家人这样做实属正常。

由此，我们看到三种文化对于生死观的不同。在美国，医生或家属向患者隐瞒病情，不被众人理解，但是对中国人以及深受中国文化影响的老一代华裔来说，向家人隐瞒绝症病情才是合情合理的行为，这样是对亲人的关爱与责任。《别告诉她》通过移民日本的大伯之口明确解释了这种东西方文化差异："西方人认为生命是个体的，东方人是把生命看作集体的、家庭的、社会的。你想把实情告诉奶奶是因为怕担责任，因为这个责任太大了，如果你告诉了她，你就没有负担了。我们之所以不告诉奶奶实情，就是为了分担她的思想压力。"

日本与中国同属于东亚儒家文化圈层，家庭伦理观念高度相似。大伯所阐述的东方价值观虽然不一定能够象征中国的主流价值观，但也是其中不可否认的一部分观念集合。在给西方观众带来新鲜直接且朴实的观感外，这样平铺直叙的说明也有助于西方观众理解中国文化理念与价值观。

影片除了对患者知情权的探讨外，还围绕着家庭日常展开广泛涉及中美价值观在金钱消费、长幼关系、个体独立、礼仪礼节等方面差异的碎片式探讨。对这些问题的探讨也采取了文化相对主义的平面视角，家庭成员虽会为此拌嘴吵架，但影片只是客观地展现这一事实而没有褒彼贬此的倾向。比如，金钱是否为人生的主要目标，父母养育孩子是否当求回报，子女孝顺父母是否不可反抗，结婚是否为女性必需品，等等。在这些人人都会触及的问题面前，不同文化的差异同样并未有优劣之分，而是体现了思维的多元与文化的丰富。

其中，消费理念与存钱意识在中美文化中差异较大。作为典型的美国年青一代，碧莉习惯超前消费，心安理得地做"月光族"；而她典型的中国母亲则一直教育她要有存钱意识，批评她的消费观念，但是当家族其他成员询问碧莉的赚钱能力时，母亲又会护着女儿，表示赚钱并不是目标。不过，影片对这一情节的表达也仅来自餐桌中个体的对话，以文化相对主义的平面视角加以展示，并未上升到更高的层面，也没有过多展现或评价倾向。

至于父母与孩子之间的关系问题，中美文化差异的展现也通过大伯与碧莉两个家庭得以展现。影片中有这样一个片段：夜晚大伯与父亲在阳台聊天抽烟时，碧莉出来后第一时间表示父亲已经戒烟，不可以再抽烟，而大伯却勃然大怒，斥责碧莉不应该管她父亲如何做事，颇有"子不言父过"的说教意味。夹在中间的父亲则一言未发，他应当已经习惯女儿"以下犯上"的关心，也了解自己哥哥的思想观念。大伯的激烈反应体现了中国传统的教育观念与亲子关系模式：养儿防老，父母自幼教育孩子乖巧听话，并为孩子的成长与教育作出各种牺牲，成年后的子女便应当回馈父母的恩德，光宗耀祖为父母养老送终。中国的父母与子女、亲人之间、夫妻之间都有很强的依附性，大多属于照顾与被照顾的关系。而相比之下，美国文化中的亲子关系更强调个人主义与自由选择，父母尊重子女的意愿，将其当作独立的个体对待，子女成年后也并不过多干预彼此的生活，亲人之间的依附关系也相对较弱。

2. 没有"中国特色"的中国：后东方主义视角下的真实中国

电影以后东方主义视角展现真实的现代中国，在场景选择方面并未展露过多极具中国文化象征的建筑或布景，如西方电影中刻板呈现的唐人街，或以往华裔导演拍摄时选取的宫殿、雕像、国旗、飞檐、宝塔、寺庙、宗祠等传统中国元素，也没有诡异、阴森或神秘莫测的情境铺垫。《别告诉她》所选取的中国城市景观随处可见，所呈现的中国人的生活状态也是日常可见的，没有赛龙舟、舞龙狮或打太极，而是来自日常生活中的拔火罐、墓地祭祀、圆桌聚餐与婚礼酒席。所有这些场景和情境的选择都通过碧莉的视角不偏不倚、平淡无奇地展现出来。碧莉虽然对文化差异有些好奇不解和手足无措，但她只是默默地体验并适应，而没有任何价值判断的成分。作为一个成长于美国文化背景下的华裔二代移民，她看待中国传统文化既不存在贬低或丑化，也不存在夸大这种差异或崇拜任何一方，这就是一种后东方主义视角。

当然，导演为了作品跨文化传播的顺利开展也有意地迎合了中国观众的喜好。影片英文名"The Farewell"直译成中文本应是"告别"的意思，但在了解到这与中国观众的习惯认知不同时，她将影片的中文名改成了《别告诉她》。华裔视角下的后东方主义和文化相对主义叙事当然并非完美无瑕，有些影视作品对中国人物形象的塑造还处于肤浅的脸谱化时期，以西方语境解读中国人的心理时会比较生硬。出现这种情况的原因之一便在于，在低语境文化下创作的影视作品、文学作品想要表达高语境文化内涵时不免有些捉襟见肘。毕竟大部分美国华裔电影的出品、制作和获奖竞争都集中于美国及其他西方国家，在美国土壤生长的美国电影不得不适应本土观众的低语境文化习惯。因此，即便是华裔导演拍摄的影片，在后东方主义视角下叙事虽然避免了严重的误解与歧视，但本质上仍然是从美国文化的视角去解读中国文化，文化隔阂是不可能完全消除的。只不过这部影片的叙事不再有俯视、歧视的态度，而是以平等的视角（即使会有肤浅生硬的呈现），相对真实直观地向西方观众呈现了中国传统文化及中国人的现实境遇，在跨文化冲突的展现中客观地呈现了中美价值观的差异。

四、案例启示

当前，越来越多的华裔电影导演试图通过跨文化传播令中国文化更加频繁地与世界文化交流，而此类电影获得的不少奖项也证明了西方观众了解中国文化的意愿正在不断增强。以中国故事为主题的美国影片数量越来越多，华裔导演在美国电影市场的影响力越来越大，美国观众对于中国文化的了解也越来越深。即便在跨文化传播过程中还存在着不少误读与隔阂，但是跨文化传播在影视领域的加速至少可以使部分偏见、误解、东方主义有所消解和弱化。

目前西方社会积累的东方主义想象与刻板印象还普遍存在于影视作品与现实社会中，大部分好莱坞电影仍然以民族中心主义视角不恰当地使用中国元素，延续了对东方主义的想象与扭曲，将中国元素作为一种消费品和点缀加以利用，将中国的人物形象作为西方文化的对立面和威胁者而传达给观众，但仍有部分影片对中国传统思想与优秀文化中的元素加以再现与宣扬，如《功夫熊猫》系列影片，这类电影一般表达了对东方文化中不同于西方主流文化价值观的、高境界的精神世界的向往与崇敬。华裔导演在西方主流价值观下进行影视创作实属艰辛与不易，他们采取西方影片的叙事形式讲述中国故事本就是跨文化传播的一场冒险。《别告诉她》则以后东方主义视角和文化相对主义观念展开叙事，为西方观众理解中国文化开辟了一条生动鲜活、真实客观的道路，这也是该片在北美地区获得较大成功的原因之一。

基于以上分析和认知，要想赢得西方观众对中国文化的好感与认同，采取文化相对主义的开放视角，真实、客观、平等地讲述中国故事是一种有效的跨文化传播途径。首先，中国影视作品的跨文化传播也可学习华裔导演的创作理念，以文化相对主义的视角呈现中国文化，反而更容易让西方人理解和认可中国文化。相较而言，以平等的姿态向西方人展示真实的中国文化，远比异域风情的打造、晦涩难懂的表达更加有效。其次，中国本土的影视创作者也应当尝试与欧美华裔导演、作家、演员等文艺工作者合作进行创作。最后，由于文化相对主义的视角和创作理念更贴近西方人的低语境文化，中国也可以引导和培养国内的导演、制片人、作家等创作者学习低语境文化的叙述方式，从具体的人物、细节和冲突入手进行创作，为中国文化的跨文化传播创作出更多易被西方受众接受的影视作品。

第二节 《推手》：流散理论视野下唐人街的文化缓冲功能

一、案例介绍

《推手》（*Pushing Hands*）是李安 1991 年的导演处女作，该片由郎雄、王莱、王伯昭等人主演，率先在中国台湾上映，其后与李安执导的电影《喜宴》《饮食男女》合称为"父亲三部曲"。这三部影片都以家庭故事为单位，讲述跨文化背景下的家庭成员因文化差异而产生内部矛盾冲突，最终求同存异、彼此适应和解的过程。

《推手》讲述了北京太极拳教练老朱退休后到美国与儿子一家同住的故事。老朱年轻时不幸失去妻子，退休后被儿子接到美国生活。儿子每日忙于工作，儿媳玛莎是居家办公的小说家，老朱与儿媳因语言不通、习惯不同而相看两相厌。在老朱出门走失后儿子醉酒发疯，后又撮合他与丧夫的陈太太。在这些事件后，老朱悄然离家去唐人街打工独居，与餐馆老板大打出手后被捕，儿子前来保释后老朱最终仍然选择独居。他在教太极拳期间认识的来自中国台湾的陈太太也是如此。两位老人都远渡重洋前来与子女同居，但无法与家中的洋人儿媳／女婿和平共处，最终都搬到公寓独自生活，过上了子女定期探望的美国式的养老生活。从中国的三世同堂到美国式独居养老，影片反映了中美文化差异在家庭生活中的碰撞与冲突，它在引起主角家庭生活激荡和矛盾激化的同时，也凸显了唐人街这一文化缓冲区和华裔流散群体聚居区的重要性。

1991 年，电影《推手》入围了第 28 届金马奖多项提名，最终获得最佳男主角、最佳女配角和评委会特别奖三个奖项；同年还获得了法国亚眠电影节最佳新人导演奖、最佳导演及亚太电影节最佳影片奖。

二、理论聚焦：流散族群理论

影片中的老朱在家中不断与美国儿媳发生矛盾，唯有在中文学校教人打太极拳才感到自在。陈太太也在这里教人做地道的中国食物。身处异国的他们在这个避风港湾内才能得到同一文化群体的理解与欣赏，与其他流散在外的华裔群体共同延续中华传统文化。

同样是在 1991 年，加拿大多伦多大学出版社正式出版国际学术期刊《流散族群》。该刊主编在创刊号序言中对流散族群作了界定：它是指具有跨国时代特征的共同体，这个曾经以犹太人、希腊人和亚美尼亚散居者为主要描述对象的词语，现已具有更广泛的内涵，覆盖了诸如移民、迁徙、流亡、客工、流放、海外社群、族裔共同体等不同词语的内容。[①] 长期致力于民族主义研究的威廉·萨夫兰（William Safran）在创刊号上总结了现代流散族群的六个基本特征：①以故乡为中心迁移到两个以上边缘地区；②保持着对故乡的记忆、想象或迷思；③认为自己不会或不可能被移入国完全接纳；④相信有朝一日时机成熟就可回归故乡；⑤愿献身于故乡的复兴；⑥与故乡源远流长的联系深深扎根于群体意识之中。[②] 这些定义流散族群的基本原则如今已获得国际学术界的普遍认可。

流散族群是一个拥有相同血脉传承却又散落于各处的群体，群体成员虽然在空间上分居于不同地区，但利用各种媒介却可在时间维度上联通彼此，形成动态的跨区域关系从而具备现实或虚拟的凝聚与团结。在此过程中，群体成员会逐渐形成独特的流散意识，比如基于共同文化的情感记忆、话语思维、传统习俗、梦想追求等。对于民族、国家或不同区域而言，流散族群是随着历史变化，在全球化进程中形成的特殊群体，群体成员具有极强的流动性，群体规模也越来越大；对于身处流散族群中的个人而言，流散是追求个人利益最大化的最佳选择。因此，流散族群中的个体既可能表现出自豪的自我伸张（self-assertion），也可能展现出与主流文化格格不入的无所适从。

总之，作为全球化时代跨族群互动空前活跃的产物，流散族群以及由此派生的流散政治、流散认同、流散主义、流散文化，及其对当代民族国家与国际政治业已产生和可能拓展的潜在影响，都是当前学术研究亟须研究的课题。[③] 就朱家而言，朱晓生在美读书、工作是他主动追求更好的人生的结果，影片中的他也的确成功过上了美国中产阶级的日常生活；而退休的老朱本是为了老有所养才孤身赴美与儿子团聚，但他在跨文化适应中的格格不入也使他成了当地主流文化的"边缘人"。《推手》正展现了早期的华人在流散海外的过程中所受到的文化冲击与跨文化冲突的生活片段。

---

① TOLOLYAN K., The nation state and its others: in lieu of a preface [J]. Diaspora, 1991, 1 (1): 4 - 5.

② SAFRAN W. Diasporas in modern societies: myths of homeland and return [J]. Diaspora, 1991, 1 (1): 304 - 305.

③ 李明欢. Diaspora: 定义、分化、聚合与重构 [J]. 世界民族, 2010 (5): 8.

三、案例分析

1. 跨文化冲突带来的流散体验

这部电影的年代背景为 20 世纪 80 年代末至 90 年代初。来自北京的老朱出身书香世家，但他因自幼体弱而被家人送去学太极拳，退休前已是太极拳教练，也拿过全国太极拳推手的冠军。长期浸淫于中国传统文化中的他来到美国后依然保持自己的生活方式，打太极、写毛笔字、看中国电视剧和京剧。而洋儿媳玛莎长期居家写小说，同居一个屋檐下的两人互不干涉却相互打扰，从饮食习惯到语言方式，从教育观念到思维想法，种种文化间的差异导致两个本都善良的个体不仅关系冷淡且无法共存。

电影除了通过细小的生活碎片呈现父子之间的代际隔阂外，还深刻描绘了老朱与儿媳各自象征的东西方文化的碰撞冲突。比如片头处表现老朱与玛莎两人单独在家时泾渭分明的画面，老朱身着练功服在客厅打太极拳，玛莎则在隔壁房间敲键盘，两人同处一个屋檐却没有任何交流，低沉严肃的背景音乐营造出压抑的氛围。与老人同住这一现象在中国人看来非常正常，但玛莎和她的朋友聊天时自然流露出无法忍受的态度，她们认为老朱应当搬出去，还给她独立的空间。甚至在饭桌上老朱和玛莎也会较劲，各自给朱晓生夹中国菜与美国饭，老朱认为玛莎只吃沙拉不吃肉的饮食不健康，而玛莎则埋怨老朱的到来令她没有单独的空间。

在两个人仅有的互动中也是老朱的迁就多一些，比如老朱会主动坐到玛莎对面一起进餐，而玛莎只是抬头看他一眼；老朱也会主动为玛莎夹菜，但是玛莎并不接受肉类食物。老朱的饭菜都是自己亲自动手做，而玛莎从未表现出对公公的孝顺，她尊重自己内心的感受因而表现出强烈的个人主义。此外，在对儿子杰米的教育方式上，玛莎尊重儿子讲求民主，老朱却秉持中国的教育理念，因为杰米不专心吃饭跑去看含有暴力元素的卡通片而有意见；对太极拳不甚了解的玛莎认为老朱的武术才更加暴力，不满他的抱怨；当老朱掀开杰米的浴巾说出"传宗接代可就靠你这个小宝贝"时，玛莎立即直接让杰米离开；尤其是在老朱好意用推拿手法试图缓解玛莎的胃痛，反而导致玛莎过于紧张胃出血后，两人的关系恶化到极点。夹在中间的朱晓生也屡次崩溃，难以调和的矛盾令这个家庭全无宁日。

在与儿媳关系恶化的同时，老朱与儿子的关系也逐渐疏远。作为一个弹性认同（flexible identity）和多重认同（multi-identities）的文化"中间人"，朱晓生试图两头兼顾却总是顾此失彼。起初他维护父亲招致妻子不满，在玛莎胃出血后，他又改变态度与妻子站在一起；起初他想将父亲送至养老院，其后又利用郊游暗中撮合父亲与陈太太，老朱发现后便留下字条离家出走。直至在新闻上看到父亲被捕，朱晓生前去监狱保释父亲回家，但老朱最终拒绝回家，只让他帮忙租间公寓，有时间前来看望就好。

老朱的流散情绪随着故事的推进越来越浓重，他的精神依托和身份归属没有着落，而儿子的态度也令他逐渐明白中国的传统文化已不再适用于此处，一生习武的老朱最终选择离群索居。在离家时写给儿子的信里，他如此感慨：

> 常言道，共患难容易，共安乐难。想不到这句话，却应验在你我父子身上。从前在国内多少个苦日子，我们都能够相亲相爱地守在一起。美国这么好的物质生活，你们家里却容不下我来。唉，两地相比，不由得我怀念起你小时候，种种可爱之处。不要找我，安心过着你们幸福的日子。我祝福你们全家。有空帮我问候一声陈太太和她女儿好。天下之大，岂无藏身之地？赁一小屋，了此残生。世事如过眼云烟，原本不该心有挂碍。
>
> 父字

这段文字反映了老朱在美国漂泊流散、孤独无依的心理体验。面对跨文化的混杂环境，他已不能在儿子家中生存，反而在华人聚集的学校里获得了流散族群的认同。"唐人街""中国城"等已经成为隔离开来的华人聚居区给老朱这样的文化流散者提供了一个文化缓冲区。

2. 唐人街的文化缓冲功能为流散群体带来的情感慰藉

《推手》中的老朱经历过"文革"的残酷迫害，为了保护儿子顾不到妻子，使得妻子被红卫兵乱棍打死。父子俩相依为命多年，感情十分深厚，儿子对于父亲所习的太极拳也有所了解，认同父亲的教育理念及人生哲学，但他本身又因在美国深造、工作而受到美国文化的熏陶，虽然骨子里仍然有孝顺父亲的信念，但在实际生活中却并不能利用自身的跨文化优势，行之有效地缓解妻子与父亲之间的紧张关系。因此，老朱除了中文学校和华裔社群外，竟不能在自己家中获得文化认同。

而陈太太则像是老朱的"女版镜像"——她来自中国台湾，两任丈夫先后去世，与老朱一样因为孩子才来到人生地不熟的美国养老，但终究年事已高，无法适应美国的文化环境，与洋女婿不能和睦相处，且敏感地意识到女儿有意撮合她和老朱背后的目的。因此她痛哭过后，也与老朱一样决意独居。老朱和陈太太一开始相识的场所就是中文学校，参加课程的大多也都是他们这样的流散者，所有汇聚于此的华裔形成一个流散群体聚合区。最终两位老人都搬到了这个社群附近的公寓，不再勉强自己和后代跨文化适应、接受彼此的生活习惯或文化观念。在这一文化碰撞的缓冲地带，他们终于能延续自身的文化习俗与生活方式，找到了与美国文化和平共处的平衡点，开辟了属于自己的文化适应"舒适区"。

老朱和陈太太都因为文化的差异最终独身寡居。孑然一身的他们曾品尝到文化流散的滋味，在美国社会中感受到无所适从又无可奈何的孤独和无助，最后这样的跨文化冲突也未有解决办法。于是他们通过回归流散群体避开了文化差异，在有他们用武之地的中文学校和华裔社群里延续文化氛围。中国文化是他们难以割舍的根，但也是让他们困在此处的绳。碍于血脉传承，老朱和陈太太虽然因为文化差异的难以适应而在此处漂泊流浪，但他们也只是另立家园而非回归故土，终究按照传统文化观念守在子女附近继续默默付出。而唐人街、中国城此类具有相同语言背景和传统氛围的场所就成了他们的精神家园，给文化流散群体提供了一定的情感慰藉和精神依托。

四、案例启示

作为李安的导演处女作，电影《推手》毫无意外地部分取材于其自身经历。李安同样是文化流散群体中存在身份认同困惑的一员，生于中国台湾、求学美国、回到中国拍电影的迁徙经历令他对文化差异与跨文化冲突颇有心得体会。因此他擅长以细腻微观的视角把中国文化与美国文化二者间的差异以家庭为单位传达给大众，而西方观众也总能够通过他的电影了解中国文化、中国人的思维模式与生活习惯。这部影片在遭遇文化差异与跨文化冲突时的应对方式上给我们提供了启发。

1. 尊重文化差异，提高文化移情能力

影片中的玛莎和老朱显然都缺乏对对方文化的尊重以及文化移情的能力。老朱不能理解"这个美国女人只吃菜不吃肉"；玛莎则认为老朱的太极拳是暴力的，她抱怨老朱不肯学英语，而朱晓生则反问她又做了什么。两人对于文化差异的态度都是消极的，对彼此的生活习惯、语言文化、价值观念都没有接触的意愿，因此不具备文化移情的能力。他们不会设身处地地以对方的思维方式、立场角度反思自己，只会一味指责对方的问题，从而导致矛盾与冲突的不断积累。其实，不同文化群体的人由于受到地域特色、生长环境、受教育程度等多方面的影响，必然会产生文化的差异。中国 56 个民族在长期的生活实践中积累并传承着本民族独特的文化，我们

在与人交往的过程中也必然会有跨文化的体验，应当承认文化差异性的客观存在，尊重各民族的文化，消除民族中心主义思想，尝试站在其他民族文化的立场思维上与之共情，只有这样才能更好地避免文化冲突。

2. 有目的地进行跨文化交际训练

影片中的老朱与玛莎产生矛盾冲突的根源便在于文化不同且语言不通，前者是无法改变的，而后者却可以通过学习得以实现。如果玛莎学会一点中文，又或者老朱学习一些英语，他们就无需每天四目相对无话可说，所有的交流都要朱晓生在其中转达，这样在老朱打扰到玛莎时她就可以直言提醒，而不是干瞪眼、生闷气或直接发火。在跨文化交往中语言的沟通与交流是必不可少的，它能最直接地降低跨文化冲突的频率与程度，因此在跨文化交际和传播过程中需要有目的、有针对性地训练，提升跨文化适应能力。比如文化体验式学习，即通过角色扮演给学习者制造在跨文化交际中可能会碰到的困难和问题场景，或者直接到其他异质文化环境中去亲身体验，在习惯文化差异以后不断尝试主动解决跨文化冲突，从而显著提高跨文化交际能力。

第三节 《暗物质》：文化间性视角下的华裔离散电影

一、案例介绍

《暗物质》（*Dark Matter*）是华裔导演陈士铮执导并参与编剧的一部电影，由刘烨、梅丽尔·斯特里普、艾丹·奎因等人主演。该影片自真实事件改编而来，取材于 1991 年发生在美国爱荷华大学的中国留学生卢刚制造的校园枪击案件。影片讲述了成绩优异但家境贫寒的中国留学生刘星赴美攻读宇宙学博士学位的故事。初来乍到的刘星专注于暗物质领域的研究并取得了一定成果，但他的研究结论与导师的宇宙起源模型相冲突，于是刘星未征得导师同意便自行刊发论文，最终未能顺利通过毕业答辩。与此同时，刘星被喜欢的女孩明确拒绝，学业、爱情、生活皆不顺利的他终于体会到现实与理想的差别，中美文化的差异、学术圈的规则是他无法逾越的鸿沟。最终在多重打击下，刘星将全部积蓄寄给中国的父母后，回到学校射杀了正在演讲的师弟冯刚、导师以及其他教授，而他自己也随即在办公室饮弹自尽。

影片于 2007 年上映并获得当年圣丹斯电影节（Sundance Film Festival）的阿尔

弗雷德·P. 斯隆长片电影奖（Alfred P. Sloan Feature Film Prize），在互联网电影数据库（IMDb）的评分为6。导演陈士铮是美国小有名气的华裔戏剧导演和编剧，在拍摄《暗物质》之前已经导演了多部西方歌剧，还将《赵氏孤儿》《六月雪》《桃花扇》等中国古典戏剧搬上了西方舞台。这部电影是他跨界影视的处女作，从影片来看导演也有意识地在改编中试图融合中西文化，令刘星的悲剧得到跨文化的理解。但根据影评来看，这部电影并未打破中西方文化的壁垒，反而令两边的观众都感到困惑。

西方观众高度赞扬梅丽尔·斯特里普的演技，但对于刘烨内敛含蓄的表演褒贬不一，正如同他们对导演的看法。而中国观众则认为导演在影片中有丑化中国人的嫌疑，以美国女性 Joanna（乔安娜）的形象来怜悯中国留学生刘星，似乎有讨好美国受众、固化中国留学生刻板印象的意味。从跨文化传播角度来看，导演在该影片的叙事中并未处理好文化间性的关系。

二、理论聚焦：文化间性（Interculturality）

"间性"源自生物学术语，原指"雌雄同体性"，这一概念被引入社会科学后，主要是指"一般意义上的关系或者联系"。[①] "文化间性"这一概念是德国哲学家哈贝马斯提出的文化哲学术语。作为一种当代性很强的文化理论，文化间性的提出有着深刻的哲学根基。哈贝马斯将差异哲学、"他者"理论、视域融合与交往行为理论融入其中，试图建立起一种话语性的文化间性关系，以求打破文化之间的壁垒。[②] 因此，这一概念既是西方思想界在反思主体性哲学之后提出的新的哲学理论，也是一种跨文化交流的新的思维模式。[③]

"文化间性"是指一种文化在与异质文化相遇时会彼此交互作用的内在关联。作为一种理论，它以承认差异、尊重异质文化为前提条件展开文化间的对话，以彼此沟通交流为目的。文化间性的价值在于异质性和对话性，对话的目的在于沟通，沟通是为了达成共识，使双方通过对话达成愿望的实现。[④] 因此，文化间性要求改

① 张学昌. 城乡文化共生发展的内在逻辑与推进策略：基于文化间性的视角［J］. 新疆社会科学，2019（1）：88－95，147－148.

② 蔡熙. 关于文化间性的理论思考［J］. 大连大学学报，2009，30（1）：80－84.

③ 金丹元，周旭. 从文化的主体性走向文化间性：对当下中外合拍片的一种文化反思［J］. 当代电影，2015（1）：117－121.

④ 蔡熙. 关于文化间性的理论思考［J］. 大连大学学报，2009，30（1）：80－84.

变传统的主客对立的认识论，改变"主体／客体"的思维模式和"东方／西方"的世界秩序，这意味着当某一文化不再处于压倒性的强势地位时，与其他文化之间的间性对话便有可能。①

实际上，当两种异质文化进行交流或碰撞时，很难出现完全地排斥"他者"文化，或是机械地吸收或移植"他者"文化的情况。② 因此，有学者认为"文化间性为不同文化的相遇及其所产生的意义新变提供了一整套有意义的解释，尤其强调在保证自我和他者主体地位的基础上形成的互识、互补、互证"③。由此可见，与多元文化、文化杂合、文化融合等概念相较，文化间性更强调差异与互动。从历史文化视角出发，不难发现正是通过人与人之间、人与自然之间、不同文明之间的对话，多种文明才能实现和谐共存。④ 而文化间性直接从属于两种不同文化主体之间的对话关系，这意味着世界各民族不同文化间具有真正的可交流性，从而使得打破各个文化之间的壁垒成为可能。

三、案例分析

在《暗物质》一片中，天真的刘星刚到学校时充满了对美国文化的好奇与向往，满心期待着在这片土地上实现自己的梦想——获得诺贝尔奖、光宗耀祖，在美国娶妻生子、安家落户，将父母接来过好日子。起初他的天赋获得了导师的认可与赞扬，但正值学术前途蒸蒸日上之际，他对暗物质研究的痴迷遭到导师的反对，而他依然我行我素，沉浸于自己的世界，并未真正地融入美国文化之中，最终学业失败、爱情无望，竟只能生出毁灭的欲望来获得解脱。

1. 西方社会背景下的海外游子与家书文化

刘星在写给父母的信中只报喜不报忧，反映了中国传统"游子"的典型特质。中国传统的家族文化特点之一为以群体为本位、以家庭为中心，家、族、宗、国等人伦关系是这一文化的重点，以伦理为中心的文化架构由小而大、由近而远、由亲

---

① 朱林. 从主体间性到文化间性：当代少数民族文学跨文化写作的人类学观察［J］. 内蒙古社会科学，2022，43（3）：132－140.

② 金丹元，周旭. 从文化的主体性走向文化间性：对当下中外合拍片的一种文化反思［J］. 当代电影，2015（1）：117－121.

③ 朱林. 从主体间性到文化间性：当代少数民族文学跨文化写作的人类学观察［J］. 内蒙古社会科学，2022，43（3）：132－140.

④ 蔡熙. 关于文化间性的理论思考［J］. 大连大学学报，2009，30（1）：80－84.

而疏，延伸扩展形成社会关系网络。在美国的刘星事无巨细地定期给家里写信，无时无刻不期望自己能成为父母的骄傲，也是根深蒂固的家文化使他思想偏执，认定拿到博士学位才符合成功的定义。为此，他不惜在书信中传回虚假消息，也拒绝了身边友人们真诚的帮助，只是为了游子实现梦想的想象，硬生生将自己逼向了绝路。

曾经的中国游子大半为被迫背井离乡者，而新中国之后的游子更多变成了主动追求生命意义和实现自我价值的漂泊者。① 与游子文化紧密联系的是家书文化，"家书"是家人或亲人之间的往来书信。在彼时中国传统社会通信不发达的条件下，家书成为处于异地的亲人之间的主要通信媒介，是一种互通音信、相互交流的重要渠道和方式。② 家书一般具有主体私密、内容真实可信、情真意切、崇德向善等鲜明特征。③

《暗物质》中多次出现刘星给远在中国的父母写信的场景。在初到美国、被导师肯定、科研有所突破，以及最后的枪击事件发生之前，刘星都选择写信给父母。无论在美国的生活是否顺利，他都会告诉父母自己生活中的好消息，甚至在他的选题受到教授否定和自己未能通过论文答辩的情况下，也在信中欺骗家人。以下为刘星信件的抄录：

> 爸妈，你们好。最近我的运气很好，一帆风顺。在北京的时候我就学过著名的 Reiser 模型，我现在居然幸运地为 Reiser（赖瑟）教授本人工作。在他的指导下，我一定会做出重大发现，给咱家争光。
>
> 爸妈，你们好。最近我的运气很好，一帆风顺。我现在是 Reiser 教授手下最得力的助手，我还遇到了一位酷爱中国文化的女士，她叫 Joanna。对了，不要再给我寄吃的了，真的没必要。
>
> 爸妈，你们好。告诉你们一个好消息，我有一个重要的发现，Reiser教授很高兴，他说这个发现可以作为我博士毕业论文的基础。我会让你们为我感到骄傲的。
>
> 爸妈，你们好。我很骄傲地告诉你们，我以最优异的成绩毕业了，我们全家不久就能在美国团聚了，那时你们就是刘星教授的父母了。现在所

---

① 张卓，杨明．"游子"的新文化意蕴 [J]．社会科学战线，2011（7）：246－248．

② 崔志胜．中国传统家书文化对社会主义核心价值观的作用探析 [J]．马克思主义理论学科研究，2020，6（2）：138－145．

③ 余海超，韦冬雪．论家书与中华优秀传统文化的传承 [J]．广西社会科学，2017（9）：228－231．

有的大学都争着要我，我正在考虑接受哪份工作，我非常想念你们。

爸妈，你们好。我寄上我三年勤工俭学的全部积蓄，来报答你们从小对我的养育之恩。

从家书内容可以看出，作为一个身处异国他乡的游子，刘星延续了中国游子在外"报喜不报忧"的孝道传统，书信中的内容都以学业为主，这也从侧面反映了中国家庭望子成龙的迫切心愿。刘星虽然心揣"美国梦"，但他所接触的只是再浅不过的文化截面，比如开放的性观念与外国女孩的异域风情，豪车美酒的浮华与西部牛仔的装扮，而美国文化中的人情世故、学术政治他都不甚了解，仍然秉持着原本的中国文化思维逻辑，认为通过刻苦读书钻研即可改变命运，过上自己理想中的生活。

一方面，刘星尽管身处西方社会的文化语境当中，但骨子里仍保持着中国传统的家族观念、孝道文化，这些观念深深地根植于他的思想，以至于他在未通过毕业答辩后便自觉阻断了其他的可能性。另一方面，这也证实了他未能真正吸收西方所崇尚的个人主义文化。从文化间性的视角来看，刘星身上存有两种异质文化，但终究未能融合互补，反而在两种文化相互撕扯之下成为跨文化冲突的牺牲品。

2. 西方中心视角对东方他者的刻板印象

脱离影片的叙事内容来看，这部影片首次上映便在美国，其目标受众也是西方观众。导演站在西方中心的视角来解读中国文化，叙事过程中对刘星及其他中国留学生形象的处理无疑也加强了对这一群体的刻板印象。

首先需要明确"西方中心主义"的概念，它指的是一种看待世界的方式，认为人类社会的历史以西方文明为中心展开，"自由、民主、人权"为核心价值的西方文明被认为是人类文明的主要价值观。西方文明的中心主义和唯我主义的精神内核极大地影响西方中心主义的形成。[1] 西方中心主义的核心原则不仅体现在相关的政治观点和价值观念方面，也表现在西方民众以自己国家或民族为中心的思维方式和话语体系之中，近现代以来西方国家更是通过在跨文化传播中有意地输出西方中心主义的价值观念，使得西方主义的话语权得到了巩固与加强。[2]

在西方中心主义视角的影响下，其他非西方的价值观念自然而然地被视为"他

---

[1] 《学术前沿》编者. 对西方中心主义的反思与超越 [J]. 人民论坛·学术前沿，2022（2）：12–13.
[2] 王立胜. 西方中心主义的历史逻辑、现实表达及其内在问题 [J]. 人民论坛·学术前沿，2022（2）：14–20.

者"。"他者"这一概念是相对于"自我"而形成的，这一词汇更加强调客体、异己、差异等特质，既包括与"我们"相对的"你们"，也涵盖着在"我们"之外的"他们"，由此可见"他者"这一概念包含了两类不同的范畴，即作为对立面的"他者"和作为旁观者的"他者"。① 以西方中心主义为核心的文化产物，对于"他者"形象的建构无可避免地会产生固定的刻板印象，即"以高度简单化和概括化的符号对某些特殊群体进行社会分类，或直接或间接地体现出对于'他者'行为、个性及历史的判断与假定"②。由此可知，刻板印象作为某一群体认知的共性与民族集体意识和无意识的集合体，会对跨文化传播造成不小的负面影响。

　　影片《暗物质》中对主人公刘星和他的留学生室友、同门以及各类场合中的中国人形象刻画都受到刻板形象的影响。首先，在刘星的导师 Reiser 教授和好友 Joanna 的认知里，中国留学生都有刻苦学习的学霸特质，如"他们从异国他乡来这里学习，而且个个表现出色""他很勤奋"。以刘星为例，导师一旦交代任务他便废寝忘食地完成，效率之高令导师及助教惊讶不已。然而，刘星身上也存在过于死板、不通人情、不懂变通的问题，导师 Reiser 教授已经多次劝他打消以暗物质研究为毕业论文选题的念头，头脑灵活的室友也劝刘星根据教授的研究方向选题，先满足顺利通过毕业的条件：

　　　　Reiser 教授：你是不是疯了？这个远超出你的能力……听着，我给你解释清楚，这不是你一个人的事，你一个人是不行的。你先从简单的开始，然后再在简单的上面继续。如果你想学习，首先必须打好基础，行吗？
　　　　室友：刘星，你还是要实际一点，找个 Reiser 认可的课题毕业了再说……我的毕业论文是我导师十年前的研究的一部分。

但他依旧固执己见，最终在答辩时与教授当堂对质，未能通过毕业。

　　其次，在描述刘星与中国留学生群体共同活动的时候，影片总是呈现出这一群体抠门、爱占便宜、不懂礼仪的丑态。比如刘星和两位室友在教堂举办的活动中蹭吃蹭喝，乘坐教堂的免费车辆去领取免费家具，连寝室里的电视也是"借用"邻居的信号等。影片在描绘留学生群体吃自助食物时，或以全景表现他们急不可耐地蜂

---

　　① 刘文明. 全球史研究中的"他者叙事"[J]. 首都师范大学学报（社会科学版），2020（3）：45–51.
　　② 胡洁，孙有中.《纽约时报》中的"共产主义"刻板印象：基于命名实体识别的媒介记忆之场研究[J]. 国际新闻界，2022，44（6）：71–95.

拥而上，或以仰拍的中近景展示难看的吃相，对这些生活细节的刻画无疑令西方观众对中国留学生群体的刻板印象更深：

> 室友 1：私人财产这点事儿你不懂吗？
>
> 室友 2：电视信号也是私人财产？
>
> 室友 1：这你都不知道吗？等你往家一接，警察就告你的，美国警察就喜欢捣鼓这点破事儿。
>
> 室友 1：听说啊，教堂经常有活动。
>
> 室友 2：咱们一会儿坐上这儿的免费班车去超市，还能买一些便宜东西呢！
>
> 室友 1：还有不要钱的家具呢！

最后，即便是在刻画刘星父母的形象时，这种刻板印象也未能减轻。画面中接到信的刘父刘母每次都在劳作，他们衣着简朴、埋首工作，间或聊起儿子在美国的生活，也如最初的刘星一般充满了向往。至于他们自身的性格、爱好如何，影片则毫不关注，仿佛中国父母便是含辛茹苦的代名词。

《暗物质》尽管由华裔导演执导，但依然没能对中国留学生在美学习、工作、生活以及人际交往方面所表现出来的特点进行更深层次的描摹，也没能进一步揭开中国留学生这些性格特点和行为背后特定的文化原因。在影片中，中西文化没能通过留学生这一群体进行深入的互动，这一作品也没能真正实现"文化间性"理论所强调的以承认差异、尊重他者为前提条件的跨文化交流与传播，只是加深了西方观众对中国文化的刻板印象。

3. 多元文化背景下华裔移民的文化适应问题

人类生长于多样化的生存环境中，以不同的方式延续、发展种群，并且逐步形成了个性迥异的文化体系，而这些形成于不同区域、民族间的文化体系，在彼此相交的前提下，构成了异质文化。① 由于异质文化的存在，不同文化之间的互动、交流、融合等现象成了跨文化传播研究中值得探讨的议题，"文化适应"（acculturation）研究就是其中重要的组成部分。约翰·W. 鲍威尔（John W. Powell）在 1883年首次提出"文化适应"这一概念，将其定义为"来自外文化者对新文化中的行为

---

① 房雅珉. 异质文化融合视域下的国产动画电影［J］. 电影文学，2021（3）：58 - 60.

模仿所导致的心理变化"①。

1936 年，雷德菲尔德、林顿和赫斯科维茨（Redfield，Linton & Herskovits）又提出新的概念界定："由个体所组成，且具有不同文化的两个群体之间，发生持续的、直接的文化接触，导致一方或双方原有文化模式发生变化的现象。"② 这一定义目前被广泛采纳。社会认同理论只关注文化适应中的社会身份变化模式，由此又将个体文化身份划分为四种类型：整合、同化、分离和边缘化。其中，整合指个体既认同原文化，也认同移入地文化；同化指个体不再认同原文化，只选择认同移入地的文化；分离指个体仅对原文化产生认同，拒绝认同移入地文化；边缘化则指原文化与移入地文化都无法获得个体的认同。③

在电影《暗物质》中，刘星和他的两位室友对西方文化的接受度都不高，他们的个人文化身份更加偏向于"分离"，即仅保持对原有文化的认同，而拒绝认同他们身处的西方文化。这点在他们对待同为中国留学生却笃信西方文化的冯刚时可以见得。冯刚将名字改为英文名 Lawrence，即便与中国留学生交流时也讲英语，喜得麟儿后又在教堂举办基督教洗礼仪式。对此刘星不满地用中文问："冯刚你说你这小子怎么回事儿啊？怎么改个名叫什么劳伦斯？什么名啊这是？"冯刚依然用英语回答他："我妻子认为这样让美国人说起来更顺口，感觉更舒服。"另一室友在洗礼结束后也问冯刚："咱们有佛教、道教还有儒家，你说信耶稣干吗？"

在刘星及其室友眼中，生长于中国文化环境中的留学生理应认同自己原本的文化。但冯刚为了更好地融入美国文化，不仅主动改名以方便西方人发音和记忆，更是按照西式宗教习俗让自己的下一代接受洗礼，他们一家人在选择个体文化身份时完全倾向于"同化"，抛弃中国文化的根基并全盘西化，以此融入西方文化及社会。事实证明冯刚也的确做到了被接纳，导师 Reiser 教授认为刘星不懂团队合作，师弟冯刚却能后来居上，取代刘星成为导师的得意门生。在这部影片中，中国留学生在面对跨文化带来的冲击时分别走向了"分离"和"同化"两个极端，正如影片未能实现中西文化的融合一般，影片中的中国留学生在跨文化交往时也没能呈现出文化间性中的"承认差异、平等对话"。

---

① 余伟，郑钢．跨文化心理学中的文化适应研究［J］．心理科学进展，2005（6）：134 - 144.

② REDFIELD R，LINTON R，HERSKOVITS M J. Memorandum for the study of acculturation［J］．American anthropologist，1936，38（1）：149 - 152.

③ 陈新，马永红．文化碰撞中的个体发展：文化适应理论及研究［J］．心理月刊，2022，17（6）：234 - 240.

四、案例启示

"离散"一词出自《圣经·新约》，词根源自希腊语"diaspeiro"，意为"违背神的意愿，必将面临放逐的危险"①。该书记录公元前586年犹太人被巴比伦人赶出朱迪亚，又在公元前135年被罗马人驱逐出耶路撒冷的历史。因而"离散"本身也代表一种人口迁徙现象，"跨国性"是其最突出的特点。"二战"后"离散"的内涵发生变化，成为移民现象在现代民族国家一种新的表现形式，并逐渐成为社会文化研究中的关键词之一。此时的移民问题不再仅关乎人口与土地的矛盾，还涉及越发普遍的各类认同问题，诸如身份、族群、居住国等的认同、离散与回归间的矛盾等。在各历史及社会语境下，离散群体也会在特定的政治、经济、文化等因素影响下产生不同的离散原因与类型。

现阶段学界研究"离散"的主要对象为因迁徙而散布于其他种族、民族群体中的少数族群，他们在异质文化语境中保留原本的自由文化，从而产生了群体各异的表现特征、现实遭遇、生存策略及集体诉求。郝国强将这些群体划分为"政治受难型""经济交往型"与"跨国移民型"三种类型。② 20世纪80年代，欧洲影坛涌现出一批由移民、流亡者、难民和跨国者组成的电影创作者，主要包括在德国境内的土耳其电影人、在法国境内的北非电影人、在英国境内的南亚与非裔电影人等。这些电影人创作的影片以呈现远离家园的离散体验为共有特征。③

随着全球化的展开，以华裔离散群体为核心的影视文化作品成为好莱坞文化产品的重要组成部分。电影《暗物质》便是其中之一，该片呈现了两种离散群体的文化认同：一是像主人公刘星一般，与身处的西方社会文化保持分离状态，坚持对中国文化的认同；二是像中国留学生冯刚（Lawrence）一样，全盘接受西方文化，抛弃旧有的中国文化认同。但根据影片两位留学生的结局来看，这两种选择都不是打破文化壁垒、实现跨文化交流的恰当方式。

或许在这部影片中，唯有Joanna符合"文化间性"所提倡的"在尊重异质文化之间差异的基础进行沟通，从而达成共识，并在此基础上打破文化壁垒"。作为地

① 刘冰清，石甜. 族群离散与文化离散研究的来龙去脉 [J]. 学术探索，2012（2）：49-53.
② 郝国强. "离散"研究的发展脉络及省思 [J]. 广西民族大学学报（哲学社会科学版），2017，39（1）：102-108.
③ 王宜文，王娅姝. 华裔新离散电影中的身份再认同与跨文化协商：以《摘金奇缘》《别告诉她》为例 [J]. 未来传播，2022，29（1）：95-101，129.

道的美国人，她因为对中国文化的兴趣经常参与教堂为中国留学生举办的活动，关心这些中国留学生的学习与生活，能发现刘星、冯刚等人身上的闪光点。观众可以深切地感受到 Joanna 对中国文化发自内心的喜爱："我觉得学这门语言是件很伟大的事情，它会迫使你全身心地投入学习。因为中文很间接、很琐碎。你知道他们没有时态，他们说'我在''我过去在''去年我在''未来我在''就是现在'。"尽管中西方语言文化差异极大，但 Joanna 仍以包容的心态接受文化间的差异，因此这一形象反而成为全片最具有感染力的角色，获得中西方观众的一致认可。

如果说刘星是跨文化冲突之下的牺牲品，那么 Joanna 就是跨文化交流的典范。这也提醒大家，真正的跨文化传播并非某一中心主义视角下对他者的凝视，更不可基于对某一文化群体的刻板印象，而是要以包容的心态尊重文化间的差异，借助"文化间性"的理念使得跨文化交流更为顺畅，影视作品也应当从现实出发才更具感染力，如此方能真正打破文化壁垒，实现跨文化传播。

第四节 《孙子从美国来》：顺应论视角下的中美跨文化冲突

一、案例介绍

《孙子从美国来》（*Grandson from the United States*）是一部聚焦中西文化冲突的电影，由曲江涛导演，罗京民、刘天佐主演，于 2012 年 2 月 2 日在中国上映。该片没有恢宏绚丽的场景，没有曲折离奇的故事，88 分钟的影片中几乎所有场景都在一个陕西小村子里拍摄完成，却呈现了很多让人回味无穷的片段。影片讲述了独居的中国皮影手艺人老杨头与美国洋孙子布鲁克斯的故事：老杨头的儿子杨栋梁和美国女友作为志愿者需要紧急赴西藏可可西里参加藏羚羊保护行动，但是女友的儿子布鲁克斯无人照顾，情急之下杨栋梁偷偷地给老杨头留下一封信，先斩后奏，直接把布鲁克斯放在了老杨头的家里，托他照顾。

就这样，一段发生在陕西老农民和美国小孙子之间的碰撞故事由此展开。老杨头是中国传统文化的典型代表，崇拜中国文化中的孙悟空；而布鲁克斯则是美国文化的代表，崇拜西方文化中的蜘蛛侠。[①] 祖孙二人在生活习惯、行为思维、表达方

---

① 王崴.《孙子从美国来》的中美文化评析 [J]. 电影文学，2017（17）：116 – 117.

式以及文化观念等方面存在极大的差异与对立。老杨头不理解布鲁克斯的"洋派"长相与生活方式，布鲁克斯不能适应陕西的饮食习惯与生活状态，二人的矛盾似乎无法调和。但是经过一段时间的相处，历经曲折的碰撞冲突后，这一对没有血缘关系的祖孙俩选择了包容差异，接纳新的文化，最终从水火不容到彼此关爱，培养了深厚的感情。

《孙子从美国来》比较小众，并没有在院线上线，却凭借高水准的内容获得了8.6万人在豆瓣电影上打出的8.5分，还获得第22届中国金鸡百花电影节最佳原创剧本奖、最佳导演处女作奖和最佳儿童片奖三项提名。该片真实质朴、幽默中又充满温情，从多个角度对家庭伦理、中美差异以及文化传承给予关注和剖析。中美两国作为中西方文化、集体主义文化与个人主义文化的典型代表，在饮食文化、生活习惯与价值体系上都存在着极大的差异，甚至是冲突。但是在当下全球化的时代浪潮中，跨文化交际越来越频繁，文化不应该处于冲突与敌对的状态，而是应该彼此融合、共同进步，分析该影片可以让我们更加客观地看待跨文化冲突问题，真正理解文化的"和而不同"。

二、理论聚焦：顺应理论

当下不同文明之间的碰撞与交流日渐增多，跨文化传播的重要性日益凸显，引起了众多学者对这一领域的聚焦与关注，与跨文化传播相关的语用理论不断涌现，其中语言顺应理论（简称"顺应论"）对于我们正确认识跨文化冲突现象有所裨益。顺应（adaptation）原本是生物进化论中的一个概念，被作为一种视角引入语用学研究，形成了语用顺应理论（linguistic adaptation theory），这一理论由国际语用学学会秘书长耶夫·维索尔伦（Jef Verschueren）于20世纪90年代提出，常被学者用于分析不同国家间的文化冲突与差异。

该理论中，维索尔伦认为使用语言是一个"不断作出选择"（linguistic choices）的过程，在人类沟通过程中，语言使用是语言发挥功能的过程，语言顺应性是人类语言的特征。从顺应的角度出发，在人际沟通中，语言使用者根据语言环境会主动选择语言手段，发话人与受话人也会根据交际环境不断调整选择。无论是无意识的还是有意识的，无论是出于内部原因，还是出于外部原因，都是语言的使用环境和语言结构选择之间的相互适应，① 发话人不仅选择语言结构与形式，还会选择使用策略，顺应不只是单方向发生的，而是一直保持着双向互动，多维发生的。② 语言顺应包括四个方面：语境顺应、结构顺应、动态顺应、顺应的意识突显。其中，语境顺应中选择产生于包括说话双方、心理世界、社交世界、物理世界等语境因素的过程中。③

三、案例分析

借助语用顺应理论，我们将从语境顺应、结构顺应、动态顺应和意识程度顺应就影片中的祖孙俩在生活习惯、文化倾向与思维方式上的差异展开分析，具体探究中西方文化的跨文化冲突现象。

1. 语境顺应

（1）心理世界。

人际交流是双方心理世界的沟通，只有顺应了发话人与受话人的心理感受，才能达到友好交流的目的。心理世界包括交际双方个性、情绪、愿望、意图等认知和情感方面的因素。当双方在不了解对方的民族与国家的族群特性和个性特征时，就会难以理解对方的行为与心理，并且在跨文化交流时容易陷入文化偏见与晕轮效应的思维定式中，从而激化文化冲突。

比如在影片中，老杨头和布鲁克斯在饮食这一问题上发生了激烈的冲突。老杨头是地道的陕西农民，爱吃热乎乎的油泼面，伴着辛辣带劲的大蒜头。中国人讲究"民以食为天"，共同的饮食习惯会加深彼此的身份认同，所以面对这个洋孙子，老杨头希望他入乡随俗，吃中国饭，但是布鲁克斯因为文化跨度太大，无法适应，坚持要吃汉堡、喝牛奶。老杨头总是骂骂咧咧地对布鲁克斯说"吃口面，香死你，吃口蒜，熏死你""美国人这吃的都是什么玩意儿""我还当这汉堡包是什么稀罕玩意儿，不就是肉夹馍换面包嘛"。布鲁克斯因语言不通，只能用泡面抵抗油泼面，以此表达对中国食物的不满。老杨头对美国的饮食文化存在偏见与不理解，布鲁克斯也对中国食物存在抗拒，导致双方在交流时并未顾及对方的心理感受，加深了矛盾冲突。

---

① 李捷，何自然，霍永寿. 语用学十二讲［M］. 上海：华东师范大学出版社，2011：129 – 135.
② 陈丽霞. 语用顺应论视角下的翻译研究新探［J］. 江西社会科学，2006（11）：219 – 222.
③ 程娟娟. 顺应论视角下跨文化冲突语用分析：以法国电影《岳父岳母真难当》为例［J］. 青年文学家，2020（17）：151 – 153，155.

又比如在影片中反复出现的"蜘蛛侠"和"孙悟空"。布鲁克斯崇拜蜘蛛侠，把他看成拯救世界的超级英雄；老杨头是中华传统文化的坚定拥护者，喜欢孙悟空的侠肝义胆、神通广大，但是没有得到对方的理解与认同。老杨头把蜘蛛侠看成一个蜘蛛精，认为他没什么了不起的；而布鲁克斯把孙悟空当成一只猴子，对其没什么了解。双方在向对方介绍自己心中的英雄时，都没有得到正向的反馈，只得到了言语上的不解与表情上的不屑一顾，使双方的交流总是不欢而散。

（2）社交世界。

社交世界是指受交际、文化、宗教等社会因素影响所形成的原则和准则。双方在交流时需要受到社交规则、文化习俗与宗教因素的限制，若一方没有顺应对方的社交世界规范，就可能导致矛盾与冲突。例如在影片中，当老杨头拿起布鲁克斯的蜘蛛侠时，布鲁克斯会直接表达自己的不满，叫他放下，这在老杨头看来是没有礼貌、不尊重长辈的行为，老杨头自尊心受到了伤害，认为自己的权威受到了挑战。

受不同文化传统的影响，中西方拥有不同的价值理念与思维方式。经历了漫长与严格的封建专制统治后，在中国传统社交规范中，人们受传统儒家文化的影响极深，被教育要尊敬长辈，要委婉含蓄，要以和为贵。中国讲究尊卑有序，长辈拥有绝对的话语权，尤其面对自己的长辈时，因为不能破坏"孝道"，即使对方做了并不得体的事情，也不能直言表达；并且与其他人相处时也不能如此，因为会有失"君子"之礼，让对方"下不来台""丢了面子"。例如在面对文化站站长的邀请时，老杨头虽然并不愿意，但是也不会直接拒绝，而是迂回宛转，支支吾吾搪塞过去；而西方人的交流更加直率简单，直截了当地表达不满是一件再正常不过的事情。

文化价值观的差异产生的冲突在影片中也有较多体现。中国的教育观念是"棍棒底下出孝子"，长辈要有大家长的体面，一般不轻易表露感情，更不用说直白地表达赞赏；而西方的教育理念认为，孩子不是家长的附属品，而是一个独立的个体。当布鲁克斯开心地向妈妈展示自己新学会的中文时，他的妈妈耐心听完后积极地表达了夸奖与称赞，得到正向反馈的布鲁克斯非常开心；而当布鲁克斯向老杨头展示自己的画作时，老杨头直言"画画是要靠天赋的，我闭着眼睛都比你画得好"，诸如此类的贬低打击了布鲁克斯的积极性。

中美文化在思维方式上的差异加深了祖孙二人的冲突。中国人强调集体主义，重视社会认同感与归属性，做事上求同，在日常生活中重宗族、重社会，看重对方对自己的评价，集体性强；而美国人是一种直线的思维方式，以个人为本位，重视个体发展与个人的情感，为人处事上求异，强调个体的独立性与能动性，强调自己的体会与感受。布鲁克斯在尿床之后，没有哭着在原地请求原谅，也没有寻求爷爷的帮助，而是自己承担责任，去院子里晒被子。老杨头发现后，非但没有表扬布鲁克斯的独立，反而出口嘲笑布鲁克斯这么大了还尿床，使布鲁克斯觉得自己的自尊心受伤，决定背起书包离家出走。

（3）物理世界。

物理世界是一种物质事物的集合，物理世界包括与语言行为有关的体态语（身体姿势、手势等），外表形象和生理特征等。[1] 不同种族的人在对方心中都有外观长相、生理特征的固定印象，容易产生民族中心主义，放大对方与自己在外在要素上的不同。影片中老杨头面对洋孙子始终耿耿于怀，害怕被村民们发现他真实的身份，带着布鲁克斯去县城染黑头发，又怕被乡亲发现一直在后山待到天黑后才回家。无奈被文化站站长发现后，他向文化站站长谎称布鲁克斯是少数民族，尽可能弱化他身上美国人的特点。布鲁克斯在染发时用大声尖叫表达自己的不满，这代表了老杨头在面对布鲁克斯时，没有做到物理世界的顺应，造成了冲突。

2. 结构顺应

结构顺应是指在语言各层次的结构方面的顺应，以及在语言、语码和语体、话语构建成分、话语与语段和话语构建原则的选择。[2] 语言是文化的载体，是交流沟通时最重要的工具；语言反映文化、传播文化。当双方语言不通时，往往会造成交流上的困难与偏差。在电影中，老杨头说的是陕西方言，属于非通用汉语，并且惯用土话、不通英语，而布鲁克斯虽然学过一些中文，但是在交流过程中仍远远不够，因此双方在理解对方上闹出了不少啼笑皆非的笑话。例如当布鲁克斯闯祸时，老杨头发明的"dog sun"，将表示"狗"和"太阳"的两个英文单词生硬地拼凑在一起，表达自己的愤怒，这其实不符合英语构建原则与使用习惯；又如老杨头拿出给儿子结婚用的喜被，向布鲁克斯讲解"龙凤呈祥"的意义时，布鲁克斯并不能理解，仅仅能听懂"龙"和"凤"这两个名词。这些都是语言结构上的冲突。

3. 动态顺应和意识程度顺应

动态顺应体现了顺应的动态属性，它不是一成不变的，而是在交流中不断有新的发展。语境顺应和结构顺应作为内容层次，随着双方沟通的深入会动态更新，并且在意识上发生改变，这在电影中也有很多体现：影片在前半段极力刻画种种冲突

---

① 程娟娟. 顺应论视角下跨文化冲突语用分析：以法国电影《岳父岳母真难当》为例［J］. 青年文学家，2020（17）：151－153，155.

② 何自然，冉永平. 新编语用学概论［M］. 北京：北京大学出版社，2009：293－294.

与矛盾后，随着爷孙俩交流的深入，感情的增进，两个人在饮食偏好、生活习惯和价值观念上也走向了和谐，也代表中美文化从对立走向融合。例如布鲁克斯在努力学中文，学习皮影戏等中华传统文化，老杨头也在积极学英语，想要与布鲁克斯更好地交流；老杨头认同了洋孙子的饮食习惯，给他找牛奶，把肉夹馍改良成中式汉堡以满足布鲁克斯的要求，而布鲁克斯也在慢慢改变，从之前的抗拒油泼面变成了接受，并且吃得津津有味。

影片在意识程度上也呈现出了动态的顺应。孙悟空和蜘蛛侠作为中美文化的典型代表，不仅是老杨头和布鲁克斯的偶像，也是两种价值观念、意识思维的象征。影片用这两个意向来巧妙地表现出文化的顺应。当老杨头把布鲁克斯的蜘蛛侠弄坏后，拿出了自己最珍爱的皮影做成了蜘蛛侠的样子送给布鲁克斯，晚上爷孙俩躺在床上，操纵着皮影，上演着孙悟空和蜘蛛侠的故事；当布鲁克斯问孙悟空和蜘蛛侠谁更厉害时，老杨头说出"不要打架，要他们成为好朋友，一起保护我们的地球"的话语；影片的结尾，杨栋梁带着女友和布鲁克斯一起来陪老杨头过新年，老杨头家的门神就是孙悟空和蜘蛛侠。这些场景与细节都代表了两种文化的交流与融合。

四、案例启示

综上所述，影片《孙子从美国来》以一对毫无血缘关系的中国爷爷和美国孙子的喜剧故事展开，通过展示两个人在饮食偏好、生活习惯与价值观念上的种种不同，展现了中美文化的激烈碰撞和冲突，双方从一开始的不理解与不认同，到最后彼此和解，冲突变成理解，平等取代偏见，中美文化的碰撞也在美妙和谐的祖孙温情故事中落幕。布鲁克斯接受了爷爷的羊肉泡馍，吃得津津有味，老杨头也为布鲁克斯找到了牛奶，满足他的要求；布鲁克斯学会了更多的中文，还跟着爷爷了解到皮影与背后的传统文化，老杨头也学会了几句英文；且双方理解了彼此的信仰，爷孙俩躺在床上，用皮影戏演绎着孙悟空和蜘蛛侠的故事。这代表了两代人、两种文明的接纳与融合，向我们证明了在跨文化交流的情况下，只要保持平等的态度，做到语境顺应、结构顺应，不断调整自己达到动态顺应和意识程度顺应，冲突就会被化解。

但与此同时，在观看影片时，我们也要保持客观理性的角度，影片的最后流于中国传统的大团圆结局，但是要做到真正的化解冲突、彼此认同还有很长的路。在影片结尾中一家人的合照上，三代人有着东西方截然不同的面孔，他们该如何相处，老杨头是否会走出他习惯的陕西土地前往美国，到了美国又该如何融入？他深爱的皮影事业如何继续发展？如果拒绝和儿子一同居住，又该如何处理亲情陪伴问题？在与洋儿媳及背后的家庭相处时，中西方的教育育儿理念又该如何协调？这些现实问题仍摆在眼前。

在当下全球化的浪潮下，跨文化交流是大势所趋，诚然不同文化之间存在着较大的差异，但正是这些丰富多元的文化组成了世界文化的繁荣与多彩，文化在冲突中交流，在交流中磨合，在磨合中融合，最后在融合中发展。因此，我们在跨文化的交流中也要保持客观包容的态度，尊重差异，理解个性，正确认识文化间的差异与冲突，增强对异质文化的理解，摒弃"他者"视角的偏见，剔除文化定式、偏见、民族中心主义的干扰，明白只有美美与共，方可天下大同。同时也要积极学习其他文化的优质精华，增强各文化之间的交流、互通与融合，唯有如此，才可在跨文化交流中保持自身文化的先进性，使中国文化在世界文化之林长盛不衰、屹立不倒。

第五节 《刮痧》：从对抗走向和解的"边缘人"

一、案例介绍

《刮痧》于2001年上映，由郑晓龙执导，梁家辉、蒋雯丽、朱旭主演。影片聚焦在美华人的生活，借由一次中医刮痧疗法产生的误会展开了一系列的情节，讲述了华人在国外由于东西方文化的冲突而陷入种种困境，描绘出中国和西方在家庭、亲情、伦理和价值观上的差异。

影片情节紧凑，故事一波三折，男主人公许大同赴美八年并加入美国国籍，是一位小有成就的电脑游戏设计师，他的太太简宁是位房地产商，夫妻二人和他们五岁的儿子丹尼斯一起过着稳定的生活。一段时间过后，许大同把在北京的父亲接到美国，一次丹尼斯生病发烧，爷爷因为不懂英文没办法给他吃药，只好采用中国传统刮痧给他治疗。但第二天，丹尼斯在家中无人的时候意外摔伤而被送进医院，医生因为不懂刮痧而把丹尼斯身上的痕迹认作家庭暴力的证据，许大同夫妇被禁止接近丹尼斯。美国朋友兼老板昆兰也与许大同产生了冲突与误解。法庭上面对控方律师对中国传统文化与道德规范的"全新解释"以及意想不到的证人和辩词，许大同失去理智冲撞法庭而被禁止接近儿子，有家难归，许父也因为老友去世无人陪伴无奈离开美国，原本幸福美满的家庭支离破碎。令人欣慰的是，在昆兰的帮助下，这场"文化误会"终于解除，许大同一家三口在圣诞之夜得以团聚。

影片犀利地捕捉了在美华人这一特殊群体，并以他们的生活和面临的文化冲突作为蓝本进行了较为真实而细腻的刻画，巧妙地展现出华人在美国面临的不适与难题，引起了许多海内外华人的注意甚至共鸣，获得了 2001 年金鸡奖最佳音乐奖、华语电影传媒大奖最佳导演提名奖等荣誉。该片从叙述方式、立意、节奏和制作质量上都非常"好莱坞化"，是一部能够引起人们反思，并促进东西方文化交流的中国电影佳作。同样，该片以影像叙事的形式关注并呈现了处在文化边缘的人群的处境，为我们提供了跨文化传播研究的新视角——作为"边缘人"的移民群体。从这个角度出发，可以帮助我们更好地认识并了解跨文化交流中存在的一些特殊群体与文化现象，为促进传播与沟通提供有益的帮助。

二、理论聚焦："边缘人"理论

"边缘人"（marginal man）由美国社会学家罗伯特·E. 帕克（Robert E. Park）在考察芝加哥的城市生态工作的过程中发现并提出，指的是生活在两个不同世界、对两个世界都陌生的人，他们是在未完全相融的文化边缘生活的个体，也可以看作"文化混血儿"。"边缘人"的概念是对"陌生人"理论的发展。根据齐美尔（Georg Simmel）的论述，"陌生人"（stranger）作为一种社会类型存在，指的是在社会、文化或种族上与东道国国民或主流群体不同的个体。可以说，齐美尔对"陌生人"的看法形成了"边缘人"概念的雏形。在他看来，"陌生人"是"文化局外人"（cultural outsiders），与主流或"我们"在物理空间上往往是接近的，但在文化、社会和情感上却呈现疏远的态势。"陌生人"强调了不同文化间社会壁垒的存在，指出内群体的"我们"与外群体的"他们"之间的二元对立。但同时，"陌生人"是一个更自由的人，能够以更加客观的态度看待自己与他人的关系，不受传统习俗或先例的限制和约束。①

帕克把"边缘人"视为文化变革以及移民潮背景下文化分裂与融合并生的产物。在对人口迁徙和移民浪潮过程中不同种族之间、征服者和被征服者之间的关系

---

① SIMMEL G. The quantitative aspect of the group /the stranger ［M］//WOLFF K. The sociology of Georg Simmel. New York: The Free Press, 1964: 87 – 74, 402 – 408.

进行讨论的基础上，帕克认为，欧洲的贫民区与外部世界的关系在某种程度上是共生的，贫民区的犹太人保留了他们的传统和文化独立性。当犹太人离开贫民区，踏上寻找更加自由和多样化的美国城市生活的旅程时，他们成为典型的"边缘人"①。通过经验性的研究，帕克指出，"边缘人"呈现出了内心动荡、自我意识较强、易焦虑敏感的特质，但与此同时也具备成为真正意义上世界公民的潜质。

斯通奎斯特（E. V. Stonequist）对帕克的"边缘人"概念进行了延伸和阐发，提供了更为详尽的阐释。他认为"边缘人"处在两种文化之间，"生活在两个相互影响和相互作用的社会当中，这些社会之间存在的不相容性使其难以或不可能达到适应"②。在斯通奎斯特看来，"边缘人"的人格具有不同的特质，其人格能够透视和折射出两种文化之间的关系并且与这两种文化体系紧密地联系在一起。由于双重认同模式的存在以及对文化的割裂感，他们可以通过（有时候也被迫通过）两种文化群体的视角审视自己，持续地观察各个群体的态度，以调整他们与该群体的关系。在某种程度上，过于敏感、自我意识和种族意识的强化、不适感与自卑情绪是"边缘人"的共同人格特征。在《边缘人的问题》一文中，斯通奎斯特回答了谁是"边缘人"、"边缘人"的社会地位和人格特征，由此拓展衍化为"边缘人"理论。③"边缘人"游离于种族优越感和种族自卑感之间，在一天中可能多次在两种文化群体中"穿梭"。他认为：在范围上，犹太人、种族混血儿和移民者及其第二代子女容易具有"边缘人"的特征；在地位上，不同国度中不同"边缘人"的处境是不同的，例如，黑白混血儿在美国有可能比纯种黑人群体更具领导地位，混血儿等"边缘人"在拉丁美洲和美国夏威夷等不同种族通婚现象普遍的社会中的地位往往与主流群体并无太大区别。

三、案例分析

1. 适应的努力：从边缘向中心的游移

"边缘人"作为文化的混血儿，对于融入所在地的主流文化往往抱持积极主动的心态。不管因为什么进入一个新的文化群体，他们总是渴望得到主流认可以克服

---

① PARK R E. Human migration and the marginal man［J］. American journal of sociology, 1928（33）：881–893.

② STONEQUIST E V. The marginal character of the Jews［M］//GRAEBER I, BRITT S H. Jews in a gentile world. New York：Macmillan, 1942：297.

③ STONEQUIST E V. The problem of the marginal man［J］. American journal of sociology, 1935, 41（1）：1–12.

自身始终存在的焦虑意识。这种积极主动融入的心态和行为通过社会交往呈现出来，最终目的指向是有效的交际能力、健康的跨文化心理和跨文化身份的实现。① 但正如霍尔指出的"纯粹的习惯"（mere convention）和舒茨提到的"惯常思维"（thinking as usual），"边缘人"在看待事物和处事风格上始终含有对自己本土文化路径的依赖痕迹，这就对他们走向适应提出了不小的挑战。正如电影中的主人公许大同，即便他已经在美国旅居八年，事业有成，但在教育子女方面始终留有传统中式思维的影子。"打是亲，骂是爱"的传统教育观念在许大同的身上总是若隐若现，譬如在教育儿子丹尼斯时，孩子因为倔强不肯道歉，许大同就在一群人面前当面拍打了儿子的头，引发了朋友的不解。这种文化思维上的烙印也正是"边缘人"身处两个文化世界的体现。而这种思维的转变即便困难，对于"边缘人"群体而言，却始终是十分必要的。他们为了适应，总是需要通过态度和行为的转变，从旁观者、被动者变为行动者、主动者，通过持续的社会适应和摸索，实现外群体成员向内群体成员的转变，摆脱"边缘人"地位。

为了实现从边缘向中心的靠拢，"边缘人"群体需要作出文化上的适应性努力。首先，对于他们而言，实现心理层面的重新定位和再确定是十分重要的。任何群体的社会成员都会从文化系统中学习一套群体的标准文化模式，以取得对现实世界的有效理解，对群体成员的行为作出预测和回应。由于"边缘人"的特殊性，他们会面临不同甚至相悖的文化模式和价值观念，无法用既有的社会交往模式来处理与新文化群体成员的交往行为，进而产生焦虑心理。古迪孔斯特（William B. Gudykunst）提出了不确定性管理理论，借鉴他的观点，"边缘人"可以从自我认知、交往动机、对东道主的反应、对东道主的社会范畴化、情景过程、与东道主的联系、种族间交往、东道主文化的状况等八个维度来考量如何减少焦虑、降低不确定性。②

在影片中，男主角许大同在这方面提供了较为正面的例证。他首先在自我身份认同上开始了从中国人向美国人的转变，甚至宣布自己成了美国人，实现了"美国梦"。此外，在社交和人际关系上，他也与美国朋友昆兰建立了深厚的友谊，昆兰在关键时刻成为拯救他与家庭的"救命稻草"。除心理层面的建设外，行动层面的转变同样关键。在某种程度上，东道国的文化模式对于"边缘人"的跨文化交际而

---

① 李思乐."陌生人"的旧困境与跨文化传播的新问题［J］. 新闻界，2021（8）：69 - 76.

② GUDYKUNST W B. Toward a typology of stranger-host relationships［J］. International journal of intercultural relations，1983，7（4）：401 - 413.

言，与其说是一个避难之所，不如说是一个冒险之地，[①] 过去既有的"文化图式"和"知识集合"已经不能提供行动指南，甚至可能会加剧误解。许大同正是因为在行事上中国化思维较重、缺乏对美式思维的迎合，以致制造出不小的麻烦。因此，只有在一定程度上悬置旧有的认知图式，才能做到更好的融合与适应，避免文化上的冲突与摩擦。

2. 共存的可能：边缘与主流的文化共振

随着移民浪潮的兴起和全球化的日趋深入，"边缘人"不再仅仅作为个体或小众群体出现，而是形成了颇具规模的集合。"边缘人"群体的形成改变了过去单一个体势单力薄的局面，在一定程度上改变了其与主流群体的交往互动模式与传播权力结构，实现了对主流文化的融入乃至再造。以美国为例，电影中呈现的是 2000 年前后在美华人的处境，随着华人的不断涌入和中国文化影响力的提升，他们已然形成了属于他们的社群——"唐人街"。在这里，相对于美国主流文化而言的亚文化即中国文化得以扎根，甚至有部分美国人在农历春节时也会前往参观，实现了边缘文化与主流的融合发展。此外，面对东道国的不同文化生态和文化政策，"边缘人"群体是具有能动性和选择能力的。贝利的涵化模型中就对东道国的文化政策进行了分类，在此基础上指出，"边缘人"群体为了应对这些政策采取了不同的策略，东道国不同的文化政策可能有多元文化、熔炉、种族隔离或排斥等类型，少数族裔群体则会相应地采取"同化""整合""分离""边缘化"策略。简言之，当移民重视自己的传统文化并愿意与其他群体互动时，采用"整合"策略；当移民不太愿意保持自己的传统文化身份，但仍积极与其他群体互动时，采用"同化"策略；当移民只想保持自己的民族文化身份，无意与其他群体互动时，采用"分离"策略；当移民不想保持自己的民族文化身份且想要避免与其他群体互动时，采用"边缘化"策略。在影片中，许大同夫妻无疑采用的是"整合"策略，而许大同的父亲则更偏向于"分离"和"边缘化"策略。

更进一步来说，在后现代性语境下，"边缘人"的概念已然发生流变，人类社会从封闭转向开放，跨国界、跨民族、跨种族的交往日趋频繁。在某种程度上，处在文化边缘的人群的概念已经泛化，每个人都有可能在网络化的社会和交往中成为他人眼中的"边缘人"，因此主流也成了一种相对的概念，这就为主流与边缘的共

---

① SCHUETZ A. The stranger: an essay in social psychology [J]. American journal of sociology, 1944, 49 (6): 499 – 507.

生与融合提供了可能性。此外，个体性和主体性的重申与强调以及网络和媒体的赋权，使人类中的每一个文化个体都获取了接触多元文化的机会。解构主流文化、发展边缘文化的趋势日渐显著，消弭了齐美尔关于陌生人的二元对立的空间权利视角，取而代之的是个体与个体之间在承认彼此平等的权利和实际存在的差异前提下，基于陌生性而进行有机连接，这种连接是去中心化的、多元的、流动的。

3. 未来的转向：从"边缘人"到"世界公民"

帕克和斯通奎斯特在探讨"边缘人"的特征时，实际上也潜在地把"边缘人"与"世界主义""世界公民"联系在一起。帕克提出，"边缘人"处在两个相互冲突的文化相遇且融合的境遇，两种文化在头脑中的共生使他成为世界上第一个具有世界主义品质的人和世界公民。斯通奎斯特对"边缘人"概念的探讨及其与齐美尔的"陌生人"概念建立联系时，也提到了"具有世界主义品质的个体"。单一文化观总是以主流和边缘的区别为前提，因而其视野中的"陌生人"一定是被边缘化的，社会中的"陌生人"和"边缘人"的跨文化适应一定是从边缘到中心，而多元文化观中的"边缘人"由于文化互动、流动和社会变化而具有多样性和灵活性。实际上，随着场景区域流动、身份多元变化、主体性日益凸显的现代社会，多元文化观成为主流，边缘性反而有助于促使"边缘人"对主流文化、自身所属文化以及世界上的多元文明采取一种客观中立的立场，这种立场把他们推向了世界公民的一面。换句话说："与主流群体相比，边缘人能更客观地审视主流文化习俗、生活方式和价值观，从而对其进行批判性反思。"[1]

借鉴"边缘人"的生存处境和特殊性，在未来培养跨文化传播者离不开跨文化人格的养成，"不同种族背景的人们可以共存，相互学习，能够以最少偏见或误解的方式跨越传统的群体边界，肩并肩地为寻获一个颂扬多样性的社会和世界而努力"[2]。跨文化人格和品质的培养同样可以从电影中的人物塑造窥见一斑。对于跨文化传播者而言，始终要保持积极开放的心态，同时要有审视和反思自己文化的能力，从而成为推动各种文化和谐相处的一分子。

① 赵欣. "边缘人"研究的理论脉络、核心逻辑与研究展望 [J]. 国外社会科学，2021 (4)：116 – 127.
② KIM Y Y. Intercultural personhood：globalization and a way of being [J]. International journal of intercultural relations，2008，32 (4)：359 – 368.

四、案例启示

《刮痧》作为一部经典的跨文化传播影片，不仅向我们展现出中美文化在个人与集体、亲情与法律、伦理与利益取向之间的差异，而且为我们刻画了作为"边缘人"的移民群体生活中的种种困境与经历，提供了参考的范本，反映出跨文化传播过程中冲突与融合并生的现象。结合现实，有关"边缘人"的思考同样具有启发意义，无论是近年来"黑人的命也是命"（Black Lives Matter）和"我不能呼吸"（I Can't Breathe）等反种族歧视运动，还是新冠疫情防控期间亚裔美国人遭受到的明显的种族歧视和暴力事件，都在把人们的关注点推至少数族裔、同性恋者、艾滋病患者等主流社会之外的边缘群体。作为走向世界的多民族国家，中国同样存在着"边缘人"和边缘文化的现象，因而我们需要在文化传播与沟通中对其给予关注和重视，从而推动各民族文化繁荣发展。

此外，"边缘人"则为文化出海和提升文化影响力的对外传播，提供了一种认知的新角度和一种世界公民的视野和格局。在跨文化传播过程中，一方面需要我们培养具有开阔心胸和包容品质的跨文化传播者，另一方面也要求我们输出不含偏见、具有优秀中华传统文化价值的文化产品，以获得不同民族、不同国家、不同种族人民的认可，提升国际形象和文化声誉。当然，海外华人和在华外籍人士也是一种可以开发的跨文化传播资源。作为兼具中国气质并深谙东道国风土人情的群体，海外华人和在华外籍人士拥有着广泛的传播渠道和可转化为文本的丰富经历。更多地讲述他们的故事、关注他们的存在，无疑会为跨文化的交流与沟通搭起一座宽阔的桥梁，让超越了文化、群体边界的观念和更具普遍意义的人类本性在传播过程中得以显现，推动世界走向构建人类命运共同体的美好未来。

本章讨论

1. 你如何理解和评价文化相对主义？它是否存在不足之处？

2. 除《推手》外，请推荐一部有关跨文化冲突的影视作品。

3. 影片《暗物质》如何兼顾跨文化传播的民族性与世界性？

4. 请谈谈你对"语用顺应理论"的理解。

5. 你如何理解"边缘人"在当前跨文化传播中的作用？

第五章

文化融合与跨文化适应

上一章的案例主要反映了文化差异所导致的跨文化冲突，本章则涉及文化差异在跨文化传播中的另一种可能——文化融合与跨文化适应。在上一章，《别告诉她》中东西方文化背景的家人们各安一隅，跨文化的冲突看似消弭实则依然存在，只是被地缘隔离互不打扰；《推手》中秉承中国文化的老人始终无法与融入美国文化的子女相处，不得不主动妥协，兀自流散于异国他乡。

在本章，文化融合与跨文化适应则给跨文化传播带去另一种相对圆满的结局：《瞬息全宇宙》将美式个人英雄主义嫁接于中国故事之中，展现出文化杂糅的崭新形态；印度电影《三傻大闹宝莱坞》展现了印度两个阵营、两种文化在激烈的冲击、对抗后，最终走向适应与融合的故事；而《我的盛大希腊婚礼》更是文化融合与跨文化适应概念阐释的最佳影视版本。本章对上述三部影片进行跨文化传播分析，旨在描述以尊重取代疏离、以包容替代对抗的跨文化适应所带来的文化融合新形态在影视媒介中的表现。

第一节 《瞬息全宇宙》：美式个人英雄主义的戏仿

一、案例介绍

《瞬息全宇宙》（*Everything Everywhere All at Once*）是 2022 年 3 月在美国上映的一部荒诞喜剧电影，由美国华裔导演关家永和丹尼尔·施纳特共同执导，由马来西亚演员杨紫琼与美国演员许玮伦、吴汉章、关继威等出演。影片讲述 55 岁的美国华裔女性伊芙琳在家庭与事业双双陷入低谷的时候，突然被卷进拯救多重宇宙的惊险任务之中，最终拯救了女儿及宇宙，在无所不能的异能下回归家庭的故事。

与大多数华裔女性一样，伊芙琳拼尽全力维持着家庭的运转。即便丈夫软弱无能、女儿叛逆冷漠、公公瘫坐轮椅，她还是作为家庭的顶梁柱处理所有事情。当她不得不埋头于生活的琐碎时，便自然而然地忽视了丈夫的情感需求与女儿的思想状态，丈夫提出离婚，女儿特立独行，洗衣店的税务报销面临审计。在这一片混乱之中，软弱无能的丈夫竟摇身一变成为阿尔法宇宙沉稳干练的英雄，宣称邪恶势力已在多重宇宙蔓延、世界即将毁灭，而只有这个宇宙中"一无是处"的伊芙琳才能拯救世界。于是伊芙琳一边在各个宇宙间穿梭，发掘自己人生的多种可能，另一边还要面对无法理解自己的丈夫与女儿。当她发现女儿就是能够任意穿梭全宇宙的邪恶毁灭者即需要被自己打败的对象时，便拼死冒险拥有与毁灭者一样的能力，救回女儿，带着她回归原本的生活。最终，重新体验到爱才是人生意义的一家人达成和解，相亲相爱地继续过着平凡的生活。

《瞬息全宇宙》的目标受众为西方观众，影片在北美地区的票房收入达 6 770 万美元，在世界其他地区票房达 2 560 万美元。据相关影视评论网站统计，北美地区观众对该片的评价较高：烂番茄网的支持率为 95%，平均分为 8.6/10；元评论网的评分为 81/100。但在中国，观众对该片的评价褒贬不一，整体评分较低，豆瓣电影的评分一路下滑，截至 2022 年 10 月 7 日，约 37.6 万观众打出的平均分为 7.6/10。这部由两位导演共同拍摄的影片以华裔家庭故事戏仿美国的个人英雄主义，在西方观众啧啧称奇时，中国观众却认为东方内核的"虎妈与女儿和解"的结局设定导致审美疲劳，失了意境，不如停在影片中断两颗石头的对话处，以显哲思。那么，东西方观众对影片的评论为什么会产生这样的差别和争议呢？

二、理论聚焦：戏仿理论

目前，戏仿（parody）多被定义为一种后现代风格的修辞方式，一般指调侃式地模仿读者或观众原本熟悉的文艺作品中的风格和思想等要素，构造一种表面类似、实质大异其趣的戏剧效果，从而达到幽默讽刺、致敬或其他目的。[①]

回归历史，戏仿可以追溯到古希腊时期。柏拉图将艺术的本质概括为一种模仿幻想的艺术。亚里士多德在《诗学》中指出，戏仿是对史诗的滑稽模仿和改造，将艺术（史诗、戏剧与其他艺术形式）看成对现实的一种模仿。[②] 随着艺术创作形式的不断丰富，"模仿"这个核心概念在艺术发展过程中得以突破，"戏仿"得以发展。文艺复兴时期，戏仿的概念则开始带有滑稽的意味，在《神曲》《堂吉诃德》等经典文本中被作为一种讽刺和批判性的修辞使用。戏仿由于常被用于模仿某类作者的思想和语言特色来体现荒谬滑稽的主题，因此被认为是一种不严肃的低劣文学形式。[③]

---

① 希腊智术史. 戏仿：一种文化现象 [EB/OL]. （2017 − 06 − 25）[2022 − 09 − 22]. https：//www. jian-shu. com/p/b046 a5debe34.
② 姚介厚. 论亚里士多德的《诗学》[J]. 中国社会科学院研究生院学报，2001（5）：14.
③ 希腊智术史. 戏仿：一种文化现象 [EB/OL]. （2017 − 06 − 25）[2022 − 09 − 22]. https：//www. jian-shu. com/p/b046 a5debe34.

进入 20 世纪，苏联作家维克托·什克洛夫斯基首先为戏仿正名。他将戏仿视为陌生化的手段之一，认为戏仿通过模仿小说的一般规范和惯例使小说技法本身得以裸露。他从文化心理学的角度将戏仿概念与陌生化理论联系在一起。伴随艺术陌生化过程的戏仿手法，打破了艺术的自动化与日常化，让事物变得陌生，使得人对艺术的感知变得灵敏。苏联文艺理论家巴赫金则将戏仿上升到哲学层面，认为文学作品通过戏仿反映世界的本质，戏仿也是世界诸多话语之一。法国思想家克里斯蒂娃以互文性解释戏仿，认为戏仿是一篇文本中交叉出现的其他文本的表述。法国叙事学家热奈特则进一步将互文性手法分为两种：第一种是共存关系，即甲文出现在乙文中；第二种是派生关系，甲文在乙文中被重复和置换。上述学者不仅拓宽了戏仿的理论意义，而且将自身对戏仿的概念界定运用于文化实践活动当中。此后，文艺理论家们愈发关注戏仿的互文性，并将之扩大到历史、政治、文化、社会等领域，滑稽的喜剧性因素只是戏仿内容的一小部分。现代主义作家也会运用戏仿的方式展开批评，寻找生活的意义。

尽管不同时代对戏仿的不同要素有不同的态度和认知，但是对戏仿基本要素的认知大体趋同：第一，戏仿是文本间的事件；第二，戏仿试图通过"不严肃"达致"严肃"，通过游戏精神到达崇高议题，通过"惯例"达到"不寻常"；第三，戏仿并不局限于文学，在电影、绘画等各门艺术中均有体现，是一种文化现象；第四，戏仿作者在进行戏仿时的态度，预示着戏仿的目的——或是对被戏仿的文本致以敬意，或是保持中立、传达另外的价值观，或是批判、颠覆前代文本或价值取向，当然几种态度兼而有之亦有可能。[①]

戏仿本身就是一种文化现象。随着全球化不断深入发展，戏仿现象在跨文化传播过程中也表现得非常活跃，比如各种文化在交流时时常借鉴彼此优秀的文化作品形式，以至于形成被批判的"拿来主义"。基于不同国家、民族、宗教的文化和价值观差异，影视作品、文学作品等文艺形式的戏仿可以达到借鉴经典、幽默、讽刺、批判、颠覆或以相同形式传达不同价值观等不同目的，如学者用戏仿分析并解读大量小说、影视剧等艺术文本。

艺术作品戏仿的成功不在于对原有故事模仿的精妙程度，而在于戏仿者从被模仿对象中成功提炼手法结构或者情节设定，根据自身要传递给读者的故事，重新构

---

① 希腊智术史．戏仿：一种文化现象［EB/OL］．（2017－06－25）［2022－09－22］．https：//www.jian-shu.com/p/b046 a5debe34.

造原有的结构，让读者能够接受并理解在原有基础上进行的结构创造。戏仿是互文的一种手法，不少研究者分析戏仿的过程总是寻找互文的身影，还原戏仿者戏仿的过程，解构戏仿成功的路径。① 因此，戏仿也可用于中国影视媒介的跨文化传播，作为跨文化文艺创作与跨文化传播过程中的重要手段之一。

三、案例分析

1. 华裔母亲对美式个人英雄主义的戏仿

虽然《瞬息全宇宙》本质上是一部反映华裔家庭生活和代际冲突的家庭剧，但是情节、场景和画面风格无一不戏仿美式超级英雄的故事及形式。从主角被设定为普通人，在某一偶发因素影响下担负拯救世界的重任，到多元平行宇宙的设定，再到主角的自我牺牲精神以及世界和平的结局，正是这种戏仿手段使该电影在情节剧的基础上结合科幻、动作、喜剧、恐怖等类型元素，无论从内容还是形式上都名副其实地展现了片名"Everything Everywhere All At Once"。

以情节设计和叙事风格上的戏仿为例，美国宣扬个人英雄主义的电影历史悠久且作品繁多，仅近些年就有《钢铁侠》《美国队长》《复仇者联盟》《神奇女侠》《超人》《蜘蛛侠》等超级英雄电影陆续上映，受到全球成千上亿影迷的追捧。此类电影常见的剧情程式如下：平民出身的主角通过某种经历或际遇获得一种或多种超能力，在能力觉醒后不断成长最终成为超级英雄，在危机面前担负起拯救国家、世界乃至宇宙的重任，冒着生命危险终化解危机，成功拯救了国家、世界乃至宇宙。《瞬息全宇宙》的大量情节和场面都是女主角伊芙琳与阿尔法宇宙中的众人在平行多重宇宙中反复穿梭，完美复制美式个人英雄主义电影的多重角色、任务导向、超常能力，以及主人公是拯救宇宙的关键等特点，并且影片充斥着暴力美学、英雄的个体性、内心的复杂矛盾、异于常人的行为等超级英雄电影的重重要素。②

平行宇宙、多元宇宙的背景设定是近年来超级英雄电影的核心元素之一，在《蜘蛛侠：纵横宇宙》《蜘蛛侠：平行宇宙》《奇异博士和疯狂多元宇宙》《闪电侠》以及《复仇者联盟4：终局之战》和《正义联盟》等漫威公司和DC公司出品的电影中都有呈现，这使得《瞬息全宇宙》的戏仿能轻易被观众理解。但《瞬息全宇

---

① 刘倩. 戏仿手法与反讽意图：石黑一雄《被埋葬的巨人》对骑士文学的借用［J］. 当代外国文学，2016，37（3）：83－91.

② 王迪. 关于好莱坞电影中的超级英雄探究［J］. 西部广播电视，2021（15）：110－112.

宙》在情节上对多重宇宙的呈现又有所创新，除背景设定外，无数奇幻刺激的变换穿梭、大量打斗场面与盛装场景使得影片有多线程叙事的可能。伊芙琳身处平凡甚至崩溃的生活与情感危机之中，看到不同世界、不同选择下自己拥有的无数可能性，多线并进的叙事增强了戏剧冲突效果。伊芙琳曾短暂沉湎于作为明星的另一个世界，但最终选择了拯救多重宇宙、挽回自己的女儿，超级英雄母亲的牺牲在多重宇宙的进程中更显可贵。

不过影片对美式超级英雄情节、模式和场景进行戏仿的目的并不仅仅在于塑造一位华裔母亲拯救宇宙的超级英雄形象，而是通过戏仿这种情节架构与叙事模式，颠覆好莱坞个人英雄主义影片拯救世界的价值取向。超级英雄母亲没有杀掉身为多重宇宙毁灭者的女儿，也没有选择继续使用超能力享受其他宇宙的精彩人生，更未就此担负起守护多重宇宙的使命。她最终与本身所处宇宙的女儿和丈夫一起回归自己的家庭，用爱与他们达成和解，共同面对生活中的琐碎日常。由此可见，影片表面是对美式超级英雄情节的戏仿，本质上探讨的是家庭关系、关键选择乃至人生哲学，或许也有互联网时代信息爆炸给人们带来情感错乱、价值失控、虚无主义问题的隐喻。

因此，戏仿并不是简单的模仿，美国的超级英雄反映了拯救国家、世界乃至宇宙的个人主义，而《瞬息全宇宙》中的华裔超级英雄反映了拯救女儿、家庭及自我的集体主义。这背后体现了中美文化价值观的重要差异。美国在全世界具有不容小觑的主导地位和影响力，再加上多元的文化环境，使得美式个人英雄主义的用武之地具有极大的想象空间。相比之下，中国的文化价值观更强调集体主义、以和为贵，虽然也有个人英雄主义的存在，但往往与国家、社会、民族或家庭为一体。

2. 平行宇宙对经典电影和人物的戏仿

除美式超级英雄外，《瞬息全宇宙》还对一些经典电影的片段、镜头、服饰、布景、角色进行大量戏仿，致敬经典之余也增强了电影的喜剧效果。尤其是主角穿越多重宇宙的段落里有大量画面戏仿下述经典电影：王家卫的《花样年华》《一代宗师》，斯坦利·库布里克的《2001太空漫游》《发条橙》，周星驰的《功夫》，李安的《喜宴》，贾斯汀·罗兰的动画剧集《瑞克和莫蒂》，沃卓斯基姐妹的《黑客帝国》，史蒂文·斯皮尔伯格的《头号玩家》，托德·菲利普斯的《小丑》，布拉德·伯德的《美食总动员》，马修·沃恩的《王牌特工》，尔文·克许纳的《星球大战5》，昆汀·塔伦蒂诺的《杀死比尔2》，等等。许多打斗的场景戏仿华人功夫电影中的经典桥段和角色，在服饰方面还戏仿了猫王等名人。

这种直接对电影片段和镜头进行戏仿的手段显得既严肃又滑稽。严肃之处在于它对经典既具有延续性，又有一定的互文性，表达导演对过往经典作品和优秀导演的尊敬；滑稽之处在于影片对经典作品的戏仿多呈现出喜剧效果，观影经验丰富的观众会产生不同影片相互"串联"的感受，有脱离剧情本身的风险。

3. 自我救赎的主题

如果剥离多重宇宙的科幻外壳，《瞬息全宇宙》的核心还是自我救赎与回归家庭的价值观。影片中的主要演员乃至群演都以多重身份反复出现，救世主与毁灭者、领导者都是一家人，主要角色都多少展现了各自性格的缺陷以及对爱的理解，多重宇宙危机的出现与解决也都来自这一华裔家庭。伊芙琳的超级英雄成长之路并非靠升级打怪完成，而是靠内心对自己的接纳，以及与丈夫、女儿乃至公公感情的重新连接完成。同时，母亲与女儿由于代际隔阂而疏于沟通、缺乏共情产生冲突并非华裔家庭独有的问题，母女二人最终敞开怀抱、真情相拥的和解也并非华裔家庭独有的解决方案。代际冲突、家庭矛盾、人生价值等议题在人类当中是共通共存的，只是不同文化群体的价值取向或解决方案在细微之处存在差别，但故事的价值内核，如人生选择与爱的价值、相爱相杀的亲情，不论在哪个国家、哪个族群都能引发共情。

此外，影片中不少细节反映了美国华裔家庭的跨文化元素，比如粤语、普通话及英语的混杂，中国武术的通用等。这些中国元素在美国文化的影响下使得中西文化交织成片，在一定程度上反映了华裔家庭在美国的生存困境、代际冲突与适应困难等状况。电影中伊芙琳认为税务专员歧视华裔，这位税务专员在多重宇宙中也与她相爱相杀，二人之间的种种矛盾冲突也表现出西方人对华裔群体的误会，不过东西方文化的冲突和对立在电影中虽然有描述尝试，但没有深刻的展现。①

四、案例启示

戏仿常见于现当代文学的创作实践，比如当代寻根文学也被认为是对拉丁美洲魔幻现实主义文学的一种严肃戏仿。在文学的跨文化传播过程中，戏仿往往发挥重要作用，不少作家通过戏仿外来作品的风格、思维，结合中国传统或民族特色形成新的文学特色、风格和技巧，再经过本土化建构，甚至可以形成新的文学范式乃至

---

① 平行时空. 《奇异女侠玩救宇宙》华裔母亲变身"超级英雄" ［N/OL］. 大公报，2022－06－09 ［2022－09－22］. http：//www. takungpao. com/life/238153/2022/0609/728651. html.

文学流派。不同于机械的模仿，戏仿可以在模仿的基础上通过创造新的文化产物而传达新的价值观念。

当前影视作品不少来自各类文学作品的改编，在缺乏优秀的原创剧本这一问题面前，通过戏仿翻拍别国影片不失为电影创作的出路之一，而翻拍的关键就在于是否能成功地跨文化戏仿与跨文化转译。选取经过市场检验、具有成熟结构的原作进行本土化改编，不仅可以降低投入原创剧作的成本及奉献，还能够利用原作的"先天优势"获取目标受众，使得影视作品的跨文化传播具有相对稳固、成熟的根基，以本土视角对具有辨识度的作品进行二次创作，也是跨文化交流的可取方式之一。在本土电影优秀剧本缺乏的当下，购买海外中小成本高票房影片进行戏仿和二次翻拍，可能是一条实用的方案。①

此外，在跨文化交流过程中，成功的戏仿可以极大地提高跨文化传播的能力和效果，从而成功实现跨文化转译，减少甚至避免文化冲突与误会，提高跨文化传播受众的接受能力。目前，在媒介高速传播、信息难辨真假的媒介化社会中，西方观众对中国的了解也多来自影视媒体，容易产生对他者的想象与误解，在跨文化传播各种思潮和文化冲突的裹挟下，这种刻板印象往往会加深。②

为了消除这种他者的想象与刻板印象，让西方观众对中国文化、华裔群体有基本的文化理解，中国的影视作品也可以采取戏仿的手段创作出外国观众熟悉、本国观众认可的影视作品。比如通过戏仿文艺影视作品中的意境、审美风格、表达方式、故事架构等，来表达和展现中国文化的思维方式、情感诉求与价值观念。当然，"不严肃"的戏仿如幽默、讽刺、批判等手法也同样可以用于跨文化传播，以解释文化间的差异与对立、消除刻板印象、解决文化冲突与误读等。综上所述，戏仿为提高中国影视作品的跨文化传播提供了更多可能。

---

① 刘春. 每部翻拍片都是一次跨文化转译的考验 [N/OL]. 文汇报, 2021 - 12 - 03 [2022 - 09 - 22]. http://m. cyol. com/gb/articles/2021 - 12/03/content_ mXRqOuVLq. html.

② 单波, 张腾方. 跨文化传播视野中的他者化难题 [J]. 学术研究, 2016 (6): 39 - 45, 73.

第二节 《三傻大闹宝莱坞》：跨文化交流中的文化濡化

一、案例介绍

《三傻大闹宝莱坞》（*Three Idiots*）是一部改编自印度畅销书作家奇坦·巴哈特的处女作《五点人》的宝莱坞电影，由拉库马·希拉尼执导，阿米尔·汗、马德哈万、沙尔曼·乔什和卡琳娜·卡普等联袂出演，于 2009 年 12 月 25 日在印度上映，次年被引入全球，2011 年 12 月 8 日在中国上映。该片采用插叙的手法，通过回忆引出三位主人公法罕、拉朱与兰彻的大学故事。

十年前，法罕、拉朱与兰彻考入印度高级学府——帝国工业大学，三个人身份不同、性格迥异，却意外成了至交好友。法罕并不想学工业设计，他的梦想是当一名野外摄影师；拉朱的家庭十分贫困，他最大的愿望就是顺利毕业并找一份工作来改善家庭的窘迫；而兰彻是三人中最特殊的那一个，他身份成谜，天赋极高，学习成绩极其优异。在以严格著称的帝国工业大学，兰彻公开反对生硬死板的教学方式和死记硬背的学习方法；顶撞校长、捉弄学长，常做出一些让大家瞠目结舌的事情，用独特的方式去对抗枯燥的教学体系；永远保持灵活思考、兴趣治学，为迷茫的同学指点迷津；鼓励法罕、拉朱去追求自己的理想，劝说校长的二女儿碧雅拒绝满眼铜臭的未婚夫。

因为兰彻的出现，大家的生活与命运发生了意想不到的改变。毕业之际，法罕实现了梦想，如愿收到一个匈牙利摄影师的工作邀请；拉朱顺利找到了工作，开始赚钱养家；校长也终于认同兰彻，把象征着荣誉的"太空笔"送给他，并称兰彻天赋异禀，以后必有作为。而兰彻却悄无声息地消失了，他去了哪里、做了什么，没有人知道。五年后，兰彻当年的死对头——模范学生查尔图找到法罕、拉朱，说出他曾与兰彻赌注五年后一决高下，看看到底谁的生活方式会成功。就这样，三人根据一个模糊的地址开始了寻找兰彻的旅程。

该片自上映以来好评不断，是一部少有的本土与全球都认可的佳作，票房稳居宝莱坞电影前十，是宝莱坞第一部票房突破 20 亿卢比的电影，一举拿下第 57 届印度国家电影奖最佳电影，"印度奥斯卡"Filmfare 最佳影片，孟买电影博览奖最佳影片、最佳导演、最佳配角、最佳剧本等六项大奖，并获国际印度电影协会最佳影片、最佳导演、最佳剧情、最佳摄影等十六项大奖。据相关影视评论网站统计，该片在烂番茄网的"番茄新鲜度"高达 100%，平均分为 7.4，爆米花指数为 93%，上万的观众为它打出了 4.4 的高分（满分为 5）。

与此同时，该片在中国也获得了不错的成绩，豆瓣电影上有超过 170 万人支持此片，评分 9.2，高分评论超 35 万条，并且连续多年荣登豆瓣年度电影榜单。根据评论来看，许多观众认为这部影片真实自然，搞笑的情节中蕴含着深刻的人生哲理，以校长为代表的传统应试教育文化和以兰彻为代表的新式素质教育文化各自拥有大批的拥护者，两个阵营、两种文化发生了激烈的冲击、对抗，最终走向适应与融合。

二、理论聚焦：濡化模式

濡化（acculturation）是指一个人自幼年伊始，有意识或无意识地学习、接受某种生活模式，进而稳定地成为其所处的生存环境（社会）中的一分子的形成过程，[①]其概念核心是人进行学习与教育。从概念起源上进行辨析，罗伯特·雷德菲尔德（Robert Redfield）等学者在撰写的"濡化"研究备忘录中将"acculturation"定义为"分属不同文化群的个体之间进行持续性的直接接触，因而导致对某一个或双向原有文化形态改变的现象"。在分析"acculturation"这个现象时，需要对接触它的群体进行分类、对产生它的环境进行了解、对它的过程进行分析。其内涵主要有三点：第一是接受，这里是指对新文化从行为方式到文化价值观进行接纳，抛弃旧有的文化；第二是适应，主要体现在将两种文化进行结合、融合，让两种文化和谐共生；第三是反抗，主要体现在跨文化主体在不断接触新文化时由于心理因素或者其他的外界因素而产生的抵触、对立情绪，给自身造成心理压力，主要表现在认为自己处于文化弱势地位、对方施加文化压力对自身进行霸凌，便以强迫确定对方为弱势作为自己心里的补偿，或通过标志回归传统作为自以为是的优势。[②]

约翰·贝利提出的濡化策略（acculturation strategy）在原有的基础上回答了"原有文化在何种程度上保留"和"对新文化的接触与参与，即在何种程度上改变"两个问题。贝利的濡化策略包括同化、分离、整合、边缘化。同化是指跨文化主体

---

① 金吉华. 电影《饮食男女》中的文化濡化现象［J］. 电影文学，2020（1）：81－83.
② 安然. 解析跨文化传播学术语"濡化"与"涵化"［J］. 国际新闻界，2013，35（9）：54－60.

在接触新文化时，当对方处于主流地位，接纳主流社会包括生活习俗、社交规则与文化价值观在内的文化，用以取代原有文化的对应部分；分离则相反，体现在跨文化主体对对方文化的逃避、排斥与拒绝，完全保留原有文化，社交圈层也基本限定在同一所属的圈层内；如果做到原有文化与新文化进行灵活选择并有机结合，就属于整合；但是如果既不能同化，也不能分离，即做不到接纳、融入新文化，又做不到完全固守原先文化，就出现了边缘化，这体现在身份认同障碍等。贝利同时强调，濡化不是同化，濡化是相互影响、相互吸收的双向过程。濡化过程包括很典型的两个方面："保持文化和身份"和"接触和参与"。①

而舒曼（J. Schumann）提出的"濡化模式"（acculturation model）则进一步发展了濡化的内涵。她认为濡化程度由两组因素决定，即社会因素（social variables）。和情感因素（affective variables），其中，社会因素包括社会优势、结合策略、封闭性、母语群体的一致性和大小、两群体的相似性、群体双方互持的态度、学习者在目的语文化中期望居住的时间长度七个因素；情感因素包括语言冲击、文化冲击、动机、自我概念的可渗透性四个因素。② 濡化程度包括三种情形：防范（preservation）、同化（assimilation）、适应（adaptation）。防范即采用完全拒绝的态度去面对新文化，保留原本的语言形式、生活习惯等文化；同化则完全相反，指完全放弃本族文化，彻底接受新的文化，包括语言体系、社交原则、思维方式与价值观念；适应处于中间地带，指保留原有文化的同时对新文化进行有选择的习得、接受。③ 濡化程度与第二语言习得程度有关，濡化程度越高，第二语言习得程度也越高。舒曼同时认为，在第二语言习得时，采取同化策略的人群是学习程度最好的，因为他们的濡化程度最深。

三、案例分析

1. 教育理念的差异

在电影中，校长的背后是传统应试教育的体系制度。他是固执的捍卫者，以模范学生查尔图为代表的其他学生是他坚定的追随者。他们坚信"不竞争，则死亡"，

---

① 安然. 解析跨文化传播学术语"濡化"与"涵化"［J］. 国际新闻界，2013，35（9）：54–60.

② 高一虹. 试析"濡化"人格［J］. 北京大学学报（哲学社会科学版），1992（2）：73–79.

③ 侯佳，彭漪. 跨文化交际中的文化融合：分析《与狼共舞》中邓巴的文化融合［J］. 北京第二外国语学院学报，2011（8）：63–69.

坚信"人生就是赛跑，要么全速向前，要么彻底完蛋"；他们来到学校的目的就是考取满分、顺利毕业、找到好工作；他们重视成绩，重视排名，重视怎么做到与老师的答案一致，重视收入、身份、地位，不主动思考，以知识为手段，一路拼杀；他们是应试教育最成功的作品。但兰彻完全相反，他有自己的一套思维方式与行事准则；他敢于质疑、深入本质、极富反抗精神，在僵化教条的填鸭式教育中显得与众不同；他充满激情、积极思考、热爱创造、享受学习，用创新性的思维去解决问题。他与校长之间的斗争其实就是素质教育原则与应试教育原则的矛盾与冲突。两人在教育目的、教学内容与方法上存在分歧与对立。

传统的教育原则强调竞争、强调分数，在教育目的上以升学为导向，以提升成绩趋近满分为目标，具有功利主义与现实主义的原则，因此教学内容与考试内容高度一致，学生上课就是为了复习与考试；在教育方法上采用强制注入式，教师把标准答案大量、生硬地照搬给学生，教师拥有极高权威，学生不可以质疑。素质教育则完全相反，它是一种理想、自由的学习方式，强调教育与生产劳动相结合，培养能够在科学研究生产实践、社会生活中运用所学知识进行独立思考、操作的人才。体现在教学内容上，素质教育要求对学生进行科学思想、科学方法和科学知识在内的真正的科学教育，[①] 重视人文道德培养与综合素质提高；在学习中鼓励学生实践、思考，自我学习与质疑权威，不再照本宣科灌输正确答案，而是采用启发式教学，培养学生的发散性思维。影片中校长的应试教育原则与兰彻的素质教育原则激烈碰撞，引发了后续的文化濡化与融合。

2. 意见领袖对追随者的"涵濡"

影片中的法罕、拉朱的思维态度与人生选择也因兰彻的出现而发生了天翻地覆的变化。在遇到兰彻之前，他们都是万千普通学生的缩影，既不像查尔图成为应试机器，也不像兰彻强调自我意识，而是介于两者中间。法罕热爱摄影，但是从小到大父亲的期望带来的压力让他不敢追求梦想。他深知与摄影家相比，工程师拥有更好的收入与地位，所以按照家庭的要求选择了本不喜欢的工业设计，只能没有热情地勉强应付学习与考试。拉朱背负着全家的重担，他出身底层，自小便感受到命运的无力，有重病的父亲，有待嫁的姐姐，全家人都需要他出人头地，所以他步步小心，生怕行错半步。一贫如洗的家庭给他戴上了一个个沉重的镣铐，让他惧怕考试，惧怕失败，惧怕一招不慎满盘皆输，所以他终日求神拜佛，恳求神明让他解脱。他

① 王凌皓. 素质教育与应试教育辨 ［J］. 社会科学战线，1999（4）：235–238.

们生命中有着很多来自现实世界的期望与压抑，对于学习，他们谈不上热爱，只能把学习当作工具去完成自己被迫交付的使命。而兰彻的出现改变了这一切。

兰彻学习从来不是为了世俗的成功或者完成某个任务，而是借助学习去体验生命、领悟生命的智慧。他追求的是自由自在的灵魂生活与挑战极限的自我突破；他是不被世俗所困的雄鹰，只跟随自己的心声。他用这种生活方式感染着法罕，告诉法罕要正视自己的内心，勇敢向父亲袒露心声。面对拉朱的困境，兰彻也同样循循善诱地开导他，"你指间的戒指比手指头都多，还怎么去学习""如果学习让你只有压力与痛苦，那将永远被支配"。兰彻是主导学习的人，他对学习有自己的理解与控制，不会被压力打垮。他用一次次的行动告诉拉朱，卸掉枷锁才能更轻松。

当法罕和拉朱接触到兰彻所代表的全新的文化观念时，濡化便发生了。在与兰彻的交往中，他们逐渐认可了兰彻的学习理念、做事方法和人生态度，摒弃了以往的思维模式与价值观念，并成为其坚定的跟随者，与兰彻一起对抗传统应试教育的代表——校长。以这种新的文化取代了旧文化，这正是濡化策略中同化的具体展现。

3. 两种教育理念的整合策略

在对待学习上，深受传统应试教育文化"濡化"的校长和接受素质教育文化的兰彻产生了种种矛盾与不适。校长第一次讲话兰彻就表示否定，提出了自己的观点。面对校长的"太空笔"，他没有像其他学生那样趋之若鹜，而是提出自己的思考，引发了校长的不满。学长迫于校长的压力而放弃发明，上吊自杀，兰彻在葬礼上质问校长，称其是"刽子手"，杀死了学生的创造力，并与校长争论：这样的学习，大家只关心成绩、找工作、移民美国，而老师就知道教学生如何应试，如何死记硬背，从来不关心学生的能力，不知道什么是创新。专业课上，兰彻用自己的方式向校长证明什么是正确的教学方法，而校长却认为他只是在戏弄自己，矛盾进一步激化。应试教育与素质教育有着诸多差异，当这两种文化相遇，受情感因素影响，校长采用了防范策略，以完全拒绝的态度面对新文化，保留原本固有的认知，对兰彻充满偏见，提出了一件件不可能完成的挑战去为难兰彻，企图将兰彻这个"叛逆者"赶出校园。

但是在一次次的交锋中，事情发生了转机，兰彻用唤醒灵魂的方式点醒了法罕和拉朱：法罕勇敢面对自己内心，向父亲开诚布公地表达了真实的感受，得到了父亲的理解与支持，也接到了一直梦寐以求的摄影师工作的邀请；拉朱真正放下枷锁，面试现场不卑不亢，落落大方，赢得了面试官的认可。兰彻成功让两个"吊车尾"选手找到了工作，校长的刁难落空。大雨滂沱的夜晚，校长的女儿难产，救护车被暴雨困住，面对紧急情况，兰彻带领的三人组齐心协力，用自己所学的知识，因地取材，制成了简易的接生用具，成功接生，拯救了母子二人的生命，让校长真正认同了兰彻是一个学以致用的人。后来，校长不再固守原有的思维，不再固执地认为当工程师、移民美国才是人上人，而是鼓励小外孙成为一名足球运动员。这一刻，校长放下文化的藩篱，从防范转变为接纳，从对抗转为同化与适应。

面对来自兰彻的这种新的教育文化，校长一开始强烈反对，并采取防范策略激烈对抗，不允许新文化的接近；经过不断接触与参与，校长的态度发生了改变，此时濡化策略也从防范转为适应，校长开始对两种文化进行理性思考，反思自己的所作所为；校长最后接受素质教育，此时对待新文化采取的是整合策略。这一变化过程完整地体现了跨文化交流过程中濡化现象。影片结尾，校长说希望小外孙自由发展，成为一名足球运动员，兰彻则创办了一所鼓励发展、自由创造的学校，让每一个孩子都能找到学习的方法与乐趣。至此，两种文化"殊途"而"同归"。

四、案例启示

文化濡化现象多发生在跨文化交流中。当两种文化相遇，跨文化主体通过选择濡化策略来实现与对方文化的关系转变。这部笑中带泪的影片为我们展现了一段有关教育、有关生命的故事。在兰彻的影响下，法罕和拉朱被"濡化"，他们选择挣脱枷锁、坚守内心，校长也放弃了偏执的教育理念，打破了传统应试教育的桎梏，三人都对新文化进行了接触、理解与适应，最终实现了文化间的融合与发展。

但从整部影片的人物设定和情景设置来看，仍存在一些问题：第一，在濡化过程的表现上，兰彻的"主角光环"太过抢眼，似乎给予了他超能力，使得他对其他人物的濡化影响过程太过顺利，濡化流于表面，过于简单。这也受到了不少观众的吐槽：这种理想主义的完美人设在现实生活中是否存在？为什么他永远作为意见领袖来感染、影响其他人？最后的结局是否太过浪漫主义？这样的学校真的会成功吗？回到现实世界，沉重的负担和现状使素质教育似乎又变成了空中漫谈。

第二，校长的濡化偏戏剧化，在对校长关键态度彻底转变的情节设置上，雨夜接生这一幕的戏剧色彩过于浓厚，脱离了真实世界。印度电影自身的局限性使影片结局充满神力与夸张的想象力，兰彻可以在恶劣的环境下数次化险为夷，完成不可能完成之事，仅是帮助校长小外孙顺利出生便让校长放下之前的成见，放弃原有的观念，认可兰彻和他代表的素质教育文化，其态度转变稍显生硬，濡化策略的转变偏向戏剧化，缺少逻辑性。尽管如此，纵观整部影片，兰彻不断输出的关于教育、人生的思考，比如"我们努力学习，是为了求学，而不是为了求分数，学习是为了完善人生，而非享乐人生，追求卓越，成功就会出其不意地找上门"，感动并激励了无数观众，使观众进而认可兰彻的人生态度，这正是一种对观众的"濡化"。

第三节 《我的盛大希腊婚礼》：文化融合与跨文化适应的生动诠释

一、案例介绍

《我的盛大希腊婚礼》（*My Big Fat Greek Wedding*）是由乔尔·兹维克执导，妮娅·瓦达拉斯、约翰·考伯特主演的一部浪漫喜剧，于 2002 年在美国上映。电影讲述一位 30 岁的希腊裔美国女青年图拉与非希腊裔男人伊恩相爱，这段跨越族别的恋爱遭到图拉父亲的强烈反对，最终伊恩接受洗礼成为希腊人，两人又如图拉父亲所期望的在希腊教堂举行婚礼、成功组建家庭的故事。电影不仅描述了希腊文化与美国主流文化的差异，而且通过这一对恋人的结合以家庭为单位生动地诠释了跨文化适应与文化融合的过程，为个体在不同族裔或民族交往的语境中提供了和解式的参考。

该片在 2002 年的票房收入便高达 2.4 亿美元，排名当年电影票房第五，也是电影史上票房最高的浪漫喜剧。此外，该片还获得 2002 年奥斯卡金像奖提名，2003 年再度被提名奥斯卡金像奖最佳原创剧本。不过由于影片上映时间较早，各大影评网站的数据参考价值不大，仅陈列如下：烂番茄网的爆米花指数为 73%；元评论网的得分为 7.4；豆瓣电影的评分为 6.8。

二、理论聚焦：文化适应

图拉自幼随父母移民至美国，身边的同龄人大多接受美国文化的熏陶，但她守旧的家族依然秉持着希腊文化在此生活，以希腊文化为荣的父亲在教育子女时也不肯变通。图拉在这种冲突又矛盾的文化环境里成长至三十岁，依然未婚。爱她的伊恩坦然接受她的民族信仰，但也经历了一段艰难的文化适应，两人的结婚过程犹如一堂跨文化适应课程。

　　学者约翰·贝利在研究移民同化问题时提出了文化适应理论。在他看来："文化适应是两个或多个文化群体及其个体成员之间接触而发生的文化和心理共同变化的过程。"[①] 在他的文化适应模型中，个人、群体和社会因素都是重要因素，适应的起点是不同文化群体之间的接触。这导致各群体原本的特征发生改变，这些变化又可能反过来影响跨文化相处中的个体，最终促成个体的跨文化适应。

　　贝利的文化适应理论主要有五个组成部分：两种不同类型的初始文化背景，两个不断变化的民族文化群体，以及彼此之间发生联系和互动的过程。[②] 将这五个部分串联起来，就构成了文化适应的基本过程：两个来自不同文化背景的个体或群体之间开始交流，其间他们了解彼此的文化习惯，虽然难免产生不解、疑惑、冲突等问题，但这些都是双方积极互动的结果，"适应"正是在这样的情况下逐渐形成的。在经历较长时间后，个人会在心理上慢慢接受新的文化环境带来的冲击，并越来越熟悉起初较为陌生的理念、原则和行为。这种心理适应完成后，个体的社会行为也就会相应地发生转变。至此，个体或群体就基本完成了文化适应的主要过程。

　　贝利在论述文化适应理论时强调文化背景在文化适应过程中的重要作用。若要全面理解文化适应过程，就需要从交流双方各自的社会文化背景出发，综合考察政治、经济、人口、文化等多个层面对个人的影响；此外，还要关注不同社会对多元文化的包容程度。基于此，贝利提出不同族群之间跨文化适应的四种结果，以及这四种结果导致的四种多族群社会状态（图 5 - 1）。贝利提出两个所有经历跨文化适应的个体和群体都会面临的问题，即"维持本群体原生文化认同和社会身份的倾向"和"寻求与其他文化群体交流和互动的倾向"，[③] 将这两个问题的不同情况排列组合则可得到跨文化适应的四种结果，它们分别代表个体在跨文化适应过程中的不同态度。

　　① BERRY J W. Acculturation：living successfully in two cultures［J］. International journal of intercultural relations，2005，29（6）：697 - 712.

　　② BERRY J W. Acculturation：living successfully in two cultures［J］. International journal of intercultural relations，2005，29（6）：697 - 712.

　　③ BERRY J W, POORTINGA Y P, SEGALL M H, et al. Cross-cultural psychology：research and applications［M］. 2rd ed. Cambridge：Cambridge University Press，2002：345 - 383.

维度 1：维持原生文化和身份认同的程度

维度 2：与其他群体关系的紧密程度

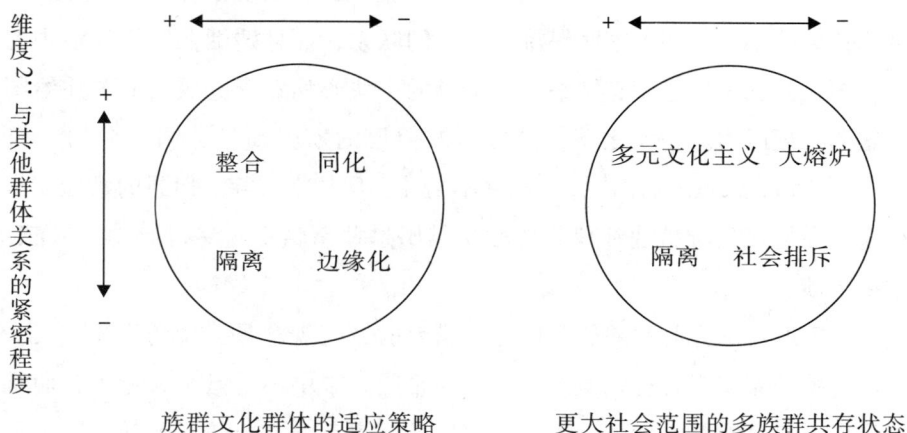

整合　　同化	多元文化主义　大熔炉
隔离　　边缘化	隔离　　社会排斥

族群文化群体的适应策略　　　　　更大社会范围的多族群共存状态

图 5-1　文化适应二象限图

三、案例分析

1. 文化差异的背景分析

影片中，当伊恩第一次进入图拉家时，父亲对这个非希腊裔的青年充满了敌意，指责伊恩在与图拉交往前并未征求他的意见。伊恩先是表示图拉已经三十岁了，她可以为自己作决定，随后又征求他的同意。父亲大声表示拒绝。伊恩与图拉告别后径直离开。

当不同文化中的个体骤然产生交集，由于文化差异导致互不理解时就很可能引发冲突和矛盾。跨文化冲突是指来自不同文化背景的人，因各自不同的目标、观念和价值取向等因素相互接触，进而产生的厌恶、敌意、斗争、对抗或竞争状态，这正是伊恩与未来岳父初次见面时的表现，他们带着自身原有的认知和习俗与其他文化背景个体交往，这一过程中很有可能会产生冲突和摩擦。父亲希望图拉的另一半是希腊人，而伊恩认为图拉完全可以自己决定自己的婚姻。这一冲突贯穿了影片的始终，即便在 2016 年上映的第二部中，父亲仍然对此耿耿于怀。由此可见，跨文化冲突是由文化的本质决定的，是文化接触过程中的必然现象。① 《我的盛大希腊婚礼》就反映了希腊传统文化与美国主流文化之间的差异与碰撞。

---

① TURNER J H. Sociology［M］. Upper Saddle River：Prentice Hall, 2005：87.

　　首先，家庭制度方面的差异表现为女主角图拉的家庭人口众多，她有27个表兄弟姐妹，家族中还包括四代人的兄弟姐妹。这就是跨文化交际中的"大家庭"现象。希腊传统的小家庭和大家庭保持着密切的联系，而且婚姻在家族生活中的地位很重要，图拉到三十岁还没有结婚成为父母的一块心病，家庭成员的关注给图拉造成了一定的心理压力。相比之下，图拉男友伊恩的家庭则是美国典型的"核心家庭"，属于家庭系统的微观层面，父母并不与儿子居住在一起。伊恩的婚姻完全由他自己决定，在他接受希腊洗礼仪式与教堂结婚这些事情上，父母起初虽颇感不适，但也并未干涉。

　　其次，家庭观念方面的差异表现为希腊人的家庭观念是典型的集体主义。这一点与中国传统的家庭观念有相似性。婚姻在希腊人眼中不只是个人行为，而是与全家族每个成员息息相关的大事；每个家庭成员都肩负着文化传承的使命；个人利益与家族利益密切相关，他们无论是工作还是生活都紧密交织在一起。因此，希腊家庭的凝聚力十分强大，图拉的弟弟在两人订婚后故意对伊恩讲冷笑话："你要是敢对我姐姐不好，我就打死你……要是我手上有把枪，你知道会怎么样吗？"又如图拉请伊恩一家来家里吃饭，结果母亲邀请了所有家人，几十人在院子草坪上烤全羊，在客厅里喝茴香酒热烈庆祝伊恩一家的来访。相比之下，美国家庭中的个体相对独立。伊恩从恋爱、求婚到结婚都是他个人的决定，并未征求父母的意见，而父母也并不掺和，以至于他们在图拉家聚会时总显得难以适应。

　　再次，这种家庭成员关系的文化差异也体现了不同的权力距离与民族认同。图拉的父亲在家庭中拥有绝对权力，他不仅要对女儿的婚姻负责，还要对她学习计算机并在旅行社工作的决定负责。这都反映了希腊家庭关系中长辈的权威和希腊文化中较高的"权力距离"。相反，在美国文化中约会和婚姻完全是个人的事情，父母不会干涉，说明美国家庭的"权力距离"很低。

　　最后，两种文化的不确定性规避程度不同。影片中的跨文化冲突主要体现在图拉的父亲试图阻止女儿嫁给非希腊人，这背离了他一贯以来的既定认知，因为他的家庭从未有与外族通婚的先例。他的阻挠使得这对恋人不能顺利地进入婚姻殿堂。当伊恩选择接受希腊宗教的洗礼仪式成为希腊人，并在希腊教堂里举办婚礼后，图拉的父亲才终于停止了抱怨。由此可见他的目的是保持希腊文化的纯洁性，这反映出希腊人的"不确定性规避"非常高。而相比之下，伊恩及其家庭对希腊文化有比较开放的态度，伊恩为迎娶图拉尽力去适应希腊文化，这显得美国文化的"不确定性规避"水平较低。

2. 文化融合的主要障碍：民族中心主义思想

图拉的父亲有严重的民族中心主义思想。具有这一思想的个体会判定其他族群及其文化必然与自身族群及文化存在关联，比较极端的想法便是认为其他民族文化来源于本民族，尤其是语言文化、传统习俗与宗教信仰等方面。图拉的父亲便如此，他认为希腊民族文化优于其他文化，信奉"希腊人应当教导非希腊人如何成为一个好的希腊人"。他还逢人便说："你随便说一个词，我会证明给你看它起源于希腊文。"民族中心主义某种程度上也可以说是每个族群独特的文化认同。①

图拉的父亲是典型的希腊文化继承者，他热情地向所有遇见的人介绍希腊文化，对希腊文化的传播及保护不遗余力，拥护"希腊文明至上论"。当与伊恩聊天时，他毫不遮掩自己的优越感："我们祖先在研究哲学的时候，你们的祖先还在树上荡来荡去呢！"正是由于他的民族中心主义思想很顽固，他的妻子与亲戚想要他答应图拉去大学上课的事情时，都不得不想方设法让他认为是自己的主意。这个希腊家族因为他而显示出一定的排外性，孩子必须去希腊学校学习希腊语，女性的一生便是"嫁给希腊人、生希腊小孩、喂饱家里所有人"。伊恩和父母自嘲他们对宗教的信仰并没有那么虔诚，而希腊人则忠诚地守护着民族的信仰，因此影片中的文化融合全凭伊恩及他的家人迁就、适应希腊文化，而图拉的家人所作出的让步便是允许异族通婚。

3. 结果：主动同化的文化适应策略与跨族裔文化融合

影片反映了不同族裔之间跨文化适应的过程与结果，大致上属于贝利的文化适应理论中的"同化"一类。这主要是由于男主角伊恩及其家庭自身宗教意识并不浓厚，对多元文化的包容程度较高。伊恩始终在努力地主动适应图拉背后的希腊式大家族，学习希腊文化及语言文字，为了婚姻接受洗礼、加入希腊正教，甚至在图拉难以忍受的时候主动开导她、安慰她，在各方面妥协，适应着成为一个地道的希腊人。而伊恩的父母起初虽然尊重儿子的选择，不过自始至终也无法融入这样的文化氛围和家庭环境。只有在最后婚礼的宴会上，图拉父亲将两个家族的姓氏以希腊语汇翻译为"橘子"和"苹果"，比喻两个家庭虽有不同但都属于水果类，这段生动有趣的婚宴祝词令伊恩的父母有所触动，并融入这个大家族欢乐热闹的群舞之中。

除了两个家庭文化的相互适应外，下一代的文化传承也是表现文化融合的重要

① ANDERSEN M L，TAYLOR H F. Sociology：understanding a diverse society ［M］. Belmont：Thomson Wadsworth，2006.

产物——图拉的女儿也要遵守希腊人的生活习俗，在希腊学校学习语言。在第二部中，图拉对年幼的女儿表示，语言学校必须得去，但"你可以嫁给任何你想嫁的人"。而升级为外公的图拉父亲依然教导外孙女"嫁一个希腊人"，可见图拉父亲与女儿虽在婚姻观念上有所差异，但一家人始终坚持维护着希腊文化的传承，外族人只能以同化的方式加入。这种同化的文化适应类型以一方的妥协和主动融入开始，不过最终以双方的包容、宽容与接纳为融合的结果。

图拉的父亲作为一个捍卫希腊传统文化的卫士，在看到伊恩成为希腊人并融入家族文化后，接纳了这桩跨族裔的婚姻。而伊恩不自限于原生家庭习以为常的文化，为爱情努力适应图拉家庭的希腊文化，采取的就是主动同化的文化适应策略。在这种情况下，希腊传统文化反而成了"大熔炉"，同化了伊恩所代表的美国文化。

此外，图拉作为一个希腊裔二代移民反而在成长过程排斥自己的民族身份。她通过挣脱家庭与父亲的束缚去大学学习，努力过上相对独立的生活，在婚姻和性观念上的大胆开放无疑背离了希腊文化对女性的要求。虽处于保守的家庭氛围中，但她在遇到伊恩以后变得愈发像美国人，在与伊恩结婚后，反而又以新的心态接纳自己的希腊文化和原生家庭。这其实也反映了希腊人对美国主流文化的认可与适应，最终看来，图拉与伊恩相爱的过程正是彼此跨文化适应的过程，而他们的婚姻也成为两种文化成功融合的象征。

四、案例启示

《我的盛大希腊婚礼》展示了文化融合的可能性，即在跨文化交流和传播过程中，采取合适、有效的文化适应策略将有助于解决跨文化冲突、实现跨文化融合，从而提高跨文化交流和传播的效率。任何形式的文化融合都必然伴随着冲突与摩擦，都可能遇到民族中心主义等既定思想的阻碍，这时就需要跨文化双方中的一方先行妥协，以包容的姿态接纳和主动适应对方，由此才有可能促成双方互相接纳和包容，最终实现文化融合的局面。

当今时代是多元文化共存的时期，对于身处其中的我们而言，学习、理解并包容不同文化的独特之处是十分重要且不易轻得的能力。在跨文化交际和适应过程中，意识到并修正对其他文化群体或个人的偏见、对自身族群的优越感是跨文化适应的前提条件，这是一个需要学习和体验的过程。基于此，对于如何准确理解、平衡和控制民族偏见和民族优越感，我们应坚持以下三点：

第一，主动学习外族文化、了解外族生活方式。现实生活中的文化差异比影视作品中的文化差异更加多元、复杂，民族中心主义、刻板印象、文化偏见及文化霸权也真实地存在并阻挠着我们的跨文化适应与文化融合。当遇见不同文化群体或个体时，我们应当把握机遇，主动与对方交往以理解对方的文化习俗，邀请对方与自己共同交流跨文化的差异，若有条件还可亲自体验彼此的生活方式，从而增强自己的跨文化适应能力与跨文化传播能力。

第二，坚持相对主义的方法论，即理解文化没有绝对的对错之分，往往只是因为立场不同、条件差异而导致相互对立。在跨文化交流过程中虽然多少受到文化偏见的隔阂，但是如果坚持相对主义就可以在一定程度上减弱这些负面影响，形成相对积极的态度和交往方式。具体可表现为：不评判其他民族的生活方式，认可人人生而平等，尊重文化差异。相对主义并不意味着完全认可他人的生活方式，而是尊重每位个体的选择与生活，尊重差异性和多样性。一般情况下，一个群体拥有的差异性资源越多，其适应生活挑战的潜力就越大。

第三，从交往的细节入手，观察跨文化交流过程中自身的反应和他人的反馈。交流双方可从对方的反应判断自己的假设是否正确。要不断反思自身，当我们在交流中对他人产生消极或负面的反应时，说明以自我经验为基础的假设在不恰当地发挥作用；还要注意观察他人的反馈，如果交流过程中对方的反应比较消极，那么我们的交流可能导致对方陷入困惑或不适的境地，此时应当及时总结反思，改变交流方式。

综上所述，文化的融合与跨文化适应首先应该建立在不同文化群体间的相互尊重与交往交流之上，只有排除文化偏见、文化霸权与文化帝国主义、民族中心主义等"绊脚石"后，不同文化间彼此的适应甚至融合才有稳固的基础。

本章讨论

1. 除《瞬息全宇宙》外，还有哪些影片用到了戏仿手法？请举例说明。

2. 请谈谈你对"濡化"的理解。

3. 请举例说明你的某一段跨文化适应过程。

第六章

文化符号与跨文化接纳

上一章讲述了文化差异与跨文化冲突。而文化符号则是基于文化群体内部共识，以及外部文化群体普遍认可的要素。这些符号之间的文化差异性较小，可以避免一定的跨文化冲突。

文化符号是不同文化群体在各自历史中经过岁月沉淀逐渐形成的，如今已成为各文化内部耳熟能详、跨文化交往清晰可辨识的符号，比如中国的建筑物以故宫、长城为象征，代表动物为国宝熊猫；而澳大利亚的建筑物以悉尼歌剧院为象征，代表动物则以袋鼠闻名。影视作品将这些众所周知的文化符号纳入电影画面之中，反而使得跨文化接纳成为一件易事，因此本章以美国电影《疯狂动物城》《功夫熊猫》、日本动漫《火影忍者》与韩国电影《寄生虫》为对象，对影片中呈现的各国文化符号及其跨文化接纳形式进行解析，为中国影视媒介的跨文化接纳提供参考。

第一节 《疯狂动物城》：影视文化符号的在地化传播

一、案例介绍

2016 年，由迪士尼影业推出的 3D 动画片《疯狂动物城》（*Zootopia*）迅速走红全球。导演里奇·摩尔、拜恩·霍华德与杰拉德·布什联合打造了一个所有动物和平共处的乌托邦，使得该片成为一部动画造型与故事内涵均富创意的佳片。这部电影讲述了朱迪·霍普斯（棉尾兔）立志成为动物城警察局第一名兔子警察的逐梦故事。由于体型娇小，她的梦想一度遭人耻笑，即便进入警局后她也会被身强力壮的肉食动物同僚轻视，因而她立志独立侦破大案证明自己。在一桩失踪案中，她与风评不好的狐狸搭档，共同破获了羊副市长利用"午夜嚎叫花"激发食肉动物野性并意图栽赃狮子市长的政治阴谋，最终使得原本濒临瓦解的动物城重获和平。

影片虽是从儿童视角出发的动画片，但也折射出现实社会、成人世界的丛林法则，趣味性、思想性与艺术性结合的水准有目共睹。动物城虽然强调和平共处，实则依旧遵从食物链的高低排序，种族歧视无处不在：狮子市长、水牛局长等大型动物凭借基因优势而居于最高领导阶级；狡猾的狐狸、阴险的鼩鼱、白鼬等小型杂食动物则暗中打破上一阶层的游戏法则自求生存；而以兔子为代表的食草性动物则勤恳守法，处于社会底层。每种动物都能从现实社会中找到对应的人群，从动物们的种族、颜色到性格，影片毫不隐讳地刻画了美国当下多种族融合的社会状况，可谓有史以来"最有社会责任感"的动画片。

因此，这部老少皆宜的影片获得不少荣誉，包括第 89 届奥斯卡金像奖最佳动画长片、第 74 届美国电影电视金球奖最佳动画电影、2016 年美国电影学会十佳电影等重量级荣誉。影片在中国也好评如潮，豆瓣电影上超过 179 万的观众认为该电影超出了 99% 的动画片，影片评分高达 9.2。

《疯狂动物城》跨文化传播的成功很大程度上取决于好莱坞电影成熟的发行体系以及全球化传播策略。影片所宣扬的自由、民主、平等是不同文化背景、政治体制、国家民族的人民所共同追求的价值观。由此可见，在跨文化的国际传播中，全世界观众对人人平等、和睦共处的社会都具有美好的憧憬。

二、理论聚焦：隐喻

隐喻一词最早出现在亚里士多德的《诗学》中："用一个表示某物的词借喻他物，这个词便成了隐喻词，其应用范围包括以属喻种、以种喻属、以种喻种和彼此类推。"① 其后，亚里士多德又在《修辞学》一书中再度提及隐喻，指出："易于学会的东西自然是使所有人都感到愉快的东西；而文字表达某种含义，因而凡是便于我们学习的文字都是极其令人愉快的。生僻字令人难懂，规范字则是人人都会；所以，隐喻字最能造成上述效果。"② 因此，隐喻常被认为具有诗学和修辞双重功能。

亚里士多德主要论述的是隐喻的诗学与修辞功能。20 世纪 80 年代，美国语言学家、哲学家乔治·莱考夫（George Lakoff）和马克·约翰逊（Mark Johnson）在《我们赖以生存的隐喻》（*Metaphors We Live By*）一书中提出了隐喻的认知功能，他们认为"隐喻的本质是根据甲事物来理解和体验乙事物"，并指出"人类的思维过程主要是隐喻性质的"。③ 具体来说，隐喻是通过从一个比较熟悉、易于理解的源域（source domain）映射到一个不太熟悉、较难理解的目标域（target domain）来揭示认知过程中的逻辑推理。莱考夫和约翰逊的概念隐喻理论（conceptual metaphor theory）被广泛接受并运用于学术研究。莱考夫认为人类所说的话语中有 90% 以上的内

---

① 亚里士多德. 诗学［M］. 陈中梅，译. 北京：商务印书馆，1996：149.

② 亚里士多德. 修辞术·亚历山大修辞学·论诗［M］. 颜一，崔延强，译. 北京：中国人民大学出版社，2003：185.

③ LAKOFF G, JOHNSON M. Metaphors we live by［M］. Chicago：University of Chicago Press，1980：5－6.

容包含隐喻，不过这对同一文化背景中的人来说很容易理解，因为说者和听者对源域和目标域有共同的理解，所以在交流过程中不易造成交际或传播失败的结果。

相对于"明喻"使用"像""如""似"等词语的特征，"隐喻"则只是暗藏比喻的修辞线索，给予受众想象空间挖掘事物与事物之间的指代关系。① 有学者认为"隐喻"是语言体系的"脊柱"，是用一种事物来暗喻另一种事物，这两种事物本质不同却有相似之处，隐喻系统凸显的就是相似之处。② 但在跨文化传播中，情况则复杂得多，原语境中隐喻的映射在另一种文化语境中会出现不同的情形，有的映射相同，有的部分有差异，还有的则完全不同。③

20 世纪以来，"隐喻"作为一种修辞理论出现在各个学科，包括语言学、文学、哲学等，成为人文学科的重要概念。随着视听文化的崛起，隐喻不再囿于传统学科，也成为经典电影文本中的重要表现手法，为电影组织了一场意义与形式不断捉迷藏的游戏，从而激活了观众的想象力与激情。④ 电影制作理论借用各种隐喻、方法、批判等框架性理论后，逐渐形成新的理论综合体。⑤ 而隐喻作为一种实践手法被引入电影艺术中，也成为电影分析与批判理论中的重要养分。

在电影实践中，隐喻是一种常见的表现手法，常常通过拍摄镜头、剪辑手法、色彩运用、配乐、台词、人物行动、建筑物等表现出来。⑥ 拍摄镜头可以利用镜头框伸缩画面，决定拍摄物的位置、画幅占比，以此表现人物的地位、关系距离和亲密度等；蒙太奇则通过切换画面构成联想实现隐喻的效果；色彩的明与暗可以揭示人物的情绪、心理；台词与人物塑造之间也形成某种勾连，从而实现隐喻的效果；而人物的行动也可以通过动与静的差别表现不同的处境。

影像中所呈现的画面及声音往往是各种符号的集合，如以花朵比喻美人、以坟墓寓意死亡已成为影史约定俗成的标准意象，隐喻已成为影视文化中必不可少的元素和手段。而在跨文化传播过程中，影视媒介所代表的不仅是一种文化载体，更是一种符号和隐喻的指涉，它对真实世界进行描绘与解释，逐渐形成一套自身的符号系统。⑦ 就这个意义而言，每一部动画电影都是对不同现实社会、不同文化系统等

① 战迪. 从隐喻、象征到神话修辞：电影文本认知的一个重要视域［J］. 当代电影, 2017（9）：4.
② LAKOFF G, JOHNSON M. Metaphors we live by［M］. Chicago: University of Chicago Press, 1980: 5-6.
③ LAKOFF G, JOHNSON M. Metaphors we live by［M］. Chicago: University of Chicago Press, 1980: 5-6.
④ 巴特. 神话：大众文化诠释［M］. 上海：上海人民出版社, 1999.
⑤ 布朗. 电影理论史评［M］. 北京：中国电影出版社, 1994.
⑥ 王炳社. 电影隐喻略论［J］. 电影文学, 2010（8）：3.
⑦ 李雪菲. 跨文化传播视域下《疯狂动物城》语境空间的生产与构建［J］. 大众文艺, 2016（8）：2.

的隐喻。换言之，动画电影是通过技术手段创造的艺术作品，也是为表达意义而创造的符号系统，是对想象世界的直接符号化。[①] 动画影片可以通过视觉传递文化和艺术，它所建构的真实或虚拟的故事可以让观众产生丰富的联想和思考。隐喻则通过动画影片中具象的事物来传达抽象的意义，为影片赋予更深层次的意义，进而加深观众的情感共鸣。《疯狂动物城》作为此间的翘楚，其影视叙述中自然也蕴藏了大量可考的隐喻。

三、案例分析

每一部电影都是一个文化文本。罗兰·巴特强调文本以一种隐匿的方式运作，阐释者的任务正是揭示这些隐匿在文本中的意义。所以我们对动画电影的认知也应跳出文本本身，从细微之处发现端倪并探究其本质意义，结合作品的创作背景及社会语境深挖其丰富的隐含意义。立足于跨文化传播视角，以下将对《疯狂动物城》这部影片的隐喻加以分析，通过叙事文本、角色标签、语言符号和非语言符号厘清影片故事背后隐喻的现实。

1. 叙事文本：政治影射与剧情反转

《疯狂动物城》不仅是一部老少皆宜的动画电影，而且是美国好莱坞动画电影的经典佳作。影片的故事背景及世界架构都反映了美国作为文化"大熔炉"的多样性与"美国梦"的不朽。作为美国民族精神的重要组成部分，"美国梦"从殖民时代开始贯穿该国历史，世代美国人都对"只要通过努力，美好的生活便在眼前"的想象深信不疑。但现实却是"美国梦"远在天边，追梦路上必然会受到现有体制机制、固有思维方式与文化传统的阻碍。

影片中不同动物扮演的角色也是对美国当前社会分工的影射。在这个所有动物和平共处的乌托邦里依然设有区别统治与被统治阶级的政府，从职务来看，既有市长、警察，也有普通百姓与罪犯；从动物外形与实质本性来看，看似极具危险性的狮子市长却是尽职尽责的正面形象，而外表绵软亲和的羊副市长内里却包藏祸心，声名狼藉的狡猾狐狸也有天真童年与正义之心……这也暗示着现实社会中决定外在生理特征的种族并不总是表里如一的事实。

---

① 张鹏. 跨文化视域下中西动画电影的符号学解析：以《哪吒之魔童降世》和《冰雪奇缘》为例［J］.东南传播，2020（4）：52−54.

在《疯狂动物城》的叙事文本中有外表与性格反差非常大的"真假反派"。一个是身居高位却态度亲和的羊副市长，她柔弱的形象极易博得诸多观众的同情，尤其是狮子市长对其"招之即来，挥之即去"的随意态度，无疑令身处底层的大多数人感到同情。而高大威猛的狮子市长在对比之下不由令人反感，令人觉得他恃强凌弱、面目可憎。但两人的种族并不与本质正面相关，羊副市长利用驱虫植物"午夜嚎叫花"伤害其他市民，通过制造食肉动物和食草动物的对立满足自身对权力的私欲。当阴谋被揭穿时，这个反转令故事有更为深刻的嘲讽意味。这也启发我们不要被事物的表象所蒙蔽，要透过现象看本质。

再如主角兔子朱迪，她从兔镇满怀欣喜地来到繁华的动物城，通过重重考验终于进入警局，初时不被认可被分配为交通协警，还被要求一天之内开出100张罚单。看着其他同事被分配了更为重要的任务时，她依然振作起来，利用招风耳做好本职工作。兔子柔弱娇小的身躯和她强大刚硬的性格与内心形成极大的反差，也凸显出故事的张力。她就像每一个在坚持的逐梦者一样，即便途中有过失望，却从未因此绝望，以蓬勃的热血和不言败的精神实现自己的梦想。

影片中最发人深省的角色是狐狸尼克，它刚出场时的确符合我们对狐狸的刻板印象——狡猾多变。但这简单粗暴的认知却掩盖了朱迪所不了解的成长隐情：尼克幼时未曾意识到外界对狐狸的刻板认知，他辛苦攒钱买制服，想加入骑警童子军，等来的却是冰冷的口枷和其他动物不信任的眼神与嘲笑。没有动物愿意相信一只狐狸的善良与真诚，从此尼克随波逐流，如大众所愿般靠着倒卖、行骗为生。而在朱迪信任并依赖他的过程中，尼克又拾回了幼时的梦想，以高情商、高智商、能力强、人脉广的优势帮助她破案，揭露了羊副市长的真面目。狐狸是现实社会中行为曾被误解、种族曾被歧视的少数族裔的缩影，也是乌托邦社会中依然处于边缘化的个体写真。

在影片结局中，兔子朱迪实现了自己的梦想；狐狸尼克兜兜转转也终究成为一名警察；利欲熏心的羊副市长受到了应有的惩罚，动物城又重新归于平静。这一结局如开头呈现的乌托邦式的幻想，亦如影片名字——Zootopia，和平美好的表象下阶级林立对抗的现实被掩盖。这也从侧面反应出现实中的"美国梦"在重重藩篱下对天然不具有种族优势的群体来说依然可望而不可即。在这个民众易于迷失却又渴望圆梦的时代，《疯狂动物城》既是暖色调的圆梦动画，也是略带冷色调的黑色现实。

2. 角色标签：种族歧视与文化冲突

美国作为一个多种文化交融的移民大国，有着各色各样的文化传统与思想习惯，整体文化呈现出多元性与开放性的特点。然而，种族歧视一直是美国突出的社会问题，而电影作为建构在现实社会基础之上的文化产物，更难以绕开这个重要的跨文化现象。于是《疯狂动物城》中全方位的"角色颠覆"也被自觉代入映射现实的层面——根据人类对动物的刻板印象设计角色的初始状态，在故事发展过程中使其外在特征与内在性格形成激烈冲突，把偏见产生和消解的全过程直观地呈现在观众眼前。

影片初起介绍动物城建立之前的历史——充满猎杀、血腥、欺凌和恐怖，与美国独立战争前受英帝国殖民侵略的历史如出一辙。后来城邦居民日渐文明，食肉动物与食草动物签订和平条约后共同构建了繁华热闹的动物城。但互不伤害并不代表互相尊重，源自种族或信仰的歧视、偏见与冲突时有发生，连自由与权利也成为歧视的通行证——大象拒绝向狐狸出售冰棍，并拿出一张写有"每个动物都有拒绝向其他动物提供服务的权利"的告示。

主角兔子朱迪具有身怀梦想的小镇青年与漂泊的职业女性双重文化身份，她不顾家族反对径自来到动物城实现警察梦，但最终被分配成为一名不如意的交通协警。初入社会的年轻人体会到理想与现实的落差，朱迪的期待就像她乘车时播放的那首 *Try Everything*，但社会所给予的只是微不足道的机遇。这种巨大的落差感也打击到了朱迪，且与其容易上当受骗的性格相符合。这也隐喻了当前存在的女性职场歧视问题，而朱迪的成功则给予了这一现象可能会消除的希望。

狐狸尼克是朱迪的另一个镜像，他幼时有着正义的情怀和纯真善良的心。但与朱迪经受住外界打压嘲讽不同，敏感的他因为被食草动物联合排挤而放弃梦想，伪装并封闭自己。只因他是狐狸，这个"原罪"令他一直背负"阴险狡诈"的标签，成为被歧视的弱势群体。尼克没有稳定的生活来源，由于种族歧视难以融入主流社会，这与朱迪矢志不渝成为一名警察的人生路径截然相反。但是他从偷奸耍滑卖冰棍赚钱、嘲笑朱迪梦想到帮助朱迪破案成为一名警察，这个结局无疑又为"美国梦"的魅惑再添一层光环。

总而言之，动物城里的每种动物都保留着被世俗赋予的偏见标签：兔子天真、狐狸狡猾、食草动物软弱、食肉动物残暴……这与当前美国社会存在的对亚裔、非裔人民的偏见大同小异。因此，可以认为动物的角色和故事主要剧情都一一对应着美国社会长期存在的种族歧视状况，而偏见与冲突的化解之路漫长又坎坷。

3. 语言符号：励志话语形塑奋斗者形象

与其他类型的电影相比，动画电影更具创造性。因为在这一类型电影中可以使用多元的影视符号来表现价值观。其中，语言符号是建构电影故事结构和文本的重要组成，往往也是最直接传达出电影主题与核心思想的工具。

《疯狂动物城》以经典的洛杉矶罪案叙事风格，用拟人化手法讲述成人世界的肮脏童话，并赋予动物人格以展现人性的复杂与阴暗：所有动物都穿上了与之匹配的服装，以双腿行走，乘坐现代化交通工具，且不再为食物相互厮杀。狐狸尼克更是对兔子朱迪直言动物城的残酷："踏进动物城，谁都怀揣着梦想，成为理想中的自己，却一场空。你只能是你，狐狸还是狡猾，兔子依旧呆蠢。"但影片借兔子朱迪之口传达了另一种价值观："生活总会有点不如意，我们都会犯错。天意如何并不重要，重要的是你开始改变。"

温暖的友谊、互相救赎式的成长亦是本片的一大亮点。狐狸尼克协助兔子朱迪完成梦想，兔子朱迪协助狐狸尼克找回初心。大多数人都像朱迪一样拥有愿意为之努力奋斗的理想，可步入社会后才发现现实世界反而残酷到让人心灰意冷。这一点在朱迪身上被诠释得淋漓尽致，她持之以恒、百折不挠的精神十分鼓舞人心，虽有过沮丧颓废却转瞬即逝，朱迪的座右铭"任何人可以成就任何事""让世界更美好"在电影中反复出现，也让受众感受到朱迪积极乐观的生活态度和勇于拼搏不放弃的精神，作为一抹暖色奠定了整部电影积极向上的基调。

4. 非语言符号：隐喻现实突出影片主题

非语言符号也是跨文化交流的一种重要的表达方式，对语言符号所传递的信息起着重复、补充、调整作用，二者相辅相成，共同构成跨文化传播的符号体系。《疯狂动物城》运用诸多非语言符号隐喻现实世界。例如，朱迪使用的智能手机的标志是被咬了一口的胡萝卜，使得观众很容易联想到苹果手机的标志是被咬了一口的苹果；黑老大鼩鼱的保镖北极熊在上网查阅资料时，网络搜索页面是"Zoogle"，这与搜索引擎"Google"只有一个字母的差别；大型商场的品牌上标示"PREDA"，让人联想到奢侈品牌"PRADA"；街边广告语"Just zoo it"，出自耐克品牌广告语"Just do it"……这些不着痕迹的品牌广告植入不但没有引起受众反感，反而因为略有差别成为隐藏的"彩蛋"，通过"山寨"的包装给电影添加了更多的槽点与笑点。

符号隐喻作为电影的重要创作与表现手法，有利于加深电影视觉艺术和语言艺术的表现力，使角色特征更加鲜明，同时烘托主题思想，加深受众对电影深层内涵的解读。影片名"Zootopia"就是典型的符号隐喻。"Zoo"指动物园，"topia"是希腊文"地方"的词根，经常出现在英语单词"utopia"（乌托邦）之中。因此，影片名又可直译为《动物乌托邦》。而动物城内被赋予人格的动物世界无疑是人类世界的缩影，一般人对于乌托邦的理解即美好、最理想化的社会形态。从柏拉图的"理想国"到陶渊明的"世外桃源"，从西方早期的"空想社会主义"再到马克思的共产主义概念，无一不是源自对乌托邦的美好想象。

回归影片内容本身，偏见与歧视也是影片隐喻的重要主题。比如种族问题——兔子和兔子之间可以互相说对方可爱，但别的种族说兔子可爱则令朱迪跳脚，这与黑人可以互称"nigger"以自我调侃，但白人用这一单词称呼黑人则有歧视的意味相同。此外，《疯狂动物城》在剧情上还有很多类似的隐喻，让受众在享受动画世界中的轻松愉悦之余，也产生更深层面的思考与触动。如羊副市长制造事件迫使狮子市长下台的权力斗争，受害者是无辜的动物平民；食肉动物与食草动物间的互相歧视映射了种族歧视及文化冲突的不平等现状；牛局长对兔子朱迪的偏见则隐喻了现实社会职场中的性别歧视等。

美国文化与中国文化在本质上互为异质，相去甚远，但这些差异的碰撞与融合正是跨文化传播研究的魅力所在。抛开《疯狂动物城》在市场定位和票房利益方面的考量，影视媒介除传达跨文化传播的内容外，也可以通过娱乐的方式催生跨文化传播观念的变化。影片的核心要义也在于提醒我们，即便是动物世界的乌托邦社会，仍然会有文化差异与不平等的存在，而现实生活中的我们应更加开放包容，摒弃一切可能的偏见。

四、案例启示

1. 文化层面：发展通用"文化符号"

《疯狂动物城》中多元文化的结合是该电影在全球获得高票房、高口碑的关键原因之一。作为一个多文化交融的移民大国，美国文化中的包容性与开放性在影视作品中也有所呈现，比如该电影在场景构建方面的多地选景——创作团队反复在巴黎、北京、东京等城市调研，从世界各地汲取创作灵感以满足不同文化背景观众的喜好，让他们在看到熟悉的文化元素时产生归属感。在影片中，观众能看到食肉动物和食草动物之间的冲突、暗藏排挤的警察局、拉选票的狮子市长和装好人的羊副市长等。这些场景和角色设定都映射了现实生活中不分国界、无关文化的共通人性。

中国动画电影在跨文化传播过程中需要克服的问题之一便是来自不同国家、地区之间的文化差异。这种容易让受众感受到"解码"的障碍应当在影视创作阶段便有所准备。中国动画电影的跨文化传播需要创作者充分发掘兼具本土性和世界通用价值的"文化符号"，在体现中国特色的同时将其他国家或民族的文化元素融入创作。以《疯狂动物城》为例，它在各国上映的版本中都有相对应的该国标志性元素，如熊猫主播为中国特有的元素，在澳大利亚上映时则选用了考拉作为象征。由此可见，中国动画电影除致力于中国化的价值表达外，还应发展兼具本土性和通用价值的"文化符号"，寻求国际化与本土化的契合点。

2. 受众层面：全龄化的受众定位

《疯狂动物城》中性格迥异的卡通动物形象与现实具有一定的反差效果，这样丰富多元的人物形象设定在吸引儿童注意力的同时也能够引起成年观众的兴趣。兔子通常是温顺可爱的形象，但在影片中朱迪被塑造成坚毅勇敢、努力追梦的坚强女孩；阴险狡猾的狐狸又反转成为足智多谋的可靠搭档；凶残猛兽猎豹在影片中是爱吃甜点的胖警察；温顺亲和的绵羊却是黑化严重的反派角色。影片中对比鲜明的善与恶既能对儿童观众起到教化的作用，又可通过多重隐喻激发成年观众的兴趣，最终达到老少咸宜、不分国界的跨文化传播效果。中国动画电影的制作应当借鉴此类优秀海外动画电影的成功经验，区分出以儿童为受众的电影和适合各年龄阶段观众观看的电影品类，努力创作值得全民共赏的优秀作品。

3. 内容层面：重视传统文化要素

纵观全球高票房、高口碑的动画电影，如《飞屋环游记》《超能陆战队》等都是优秀的原创电影。中国近年来也制作了《大鱼海棠》《罗小黑战记》等原创性较强的动画电影。中国动画电影在提倡原创性向内宣传的同时，也应当注重中国文化的对外传播策略。好莱坞已经在不断探索如何将中国文化元素运用到美式文化当中，制作出《花木兰》《功夫熊猫》系列优秀的动画电影反向输出至中国。可见，中国动画电影仍有充裕的本土文化资源等待挖掘。中国动画电影的对外传播除故事及情怀以外，还需要在体裁和内容上精心打磨，运用国外受众易于接受的叙事逻辑和影视符号对外讲述中国故事，让中国动画电影不再局限于本土，更好地实现跨文化传播。

4. 营销层面：建构全球化营销策略

中国动画电影想要进入全球市场就必须具备完整的营销策略，在营销策略选择上通常可从传播者、受众、媒介三个方面来考量。首先，在"互联网＋"时代，传播者可以根据目标观众的特点制定精准营销推送服务。其次，目前中国动画电影的受众大多为儿童，要想实现更大范围的跨文化传播也应当创作符合成人观众兴趣爱好的作品，毕竟成年人才是电影消费的主力军，获得这一群体的认同感是一部动画电影跨文化传播的前提和必要条件。最后，在短视频兴起的时代，手机已成为人们肢体的延伸，因此要注重手机终端的营销传播，让中国动画电影在外媒平台上也能得到跨文化的接纳。

第二节　《功夫熊猫》：文化转换视角下好莱坞动漫对中国文化的吸收

一、案例介绍

《功夫熊猫》（*Kung Fu Panda*）是一部讲述中国功夫故事的美国动作喜剧动画电影，由约翰·斯蒂芬森和马克·奥斯本执导，杰克·布莱克、成龙、达斯汀·霍夫曼、安吉丽娜·朱莉、刘玉玲、塞斯·罗根、大卫·克罗素和伊恩·麦西恩等明星配音。该片以一只笨拙憨厚的熊猫阿宝为主角，他是面条店的一个普通学徒，大肚腩、麒麟臂、一身肥肉，却每天期待可以练得绝世武功，与高手一决高下。这个愿望听起来似乎遥不可及，他的命运却因为一场比武大会发生了改变——他被阴差阳错地选定为"龙武士"，需要打败邪恶的太郎，还和平谷一份安宁。就这样，毫无基础的阿宝开始了他的习武之路，他遭遇了金猴、悍娇虎、灵鹤、快螳螂、俏小龙五位武林侠客的无情嘲笑，也获得了师父浣熊和真正的一代宗师乌龟大师的帮助。在共同努力下，阿宝真正领悟到了功夫的真谛，变成了一个勇敢无畏的武林高手，最终打败了太郎，使和平谷恢复了安宁与和谐。

影片于 2008 年 6 月 6 日在北美地区首映，6 月 20 日在中国上映，一经上映就在世界范围内引发了广泛关注与讨论热潮。据相关数据表示，该片在北美地区上映首周末取得 6 000 万美元的票房，拿下周末冠军，在 2008 年的首周末票房排行中排名第三，首映规模在影史排名第十一；在中国上映三周累计总票房超过 1.35 亿元人民币，成为中国第一部票房过亿的动画片。该片荣获第 81 届奥斯卡金像奖最佳动画长片和第 66 届金球奖最佳动画长片的提名，第 36 届动画安妮奖包括最佳导演在内的 8 项大奖、5 项提名，第 13 届中国电影华表奖优秀译制片奖。《功夫熊猫》系列现已拍到了第三部。以第一部为例，中国网友对其支持程度较高，豆瓣电影评分为8.2，优于 96% 的喜剧片。在海外，该片在烂番茄网的"番茄新鲜度"为 87%，25万观众参与评价，爆米花指数为 83%，是一部少有的赢得本土与海外、全年龄段一致好评的佳作。该片对中国文化进行挖掘、接纳，并二次编码展开创作，获得成功，也对中国本土电影的"出海"传播提供了借鉴思路。

二、理论聚焦：文化转换

韦幼苏指出，文化全球化是不同文化在全球层面上的交流和互动。[①] 随着跨国经济的不断发展、科学技术的不断发展和跨国媒介在全球的传播，不同民族、不同文化之间的交流也日趋繁荣。由于各国文化进行了相互接纳、彼此吸收，文化转换现象由此产生。

"文化转换"（transculturation）由社会学家费南多·奥提兹（Fernando Ortiz）于1947年提出，用来形容文化的融合和趋同，是一种文化被另一种文化吸收、改造、更新成为新文化形式的过程。[②] 与奥提兹在之前提出的"文化调试"中的一方文化对另一方文化做出的改变本身社会行为和心理行为不同的是，[③] 文化转换强调的是双方文化在交流互动中产生新的文化现象。它不是单向流通的，而是走双向交叉路径；它不是静止的，而一直处于一个动态过程。它主要包括两个互动的方面：文化全球化和文化本土化。

文化全球化是指优势文化通过对一种弱势文化进行加工、转换后从而被全球所接受的过程；文化本土化则是指一种弱势文化通过学习优势文化后进行吸纳、转换后形成新的本土文化的过程。总体来讲，文化转换存在于两种文化之间，当两种文化发生了交流与接触，转换就开始了，无论是优势文化对弱势文化的改造，还是弱势文化对优势文化的学习，其结果都是生成"文化杂交体"。文化转换借助语言、文字与其他文化因素，推动不同国家、民族之间的交流与合作，同时促进本民族文化焕发新的生机与活力。需要注意的是，文化全球化和文化本土化并不排斥，弱势文化并不是一直处于被动接受的地位，这两个过程可以同时发生，相辅相成、相互协调，甚至可以相互转换。这里所指的优势文化与弱势文化通常以经济地位来决定，人们普遍认为经济水平高的国家拥有更优势的文化，所以发展中国家一般处于被改

---

① 韦幼苏. 文化全球化与构建中国先进文化 [J]. 南开学报（哲学社会科学版），2002（3）：94-102.

② 张世蓉，杨帆. 从电影《功夫熊猫》看文化全球化中的文化转换现象 [J]. 绥化学院学报，2010，30（6）：142-144.

③ 陈爽. 从《花木兰》到《功夫熊猫》：解析文化全球化背景下文化转换现象 [J]. 新疆教育学院学报，2010，26（3）：90-93.

造的地位。① 关于这个观点，学术界一直存在争议，但无可争议的是，文化转换在人类文化全球化的进程中发挥着积极作用，其在促进不同文化间的交流与接纳、消融不同民族间的对立与文化藩篱，并最终推动全球文化的繁荣发展、多元共生上发挥了重要作用。因此，在全球化浪潮的当下，文化转换是必然的。

三、案例分析

《功夫熊猫》是一部典型的好莱坞世界对中国传统文化符号进行接纳与转换，从而促成不同文化背景的受众的价值理念大融合的电影，实现了中国文化元素在西方电影中的文化全球化。这种转换不仅是中国文化元素经过再加工被传播至全球，被接纳与认可，而且反过来促进了本族文化吸收异族文化，从而最终实现文化本土化。

1. 《功夫熊猫》中对中国语言文化的迁移

汉语有着特有的语言体系，蕴含着丰富的传统文化。《功夫熊猫》并没有对汉语进行生硬地直译，而是在理解的基础上做到了创造性转化，在许多特殊词汇的选择上，没有直接采用原有的英语词汇，例如片名"Kung Fu Panda"中"Kung Fu"一词就蕴含着丰富的底蕴。武术一直是中国的一张名片，又被称为"功夫"，南拳北腿、大师频出、博大精深、内涵深刻，其悠久的历史和辉煌的成就使得西方观众对功夫有着深深的迷恋与兴趣，西方观众自李小龙起就一直关注与追捧功夫，为它赋予了无数的想象。将"功夫"一词直接音译为"Kung Fu"，使其尽可能地保留汉语的原有内涵，有助于非中华文化背景的观众领悟到语言背后的内涵。②

电影中这种对汉语的迁移还有很多，例如阿宝叫浣熊"Shi Fu"，而不是"master"或"teacher"。"师父"一词在我国有着深刻的内涵，中国人讲究"尊师重道"，将尊敬师父提高到与遵守道义一样的高度。师父拥有极高的权威，古人云"一日为师，终身为父"，师父不仅传道授业，解答疑惑，更承担着人生向导的作用，一旦形成了师徒关系，基本上也形成了父子关系，是一种传承、一种深刻的感情羁绊。因此，这种复杂的关系不是"master"（专家）、"teacher"（老师）就可以表达清楚的。在电影中，阿宝拜师叫浣熊"Shi Fu"，正是对中国文化深入吸收后，

---

① 张世蓉，杨帆. 从电影《功夫熊猫》看文化全球化中的文化转换现象［J］. 绥化学院学报，2010，30（6）：142－144.

② 高凤. 逐渐清晰的中国文化影像［D］. 保定：河北大学，2012.

对词语进行的全新翻译。这一方式一方面保留了中国人的交流习惯，避免出现"水土不服"情况，另一方面尽可能将汉语在保留原有意蕴的基础上做简单化处理，降低了其他地区的观众的理解难度。

2. 《功夫熊猫》中对儒道哲学文化的接纳

中华文化博大精深，其中儒道两家精神作为我国影响力最大的两大显学，千百年来影响了无数国人的思想意识、价值观念与思维方式，构成了中华民族的灵魂底色。在电影中，儒道思想也渗透进每一个角色的行为，体现了电影对儒道哲学文化的接纳。

儒家思想是我国两千多年来的正统思想。孔子认为"人之初，性本善"，强调"仁"，提倡"仁者爱人""克己复礼"，追求构建一个平等、博爱的大同世界，《礼记》中有云"故户外而不闭，是谓大同"。电影构建的和平谷体现了这一点——这里的百姓安居乐业、生活幸福，每一个人都友善亲和，仁义有礼，邻里和睦，自事生产，没有纷争与冲突，展现了儒家思想中追求的太平稳定、富足有序的社会构想。同时，主人公阿宝也是儒家文化的化身。儒家所谓的君子，讲求仁、义、礼、智、信、恕、忠、孝、悌，阿宝厚道仁义、乐观积极、宽厚待人，有宽广的胸襟，看起来痴痴傻傻却总在关键时刻闪现出智慧的光芒。

电影中太郎自小苦练江湖绝技"无极拈花指"，却一直练不成，而阿宝只练了几天就悟到了其中真谛。与太郎一决高下的关键时刻，阿宝靠自己悟到的"武魂"打败了太郎，这正符合儒家推崇的"大智若愚"与"中庸之道"。被选中为"龙武士"之后，毫无基础的阿宝要开始接受地狱般的练习，担负起守护和平谷的责任。对于这个胖胖的只爱吃东西的熊猫来说，这是个巨大的挑战。同时，阿宝身边还充满了不屑与嘲讽的声音。在这种重压之下，阿宝虽然萌生过退缩的念头，但从未真正放弃过，而是屡败屡战、愈挫愈勇。古人云："天将降大任于是人也，必先苦其心志，饿其体肤，空乏其身，行拂乱其所为。"阿宝的成长之路，正是这句话的生动写照，他最后做到了"增益其所不能"，一个不被任何人看好的"笑话"终于成为"功夫大师"，拯救所有人于危难之中。同时，儒家还讲求入世，"修身、齐家、治国、平天下"强调的是对国家的道义、对社会的责任。电影中，阿宝行侠仗义、惩恶扬善，后来更是行踪神秘，总是从天而降拯救大家于危难之中，变成了典型的"侠客"。他在一无所知的情况下选择接受本可以拒绝的任务，毅然决然地去打败邪恶的太郎，只是为了保护和平谷与百姓们，承担了"天下兴亡匹夫有责"的社会责任，充分体现了其"没有大国何来小家"的儒家入世精神。

除了儒家思想，道家思想在电影中也有丰富的体现。乌龟大师是中国最典型的世外高人的形象，是老庄哲学的化身，有着淡泊自然的处世智慧。道家认为："人法地，地法天，天法道，道法自然。"万事万物都皆有定论与安排，不可逆天而为，要顺其自然。当阿宝从天而降被选为"龙武士"时，其他人表达了震惊与反对，乌龟大师却用一句云淡风轻的"世上没有意外"（There are no accidents），揭示了太极中"万事万物在自然中是不断变化的，祸福无门"的道理。当浣熊师父问他为何还是如此心如止水般平静时，他也只是淡然说了句"乱则不明，但若心如止水，答案尽在眼前"（But if you allow it to settle，the answer become clear）。因为他知道"居无为之事，行不言之教"，万事万物都有它的道理与规律，一切皆有定数与因果，自己可以做的只能是引导而不是阻止，展现了顺应天意、顺其自然的道家哲学智慧。

电影中浣熊师父与乌龟大师在桃树下论道的一幕堪称经典，淋漓尽致地体现了道家的智慧。面对开花结果这一命题，浣熊师父认为需要人为控制，可以左右果子何时落地、左右树木种在何地，强调的是"有为"；而乌龟大师却认为人为力量"不能随心所欲催它开花，也不能让它提前结出果实"，无论做了什么，桃树只能结出桃子，而不能结苹果和橘子，不以人的意志为转移，强调的是"无为而无不为，有为而有所不为"，体现了"无为"的超脱境界。道家讲求"上善若水，水善利万物而不争"，乌龟大师的那份云淡风轻与超然世外正是一种内在的平静与身心的平衡。同时，电影用了三部的笔墨来刻画道家的"因果论"：第一部中太郎越狱的预言使极度恐惧的浣熊师父立刻派鸭子传令员去加固监狱的警戒程度，却不料正是这次行动掉落的羽毛成为太郎越狱的关键；第三部中讲述了五百年前身受重伤的乌龟依靠熊猫村熊猫们的"气功"才死而复生，诠释了更原始更深刻的"万物皆有因"。

此外，《功夫熊猫》中对于"太极"元素的运用非常之多。《周易·系辞》有"易有太极，是生两仪。两仪生四象，四象生八卦"，太极蕴含着清醒睿智的哲思，强调人应顺应自然规律和大道至德，不为外物所拘，最后达到一种灵魂的安宁，其内核在道家文化中是"混沌"，是"阴阳混合"，是"无极"，与道家思想的"无为而治"不谋而合。熊猫阿宝本身只有黑白两色，与道家阴阳两极八卦图一样阴阳相抱，熊猫就代表了两极的融合。电影中还多次出现了阴阳八卦图的设计，例如在第一部中代表至高武林之地的圣眼泉，便采用了太极的意向；第二部中阿宝与沈王爷在进行终极大战时，阿宝节节败退，毫无反击之力，千钧一发之际，阿宝找到了平静，创造出"物我合一"的招式，阿宝飞旋着，火弹与他融为一体，形成太极的形状，最终一招制敌，获得胜利。

3. 传统中国社会民俗文化的转化

一个民族的文化也表现在其传统习俗、饮食文化、房屋建筑与音乐装饰中。这些以直接可感的形式被表达出来，体现出特有的民族文化与民族特色。在《功夫熊猫》中，中国社会文化被悄无声息地运用在电影中，为我们展示了一幅西方视野下的传统中国社会景观。在景观的设计上，电影里的风景、建筑、器具无一不体现着中式审美：如和平谷坐落于群山流水之间，草木繁盛，屋舍俨然，呈现出"显山露水、天人合一"的中式意趣；阿宝的家是典型的徽派建筑，素墙黛瓦、高低错落的马头墙，墙上的轩窗与墙外的翠竹相映成趣，是对江南民居和园林景观的细致刻画；而和平谷的另外一面——翡翠宫则展现出完全不同的风格，玉石殿的红墙绿漆，金黄色琉璃瓦闪烁着璀璨光芒，宽大洁白的白玉台基与高大成排的大殿立柱，神龙殿的大殿更是有故宫的影子，图腾柱上的盘龙纹饰，雕梁画栋，还有机制精巧的藻井，无一不体现着浩荡威严，代表了森严庄重、宏大壮观的北方建筑风格。此外，桃树在我国传统意向中一直有善报因果之意，乌龟大师所在的桃花池，小桥流水，自然朴实，刻画出陶渊明笔下的"世外桃源"景观。

中国武术作为四大国粹之一，享誉世界，对于塑造国人崇文尚武、行侠仗义的民族性格起到了重要作用，其背后蕴含的武术精神与武术技艺都在电影中有所体现。孙子兵法有云："不战而屈人之兵，善之善者也。"中国武术讲求一个"仁"字，习武者要怀有仁义之心，才可成为"侠"，学习功夫是为了匡扶正义、除恶扬善，为了更多人的生命而战斗，不可为一己私欲而滥杀无辜，这就是传统武术精神中所追求的"义"。[①] 片中的阿宝习武只是为了打败邪恶的太郎，保卫和平谷的安宁，他有勇气、有仁义、有梦想、敢追求，这正是传统武侠精神的生动写照。反观太郎虽然武艺高强，却没有仁义之心，为了一己私欲而大开杀戒，也不能被称为"侠"。

除了武术精神，电影中对于中华传统武术技艺也进行了全面的展示，例如：猴、老虎、鹤、螳螂、蛇分别代表了猴拳、虎拳、鹤拳、螳螂拳与蛇拳这五种中国最具代表性的武术技艺，或刚猛有力、无坚不摧，或快如闪电、急风暴雨，将中国武术的力量美学刻画得淋漓尽致；阿宝使用的武术招式，不属于任何帮派，而是一套完全新的体系，所谓"大道至简，无招胜有招"，遇到任何攻击都可以用他软绵绵的肚子去无声地化解，四两拨千斤，这种看似无厘头的招数颇有几分"以静制动、以柔克刚、以不变应万变"的"太极"的影子。除此之外，电影中展示的筷子、面

---

① 董红卫. 试析《功夫熊猫》中武术元素与中国传统文化的魅力 [J]. 电影文学, 2012 (11): 58 – 59.

条、包子、青花瓷碗，代表了中国传统饮食文化；电影中出现的针灸、轿子、书法、茶饮、市集，各行各业，众生百态，将中国传统民俗文化进行充分的吸收与接纳，然后二次编码将其成功转换，为我们展示了一幅中国传统的社会图景。

四、案例启示

自 20 世纪以来，迪士尼开始创作以他国文化元素为主题的好莱坞电影，以其惯用的手法从叙事结构、人物性格、故事情节、电影主题等方面进行转化，通过接纳、吸收其他国家的文化符号，使影片与不同文化背景的受众的价值理念实现融合，同时注重区域文化与受众偏好有机结合，进而完成民族动画的"世界性"转变。如蕴含着波利尼西亚海洋文化的《海洋奇缘》、以墨西哥亡灵节为背景的《寻梦环游记》、从阿拉伯经典民间故事获得灵感拍摄的《阿拉丁》、充满东方元素的《花木兰》等。对好莱坞来说，通过不同文化间的协商，实现了将外来文化本土化继而全球化的目的。本节分析的《功夫熊猫》深入挖掘中国文化，将中国功夫进行正确的文化转换，并结合当下现代化的思维方式，对"本土文化"进行二次创新，创造出了大家喜闻乐见的全球性故事。

但同时我们也发现，这些好莱坞式的"文化转换"电影有时也会遇到"水土不服"。如同样以中国文化为背景的真人版电影《花木兰》，把木兰故事以合乎西方人审美习惯的方式带入西方的文化视野，展现的是美国视角下的中国英雄，因没有真正理解中国文化中"忠、勇、真"的含义而受到中国观众的不满与抨击。有些观众也会认为，《功夫熊猫》中的阿宝其实也是美国个人英雄主义的化身，归根结底是"东方面，西方魂"。

近年来，中国也出现了一系列根植于传统文化的优秀动漫作品，但是与好莱坞动画电影相比仍有一定的差距。因此在进行跨文化交流与创作中，我们要坚持接纳、吸收、深入理解本土文化与他族文化，对文化符号进行创造性的提炼与挖掘，做到正确的文化转换，助力文化传播与融合，以创作出更多与受众产生心灵共鸣的优秀作品。

第三节 《火影忍者》：文化接近性视角下日本热血动漫对中国文化的接纳

一、案例介绍

《火影忍者》（NARUTO）被粉丝简称为"火影"，是日本漫画家岸本齐史的漫画作品。该漫画创造了一个与现实世界不同的"忍者世界"，主要讲述主人公漩涡鸣人立志成为最强忍者（火影）的故事。整个作品围绕主人公自身的成长以及他身边友人的故事展开，在细微之处展露了复杂而微妙的个人情感，同时又结合了宏大的思想如战争、和平与人类发展等。情节之精妙与立意之高远使得这部漫画连载 15 年而不衰。

该漫画于 1999 年在日本集英社的少年漫画杂志《周刊少年 Jump》上开始连载，在 2002 年被改编为同名电视动画《火影忍者》于日本东京电视台播放，此后因动漫收视率较高又被改编为系列电影。截至 2014 年，《火影忍者》被翻译为多种语言在海外 30 多个国家发售，原作漫画全球发行量超过 2 亿册。同年，同名手游在中国正式上线，吸引了大批玩家下载。

也正是在 2014 年 11 月 10 日，《火影忍者》漫画作品以 700 话正式宣告完结，中央电视台针对此事件还进行了相关报道。动漫虽然已经完结，但在各个动漫播放平台的《火影忍者》影视作品播放量仍然排名前列。2014 年，《火影忍者》在"中国大学生最喜欢的动漫作品调查"中位列第三，与《海贼王》《死神》并列成为流行最广的三大"民工漫"。仅在优酷平台上，截至 2017 年《火影忍者》系列剧集拥有超过 25 亿观看次数。目前，《火影忍者》在百度贴吧拥有超过 800 万会员，发帖数量超过 2 亿，在中国动漫迷中拥有较高的知名度。作为充斥日本文化的系列动漫，《火影忍者》为何能在中国动漫市场长盛而不衰，被广泛动漫迷所接纳呢？

二、理论聚焦：文化接近性

中、日、韩等国家共享东亚文化圈内的儒家文化根源，在文化方面有高度的接近性，因此三国文化间的跨文化传播也较为容易。文化接近性（cultural proximity）

这一概念在新闻传播研究领域运用较广泛，最早可以追溯到 1965 年加尔通和鲁格（J. Galtung & M. H. Ruge）针对挪威报纸国际新闻流通因素的经验研究。① 但其实这个概念是由美国学者约瑟夫·D. 斯特劳布哈尔（Joseph D. Straubhaar）最早提出，他所著的 *Beyond media imperialism：assymetrical interdependence and cultural proximity* 使文化接近性成为跨文化传播研究的重要概念。

文化接近性概念是针对文化帝国主义提出的观点。② 斯特劳布哈尔认为，文化全球化从根本上而言既不是同质化也并非全然的抵制，而是充满了连续变化的复杂矛盾。有学者提出，日本动漫文化的传播表明了世界并不像人们担忧的那样走向同质化。③ 不同文化群体中的人们首先倾向于选择自己生活的家乡、地区或国家的文化产品，因为这些文化产品基于同样的文化土壤，至少在价值理念上符合人们的心理接近性；其次会选择更大的区域（大洲）的媒介产品，因为这与本族文化同根同壤的相近文化易于理解；最后才会对"外来性"的内容感兴趣，因为其中可能包含了新思想的吸引力（异国情调）。④

曹乃文对斯特劳布哈尔的观念加以诠释，他认为在同样的或相似的社会历史背景的社群中，人们共享近似的意识形态与价值理念，也会产生类似的价值观与世界观。⑤ 在没有其他条件的干扰下观众都会偏好类似或接近自身文化的节目，但如果当地文化匮乏则会采用邻近区域的文化产品替代。以此类推，其他区域的文化创作者会不自觉地运用和吸纳区域性文化到自身的媒介产品中，无形中打破文化间的"壁垒"与"区隔"，形成文化地理方面的"接近性"，从而增强自身文化作品的传播。

三、案例分析

1. 忍者世界对中国古代哲学的吸收

隋代萧吉在《五行大义》中指出："夫五行者，盖造化之根源，人伦之资

① GALTUNG J, RUGE M H. The structure of foreign news：the presentation of the Congo, Cuba and Cyprus crises in four Norwegian newspapers ［J］. Journal of peace research, 1965, 2（1）：64 – 90.

② SCHILLER H I. Mass communications and American empire ［M］. Boston：Beacon Press, 1971.

③ NAQIER S J. From impressionism to anime：Japan as fantasy and fan cult in the mind of the West ［M］. New York：Palgrave Macmillan, 2007.

④ STRAUBHAAR J D. Beyond media imperialism：assymetrical interdependence and cultural proximity ［J］. Critical studies in media communication, 1991, 8（1）：39 – 59.

⑤ 曹乃文. 全球格式在地内容：电视格式在地化策略分析 ［D］. 嘉义：中正大学, 2011.

始。"① 这是中国古代宇宙生成观的重要内容，即古人认为物质和精神都源于阴阳五行。阴与阳原义是日光的背向，向日为阳，背日为阴。阴阳之道后来引申为中国古代哲学看待事物的方法，指一切事物都具有对立、统一的力量，这就是中国古代哲学的辩证法。《辞海》对五行的解释是"金、木、水、火、土五种物质，中国古代思想家用日常中习以为常的五种物质来指称世界万物的起源和统一"，事物皆由这五种基本物质的运行和变化构成。阴阳五行说强调整体的相互制衡关系，是人们对世界、自然的基础认识。② 基于阴阳五行形成的《周易》认为："易有太极，是生两仪，两仪生四象，四象生八卦"。③ 与阴阳五行密切相关的天干地支（中国古代纪年法）常常被命理学人士作为占卜术推导人生命格。

《火影忍者》架构的虚空世界中，忍者村作为国家战斗实力的存在，通过为国家执行各种任务从而获取报酬，也是国家与国家之间彼此制衡的重要力量。《火影忍者》中的五大国包括"火之国、风之国、水之国、雷之国、土之国"，国家的命名与"查克拉"（一般指精神能量与身体能量平均混合的产物，忍者能量的设定）属性相对应，后者包括"火、水、风、雷、土"五种类型。这五种属性的"查克拉"可以形成不同的忍术，忍术的形态与这五种属性相似，且五种忍术可以相互制衡，比如"水"克"火"、"雷"克"土"等，这与中国古代哲学五行相生相克的特征相似。

此外，《火影忍者》还设定了其他两种特殊的"查克拉"——"阴遁"与"阳遁"，其设定虽然与中国的五行阴阳有着紧密联系，却舍弃了"金"这一原本五行中的重要概念，而创造性地用"雷"来代替，构成日本新的"五行"。作者解释"'阴遁'是从无到有产生的物质形象"，而"阳遁"则为"身体能量注入无机物，可以使其有生命力"。在作品设定中，"阴遁"与"阳遁"可以产生"万物之术"。这一设定与古代中国对阴阳的认识有共通之处。古人对世界万物的抽象认识都可以阴阳为方法，如《老子》的"万物负阴而抱阳"，《易传》的"一阴一阳之谓道""道生一，一生二，二生三，三生万物"。

在《火影忍者》中，五行的设定嵌入忍术的开发，即忍术发动的基础是"查克拉"，而非物质的形成。在忍者世界中忍术是忍者的重要技能，因此五行也成为作品的基础性概念和核心思想。此外，忍术的发动需要特定的"结印"（特定的手

---

① 萧吉. 五行大义 [M]. 北京：中华书局，1985：1.

② 池岩.《辞海》（1999 年版）[J]. 辞书研究，1999（6）：2.

③ 陈久金. 阴阳五行八卦起源新说 [J]. 自然科学史研究，1986（2）：97 – 112.

势），这些手势的设定依据十二生肖来制定规则，每个生肖对应一种特定手势，如"子"（zi）的手势是拇指重叠，左手拇指在上。在动漫中，"通灵之术"（与各种动物订立契约后再施行召唤的一种忍术）对应的是"亥—戌—酉—申—未"，忍者需要快速做五种不同手势才能完成结印以发动忍术。

此外，《火影忍者》还继承了阴阳二元对立统一的辩证法，赋予人物角色对世界万物的认知，包括"光明"与"黑暗"、"爱"与"恨"、"和平"与"战争"、"生"与"死"等，其中最广为人知的台词是"有光的地方就有影子，有爱的地方就会滋生憎恨"，这些永恒的主题贯穿于人类生命的始终。而在《火影忍者》中就连政治体系也强调"光明"与"黑暗"并生，例如三代火影猿飞日斩（在动漫中是木叶隐村的领导人，被视为忍术最强之人）的执政为"明"，讲究仁和；而志村团藏（火影辅佐，木叶隐村的政治领导人之一）则代表"暗"，强调铁血政治，采用非正义手段维护村子的和平。在人物角色设定方面也是如此，两位主角鸣人与佐助都是从小被他人孤立、饱尝孤独与无助的对象，但他们二人的成长之路却截然相反，一个走向"明"，另一个走向"暗"，向观众呈现相反的人生轨迹。

2. 忍者之"术"对中国武术的创造性利用

作为一部热血少年动漫，《火影忍者》所构造的"忍者世界"中对读者而言最精彩的便是战斗画面，也就是忍术的比试过程。就忍术中的体术而言，原作岸本齐史直接运用了不少中国武术的典型人物与武术技法。

忍术就是忍者的技能设定，忍者习得忍术的种类越多，他的武术等级就越高，能力也越强。广泛意义上的忍术包括忍术、体术与幻术，其中除了体术外其他两种术都需要特殊的能量"查克拉"。忍者学校规定学子们经过"查克拉"的修行与术的学习才能成为忍者。但是某些没有"查克拉"的人物角色为了实现"忍者梦"，就会苦练体术，如迈特·凯与洛克·李二人身着绿色紧身衣的造型与李小龙在《死亡游戏》里的装扮很是相似；迈特·凯也使用了李小龙最出名的武器——双节棍，甚至连在动漫中用双节棍的情形都与李小龙在影视作品中的棍法相同；而另一个体术角色洛克·李在与敌人打斗时也演绎了中国武术中的醉拳，其中不少镜头借鉴了成龙电影《醉拳》的片段。

《火影忍者》还借鉴了不少中国武侠小说中的武术动作及场景。例如，名门家族"日向家族"拥有可以看到人体经络和"查克拉"流动的"白眼"。除了这一受制于血继限界（忍者世界的忍者技能，只能通过血缘继承的术士）的"白眼"天赋外，这个家族还拥有木叶隐村最强的体术"柔拳"（柔拳在作品中是将自身的"查克拉"打入对方体内，破坏对方"查克拉"的流通）。实际上"柔拳"与中国武侠小说中的"点穴"十分相似，通过阻断敌方"查克拉"（忍者世界）/真气（中国武术），破坏对方的"术"式发动。其中"柔拳法"（八卦六十四掌）在发动时，脚底还会显示巨大的八卦图，八卦图则可以在攻击范围内配合"白眼"的透视功能，通过打击敌方"查克拉"穴道来阻断"查克拉"流动，致使对方不能使用忍术。这一拳术与中国八卦掌起手类似。

另外，《火影忍者》还将中国古老的占卜艺术吸纳到忍术体系中。人物角色迈特·凯使用的"八门遁甲"（一种极大程度释放"查克拉"能量的"术"，获得力量的同时，施术者也会遭到损害，这一忍术被列为禁术之一）中的"八门"分别是开门、休门、生门、伤门、杜门、景门、惊门、死门，与中国古代"奇门遁甲"之术相同。不过"奇门遁甲"之术主要是用来预测天地万物与人事的一种占卜术，而原作岸本齐史将"八门"编码到"忍术"体系中，丰富了其形态。还有一名为"地陆"（火之寺住持）的忍者，其技能设定是"千手杀"，"查克拉"的形态是"千手观音"，千手观音是汉传佛教常被供奉的观世音菩萨之一，为六观音之首。日本动漫则将其简化融入忍者功夫之中。

3. 忍者日常对中国民俗文化的借鉴

《火影忍者》这部动漫虽然是日本作家岸本齐史创作的架空世界，但实际上忍者世界的运转方式、政治体系、知识图谱、人物形象都与现实社会紧密相连。值得一提的是，忍者世界并非日本的忍者世界，而是在全球文化加速融合过程中构造的一个新世界。除了忍者世界蕴藏的哲学思想以及忍术体系对中国传统文化的"借用"外，在忍者的日常生活中作者也运用了大量中华文化的典型象征。

比如，《火影忍者》女主角春野樱在动漫第一部的场景中穿着中国传统服饰——旗袍；另一女性角色天天也穿着粉色旗袍并梳着中国传统的发髻，被网友们认为是典型的"中国风"女子；还有一位岩隐村的女性忍者"黑土"则穿着开衩旗袍。《火影忍者》中的神秘忍者组织"晓"统一标识中代替暗号的戒指包括零（零藏）、青（青龙）、白（白虎）、朱（朱雀）、玄（玄武）、空（空陈）、南（南斗）、北（北斗）、三（三台）、玉（玉女），这十个字背后的含义与中国道教文化有着直接渊源。

除了服饰和标识上出现与中国文化紧密相连的符号，"忍具"（忍者道具）中直接或者间接采用的中国传统民间文化符号也不在少数。《西游记》中孙悟空使用的金箍棒在作品中出现，被拟人化处理为三代火影（猿飞日斩）的通灵兽（猿魔），拥有金刚不坏之身和变幻之术。《西游记》中的金角大王和银角大王在《火影忍者》中被直接命名为"金银兄弟"，甚至连幌金绳、七星剑、紫金红葫芦等《西游记》中的神器也被直接照搬到作品中。这些器具的技能都被原样保留下来，如紫金红葫芦的作用就是用葫芦吸入对手。还有最常见的普通"忍具"如"苦无"，类似于中国传统的飞镖。

除了忍者之外，《火影忍者》中还有作为各国强大兵器的"尾兽"（尾巴越多实力越强），这些类似于妖兽的存在拥有强大的"查克拉"。一开场就出现的"九尾妖狐"与《山海经·南山经》中的记载十分相似："青丘之山……有兽焉，其状如狐而九尾，其音如婴儿，能食人，食者不蛊。"① 它源自中国古代民间传说中常见的异兽。作品中"四尾"的名称更是直接被唤为《西游记》主角的名称——"孙悟空"；此外，还有一位名为"穆王"的"尾兽"，形状正如中国古代周穆王拥有的神驹。

不过，《火影忍者》这部动漫作品中虽然大量引用中国的传统文化符号，但依然根据自身的动漫视觉语言对这些符号进行二度创作，使其更加贴合作品构造的视觉符号系统，在丰富人物形象与动漫情节之余，也并不显得文化符号的挪用太过突兀。

四、案例启示

自 20 世纪 60 年代日本动漫连续剧《铁臂阿童木》在中国掀起日漫狂潮以来，日本已经向中国输出了无数知名动漫，最为经典的作品包括《海贼王》《名侦探柯南》《百变小樱》《哆啦A梦》《火影忍者》等。近年来日本动漫产值仍然保持强劲的增长势头。据日本动画协会报告，2018 年日本动漫海外市场总产值为10 092亿日元，占总产值的 46.26%，海外市场出口份额约占总数的一半。② 动漫作为一种纯粹的娱乐产品本就是日本现代本土的流行文化，作为国际传播的主要文化产品也自有其优势所在。仅在中国这个人口大国，就有大量的动漫爱好者对日本动漫文化情有独钟。

作为中国的邻国，日本社会文明在历史上深受中国传统文化的影响，现代日本

---

① 袁珂. 山海经校注（最终修订版）[M]. 北京：北京联合出版公司，2014：5.
② 日本動画協会. アニメ産業レポート [R]. 東京：日本動画協会，2019.

流行的动漫文化也依然如此。在日本动漫文化中，中国传统文化的符号与元素时常可见，包括中国文化的精神思想、民间艺术形式及宗教等，可用以丰富动漫人物形象、提高动漫的内涵、创新动漫的情节故事。① 除了《火影忍者》外，日本热血动漫《七龙珠》里也有《西游记》中孙悟空的形象，动漫电影《白蛇传》也取材于中国民间传说"白蛇传"，藤崎龙的《封神演义》直接改编自中国的同名小说，《中华小当家》在融合中国传统美食的同时还展现了中国功夫文化。

从古至今，中国与日本在文化方面有较强的文化接近性。日本动漫在创作过程中为了丰富动漫内涵、增强画作美感、丰富动漫情节，不自觉地借鉴和引用中国的文化已是常态，如思想、传说、占卜、历史以及民间艺术等。中国文化不仅为日本动漫创作者提供了灵感与素材，也帮助动漫的跨文化传播增强了文化适应性，让中国观众在熟悉的文化语境中更容易理解日本动漫，反过来又增强了日本动漫在中国的影响力。

与此同时，日本动漫在汲取中国文化的同时也在不断提高自身的作画水平，以日本文化的理解将中国文化描摹为自己的版本。除此之外，它又对西方文化进行借鉴，真正做到了文化的"兼容并蓄"。就《火影忍者》而言，作品中的说唱角色——奇拉比（八尾寄宿者）的台词以说唱方式展开，在动漫中有开演唱会的场景；剧情还增加了"丧尸"元素，丰富了动漫情节，又为其打入西方市场增强了文化竞争力。

虽然日本动漫创作者借鉴各个国家的文化元素填充自己的动漫作品，但就其本质而言，创作者对异质文化的运用始终发挥的是"点缀"作用。这些创作者对作品的内在基底——日本文化有着极高的民族自信与认同。《火影忍者》这部动漫作品塑造的不仅是忍者的战斗，更重要的是创造了一个忍者世界，战斗实力之外的忍者生存更是其描述的主要内容。在构造这个忍者世界时创作者则更多地保留日本本土文化元素，包括主要的房屋建筑样式和饮食文化中的拉面、寿司、便当、烧酒等，说明忍者世界本质还是建立在日本文化基础上的。

近年来，中国也出现了一系列口碑与质量均佳的国产动漫作品，但与日本动漫相比，中国动漫在文化的运用与故事融合方面仍然存在不可否认的差距。整体来看，中国动漫还停留在对传统文化进行再创作，缺少原创的动漫剧本，也缺少对外国文化的吸收接纳。因此，中国动漫应当学习日本等动漫大国的优秀动漫作品，创作优

---

① 赵婷. 中国传统文化在日本动漫中的传播与接受［J］. 中国广播电视学刊, 2020（8）：74－77.

秀的动漫原创剧本，利用好传统文化的象征符号，提高动漫的跨文化接纳性，将其作为载体向世界传播弘扬中华优秀传统文化。

第四节 《寄生虫》：资本主义文化符号的现实表征

一、案例介绍

《寄生虫》（*Parasite*）是由韩国导演奉俊昊执导，宋康昊、曹如晶、崔宇植等人主演的剧情片。影片于 2019 年 5 月在韩国首映，随后在全球 50 多个国家或地区陆续上映。

影片讲述了韩国首尔市富豪家庭与社会底层家庭在雇佣关系下发生的悲剧故事。主人公金基泽一家人原本居住在地下室，靠给比萨店折叠外卖盒为生。金家大儿子金基宇高中毕业即辍学，偶然间受同学所托进入富豪朴家给千金小姐辅导英语。朴太太为人单纯，他随即借着机会将妹妹也引荐去给朴家儿子当绘画老师。如此一来，他们一家四口依次挤掉了朴家原来的帮佣，全家如寄生虫一般依赖着朴家所给予的高薪工作。随后原本的女管家突然出现，她将自己的丈夫养在朴家的地下室已有四年，意外撞破金家的秘密后两方爆发冲突，金母忠淑无意间致使女管家身亡，金基宇意图杀死两人却被女管家的丈夫反伤。女管家的丈夫随后在朴家为儿子举行的生日宴会上大肆追杀金家人，在混乱的场景中金母反杀了女管家的丈夫，而金基泽又杀了嫌弃他有贫穷味道的朴社长，躲回地下室。结局中，金家的女儿金基婷死亡，儿子金基宇与母亲被假释。金基宇发现父亲利用摩斯密码传递的信息后，立志要赚钱买下这所房子，让父亲光明正大地走出地下室。

这部极具艺术张力与现实批判性的影片上映后不仅获得了各国观众的广泛喜爱，也赢得了世界范围内多项电影奖评委的认可，取得相当优秀的票房与口碑。影片在观众和影评人方面均获得高度评价：烂番茄网上的"蕃茄新鲜度"为99%，平均得分9.4，观众给出的平均分为90%；互联网电影数据库（IMDb）上的评分为8.5；元评论网上的推荐指数为96%，观众平均分为8.7。在各大国际电影节竞赛单元，《寄生虫》获得第72届戛纳电影节金棕榈奖最佳影片奖，成为第一部获得此奖的韩国电影；获得第77届美国金球奖中的最佳外语片，是韩国首部获得金球奖的电影；

横扫第 92 届奥斯卡金像奖中的四项大奖，包括最佳影片奖、最佳国际影片奖、最佳导演奖及最佳原创剧本奖，成为第一部同时获得如此多奥斯卡奖项的非英语电影及亚洲电影；还获得第 73 届英国电影学院奖最佳外语片和最佳原创剧本。这部韩国影片之所以能被如此多国家的专业影人与普通观众所喜爱，归根结底是它对现实无情的批判和对人性阴暗面的曝光引发了大多数群体的共鸣。

二、理论聚焦：现实主义美学

现实主义是文艺领域的一种审美视角，与浪漫主义、自然主义与象征主义等美学范畴相区别。现实主义作品的在创作理念上紧跟现实社会，把握社会面貌，用艺术手法再现现实的矛盾与问题。总体来说，现实主义的本质在于批判现实，所以一般也称"批判现实主义"，现实主义文艺作品是揭露社会问题的"照妖镜"，往往能起到警醒与教化的作用。① 在实际的创作过程中，现实主义主张将"真实"与"艺术"融于一体，作品在反映现实生活的基础上更高于现实生活，体现"高于生活"与"艺术真实"的理念。

现实主义也是电影美学的重要传统。中外电影的实践表明，以现实主义为核心创作的优秀电影作品的留存价值与审美价值往往最为久远、显著。② 著名电影评论家安德烈·巴赞指出，电影诞生的契机与人们对再现现实的幻想相耦合，观众渴望的是再现现实世界的声音、光线、气味等景观。③ 与文学作品一样，现实主义美学的电影并不意味着完完全全反馈现实，而是在艺术与现实的矛盾中获得某种存在，即"电影是现实的渐近线"④。

韩国电影素有现实主义的美学传统，现实主义是韩国电影民族美学的根基。⑤ 早期韩国电影主要模仿日本电影，后来逐渐形成了"文艺现实主义""新派现实主义""乡土现实主义"等流派，直到 21 世纪出现新的美学体系"奇幻现实主义"，实现了从最初的"美学缺失"到"现实美学"的转变。⑥ 这些发展脉络得益于韩国

---

① 沈义贞."现实主义电影美学"再认识 [J]. 福建论坛（人文社会科学版），2006（3）：10 – 15.
② 于忠民. 现实主义电影美学的现代性建构：读沈义贞《现实主义电影美学研究》[J]. 艺术百家，2015（2）：2.
③ 巴赞. 电影是什么 [M]. 崔君衍，译. 南京：江苏教育出版社，2005：4.
④ 巴赞. 电影是什么 [M]. 崔君衍，译. 南京：江苏教育出版社，2005：353.
⑤ 李孝仁. 追寻快乐：战后韩国电影与社会文化 [M]. 张敏，译. 上海：上海人民出版社，2008.
⑥ 林大根. 韩国电影美学的历史与现状 [J]. 电影艺术，2020（6）：7.

电影界对现实社会的关照与思考的传统。韩国电影诞生于殖民与战争时期，又经历民主化与工业化的改革，见证了韩国社会的兴衰与动荡，对现实问题保持敏锐的洞察力，这些历史现实与关照成为电影叙事的宝贵经验和材料。

《寄生虫》正是韩国电影的现实主义美学发展至巅峰状态的作品之一。影片用极具荒诞性与艺术性的手法将韩国当代阶层固化、阶级对立等隐形的社会矛盾暴露在阳光下：金基泽在儿女、妻子都被女管家的丈夫所伤时，最受刺痛的依然是朴社长捏住鼻子的反应，他向朴社长挥去的那一刀是对金钱至上的社会和压榨生命的资本主义的最后反抗。

三、案例分析

影片《寄生虫》一共涉及三个家庭：下层阶级的金家、女管家及其丈夫，上层阶级的朴家。金家的金父（金基泽）、金母（忠淑）与儿女（儿子金基宇、女儿金基婷）一家四口蜗居于地下室，窗户与外面地面一样高，阳光无法进入室内，且家里无钱交网费只能四处蹭网。由于家庭贫困，大儿子金基宇屡次高考铩羽而归，没有正经工作；小女儿金基婷有较好的艺术天分，但是家中也没有经济能力支持她攻读艺术学校。一家四口只能依靠折叠比萨盒为生。比他们境遇更糟糕的是女管家及丈夫，四年以来她的丈夫一直住在高级别墅区无人知晓的地下室中躲避高利贷。两个家庭都不得不如寄生虫一般趴在富有的朴家苟活于世。朴家居住在敞亮的别墅内，朴社长日常与底层工作人员保持界限，朴太太生活无忧天真单纯，日常有家教老师操心孩子的教育，出门有司机陪同，家中有保姆伺候。三个家庭形成了天差地别的对照。

金家和朴家之所以产生联系，是因为朴社长女儿（朴多惠）原来的补课老师民赫出国交换留学，金基宇在民赫的介绍下通过学历造假接任朴多惠的英语家教老师。在获得不菲的家教收入后他便开启将全家介绍进入朴家工作的计划。影片镜头对准这两个差距离悬殊的家庭，从琐碎的日常生活片段中对比韩国现代上流社会与底层社会阶级的生存差距，通过表现差异撕开韩国社会阶层贫富差距悬殊与阶层固化的隐身衣。电影名称直白地将女管家夫妇与金家明喻为"寄生虫"，前者是寄生于这栋高级别墅的"原住民"——女管家菊雯光与丈夫吴勤世，后者则是取而代之依附于朴家的入侵者。但导演设置了他们共通的破落背景——因为开蛋糕店而破产，由此，可见成为"寄生虫"是他们被逼无奈的选择。

以下通过对影片中的阳光、食物、位置与气味这四个元素展开分析，详细阐述导演奉俊昊如何通过巧妙的拍摄手法表现上层与下层的阶级差异，在撕开韩国社会现实的丑恶之余也兼顾电影叙述的艺术感与美感。这正是影片能获得跨文化传播成功的要义。

1. 阳光

影片第一个镜头便是金家一家四口蜗居的地下室，地下室只能透过小窗户看到外面的阳光，屋内光线十分昏暗，白天也不得不开灯才能工作。屋内呈现的青灰色调奠定压抑的气氛。而与金家一样"寄生"的女管家菊雯光一家所居住的别墅地下室条件更差，四面没有窗户，都是墙壁，毫无阳光的室内闪着微弱的灯光，丈夫吴勤世偶尔趁朴家人睡着后如蟑螂一般从地下室爬出来寻找食物，还将朴家年幼的小儿子吓到昏厥。讽刺的是，在影片结尾，刺杀朴社长后金父也躲进了这个地下室，成为第二个"吴勤世"。他在给儿子的信中说"住在这里，一切都是模糊的"，光线微弱到模糊了视线。

对比金家和女管家菊雯光这些社会底层，朴家的别墅建在采光很好的半坡上，庭院里有草坪和绿植，客厅是巨大的落地窗，阳光穿透玻璃跳跃到客厅的地板上，坐在家里便可以享受日光浴，一切看起来都是那样温暖与美好。金基宇在第一次踏入朴家时，看到房屋前面的草坪与天空中的蓝天白云也忍不住驻足观望。成功举家"入侵"这座大别墅后，趁着朴社长一家为儿子庆生而出门露营时，金基宇便躺在别墅的草坪上晒着阳光看书。父母问他怎么不怕晒，他回答："我躺在家里看天空，很享受。"吴勤世也幻想着和妻子在阳光下共舞，而现实是——他们生活在黑暗的底层，连一点免费的阳光都难以享受，只有贫穷让他们过着不见天日的人生。

在现代化的城市森林里，财富决定居住环境，连阳光也成为有钱人的专属，他们可以在家里闻到阳光的味道，感受阳光的温暖。而底层民众只为了一点生存空间便争得头破血流。影片中上流家庭可以在高级别墅里沐浴日光，而底层民众只能被他们踩在脚下，身处幽暗之中，利用微弱的灯光生活与工作。阳光的有无、明暗也对应着社会不同阶层的差距，象征着不同的人生截面——一面是阴暗与绝望，而另一面是光明与希望。

2. 食物

电影中吃饭的场景和食物的镜头也多次出现。作为人类生存的刚需，食物的多少与品类的优劣也象征着家庭生活水平的差距。影片开头，金父小心翼翼地拿出一个已经干瘪的面包片，它被放在袋中所剩无几且并不新鲜，这个家庭的贫穷与艰辛已然无需言语表达。当他们拿到折叠比萨盒换来的微薄薪水后，啤酒也成为庆祝的奢侈品，在金基宇的朋友民赫来拜访时金母还不满地抱怨："也不带点吃的。"而这种缺衣短食的情况在金基宇与金基婷在朴家获得工作后便发生了变化：金基宇请家人在司机食堂吃自助餐已颇为豪华；当一家人全部在金家工作后，朴家的洋酒、零食与水果也成为他们的食物。

这些食物的变化反映了金家人在寄居朴家之后生活水平的改善。但与此同时，食物仍然体现出巨大的社会阶层差异。无论是面包、啤酒还是自助餐，都远不及朴家冰箱里的进口零食和陈列屋内的高级红酒。当朴太太要求金母做乌冬面时，她甚至不知道这是什么。此外，朴家养的三只狗各自吃着高档的进口狗粮，金基婷趁主人不在家时尝了一下狗粮，竟觉得十分美味。

作为每个家庭的必需品，食物最能体现不同家庭的贫富差距。食物的新鲜程度、价格高低都是家境贫富的标志。金家人"寄生"之后虽然获得了更优质的食物，但这些食物实则依然不如富人的狗粮。这样的剧情安排无疑凸显了贫富差距的悬殊与阶层的鸿沟。

3. 位置

《寄生虫》通过地理空间位置的"上"与"下"来暗喻人类的阶级地位与人生走向的"上"与"下"。影片中朴家居住的地点在半坡上，建筑位置较高，日光充足、绿化面积大。即便是下雨天也不会因暴雨的侵袭而存在安全问题，反而可以在落地窗前享受雨景。与之形成鲜明对比的是住在朴家地下室四年依然毫无存在感的管家夫妇和住在半地下室的金家，金家窗口与街面高度平齐，喷洒地面的消毒水可以直接冲进屋内，唯一的窗户靠近流浪汉撒尿的电线杆。居住位置"高"与"低"的安排直接对应着富人与穷人地位的高低。

影片还通过金家家庭成员走向朴家的上坡路与离开时的下坡路来隐喻人的身份转变。金基宇面试成功后走向了通往朴家的上坡路，寓意底层人士流动到上层的可能。朴家原本的女管家在被金家使用诡计赶走后，只能拉着行李箱一路向下离开朴家，预示着阶层逾越的失败。趁朴社长一家短期出门露营，金家便鸠占鹊巢般在朴家开派对，一家人其乐融融地幻想着金基宇能够迎娶朴多惠，光明正大地入住进这座别墅，金父甚至激动地喊道："现在这就是我家。"当他们有机会瞥见上层社会的美好生活后，便忍不住将自己代入其中，看到了跨越阶层的曙光。但是一场暴雨轻而易举地便浇醒了金家人的阶层飞跃之梦，将他们拉回残忍的现实当中。

在暴雨中朴家突然折返，除工作的金母外，其余三人惊慌失措地在雨中奔袭回家，宛若山洪中的蚂蚁被无情地冲下山坡。即便白天可以在富人家感受生活的奢华，他们在正主回归之后便只得落荒而逃。回到被雨水淹没的地下室家中，金家人看着浸泡在水中的家具纷纷崩溃，金基婷坐在最高处喷涌着粪便的马桶上抽烟，随后与其他受灾的人一同住进体育馆避难。而与此同时，朴家正准备开快闪派对继续庆祝儿子的生日。这场暴雨成为压垮金家的最后一根稻草，金家人从云端坠入深渊，清醒地感知到阶层分化的鸿沟不可逾越，资本主义才是他们不幸的根源，仇富的"寄生虫"终于向"宿主"发起了绝望的反击。

影片中镜头多次刻画静态物体，如房屋的上下位置关系，也通过运镜表现动态物体上下流动的形态，这正是对韩国社会上层与下层固化关系的表现。

4. 气味

气味是《寄生虫》中表现在明处的元素，也是金父将刀刺向朴社长的导火索。影片一共有四次提到气味这一元素。首次察觉气味的是朴家小儿子，他发现了司机金基泽、保姆忠淑与自己的老师金基婷有共同的气味。这一点让担心全家身份暴露的金基泽十分紧张，他怀疑是使用相同的洗衣粉导致。而金基婷则一语道破："只有离开地下室才能摆脱这种气味。"在这个意义上，这种气味正是"贫穷"的味道。第二次提到气味时，突然归家的朴社长与朴太太躺在沙发上，来不及离开的金基泽、金基宇、金基婷正躲在沙发旁的桌子底下。朴社长说在车里有股味道，是司机金基泽散发出来的，这种味道就是自己偶尔坐地铁时闻到的。挤地铁是普通民众的出行方式，朴社长对这种地铁上散发的味道深感厌恶。第三次是金基泽开车载朴太太回家时，朴太太因为这股味道捂住鼻子，打开了窗户，尴尬的金基泽不由闻了闻衣服。第四次便是影片高潮处，当金基泽正心痛于女儿要命的伤势时，朴社长闻到吴勤世身上同样源自贫穷的味道，捂着鼻子去捡车钥匙，这一行为的直接刺激让金基泽化悲痛为愤怒，拿刀刺向他。

除了人物对话提到气味以外，导演在拍摄金家地下室场景时也会着意以画面表现观众闻不到的气味，如晾晒在屋内的内裤、呛人的消毒喷雾、四处撒尿的醉汉、下雨时溢出马桶的粪便等，所有这些气味一同在这狭小而潮湿的地下室内外发散，不由让人联想到"酸臭""腐臭""霉味"等表达"穷酸"的味道。这些气味因底层阶级无法摆脱的贫穷而产生，上层阶级朴氏夫妇捂鼻的动作正透露着其无法遮掩的鄙夷与嫌弃。电影通过气味隐喻"穷"与"富"的鸿沟，表达阶级之间的矛盾与冲突。

四、案例启示

作为 20 世纪最受瞩目的文化媒介，电影这一艺术形式迅速在全球范围内成为跨文化传播的最有力载体。但长期以来，全球电影产业的话语权始终牢牢掌握在西方世界手中，东方电影人也不得不以美国的奥斯卡金像奖为最高荣誉。欧美电影界一直主导电影的审美结构、审美趋向和审美话语，使得非西方国家电影难以突破桎梏，不少导演拍摄的影片为了迎合西方的价值观与审美意识而脱离本土文化。但韩国电影《寄生虫》则以冷峻的现实主义打破了这根深蒂固的束缚，影片牢牢抓住资本主义社会的阶级冲突与贫富差距问题，既凸显了韩国电影艺术的民族性，又呼应了全球普遍关注的现实社会议题。导演用荒诞与悲剧的结合将冷峻的现实以戏剧化的效果展现出来，勾勒出韩国上层与下层社会的割裂，映射出资本主义阶层固化对底层民众的伤害。在讲述这个全球议题的同时，导演奉俊昊还融入了韩国本土的历史文化背景，例如：金家以及朴家的地下室都是冷战时居民建造的避难所；结尾部分，金父仿照吴勤世用摩斯密码传递消息，利用灯光传递家书给儿子，两人的这种举动源于韩国童军文化。

影片结局，金基泽并未去攻击伤害妻子和儿女的吴勤世，反而径直转身刺杀他的"宿主"朴社长。这一举动展现了他对自己贫穷与痛苦根源的清晰认知，金家的悲剧并非吴勤世一人造成，归根到底是阶层固化、资本累积的社会制度断绝了他们改变命运的机会，朴社长则成为他所能接触到的上层阶级的象征。而在这次刺杀之前，金基泽是懦弱但温柔的人，他不敢与在窗户口撒尿的流浪汉对峙，也会在尹司机（被自己所顶替的司机）被辞后考虑他是否还能找到工作，即便是刺杀朴社长之后，他躲进地下室也不忘将女管家菊雯光安葬。可社会的残酷终将这样懦弱而善良的人逼上绝境，他唯一的一次反抗便让自己一辈子再也见不到光，而儿子金基宇则因此完全放弃了高考，立下了赚钱的人生目标。

《寄生虫》与韩国其他现实主义作品《熔炉》《杀人回忆》《辩护人》等一样，取材于韩国社会的真实故事与现实场景。导演通过电影将韩国故事艺术化地呈现给世界观众。不同民族文化虽然有所不同，但关乎人性与生存的基本问题都是相似的，生存、死亡、平等、自由等议题永不过时。《寄生虫》正是在这些永恒的母题下进行拍摄，最终赢得了东西方观众的跨文化接纳。

┌─────────────┐
│ **本章讨论** │
└─────────────┘

1. 影片《疯狂动物城》中运用了大量隐喻，隐喻是否为跨文化传播的障碍？请阐明理由。

2.《功夫熊猫》系列影片一直存在诸多争议，有人认为好莱坞选择中国国宝熊猫和中国武术元素作为影片核心是对中国文化的侵略，你怎么看？

3. 除《火影忍者》外，请推荐一部同样具备文化接近性视角的影视作品并说明理由。

4. 除现实主义美学引发共情外，《寄生虫》还有哪些跨文化传播的优势？

第七章

文化认同与跨文化传播

文化符号与跨文化接纳为各文化群体对自身文化的认同提供了良好的保障，而跨文化传播也离不开对于自身文化认同所产生的文化自觉与文化自信。除文化群体内部成员的文化认同外，跨文化传播过程也可能使得异质文化的群体成员越过文化差异与跨文化冲突，形成对其他文化一定程度的认可，如此文化间的彼此尊重、和平共处才会有坚实的支撑。本章以日本电影《小偷家族》《千与千寻》以及美国系列电影《哈利·波特》为案例，分析这些影片中所蕴含的各国家、民族对自身文化认同的叙述以及跨文化传播的过程。

第一节　《小偷家族》："沉默情感"的影视符号表达

一、案例介绍

《小偷家族》（*Shoplifters*）是日本导演是枝裕和执导，中川雅也、安藤樱、树木希林、松冈茉优等主演的家庭情节片，2018 年 6 月在日本上映，后在中国、美国、法国等多国公映。

影片讲述了一个无血缘关系的底层"超家族"为生活而挣扎，互相取暖、彼此关爱的故事。在高楼林立的东京，柴田信代与丈夫柴田治、儿子祥太、独居老人柴田初枝及其前夫的孙女柴田亚纪等人共同蜗居在寒酸的老式民宅里，一家人靠奶奶初枝的养老金度日。为补贴家用，男主人公柴田治常常带着儿子祥太去超市偷东西。一次二人偷东西回家的途中，意外捡回因家暴挨饿受冻的小女孩百合。虽然百合的到来给这个家庭增添了温馨的气息，但她的"失踪"惊动警察后也使得柴田家陷入了麻烦。此后，奶奶初枝离世、儿子祥太因偷窃被抓等接连不断的状况使得柴田家的家庭维系愈发艰难。最终百合被警方发现，这导致其他人面临牢狱之灾，原本勉强支撑的小偷家族就此破碎。

在日本，该片获得第 31 届日刊体育电影大奖最佳作品、第 42 届日本电影学院奖最佳影片、第 28 届东京体育电影大奖最佳影片；国际上，该片获得第 71 届法国戛纳国际电影节最佳影片金棕榈奖、第 91 届奥斯卡金像奖最佳外语片提名、第 76 届美国电影电视金球奖最佳外语片提名、第 13 届亚洲电影大奖最佳影片奖，等等。

二、理论聚焦：文化趋同理论

趋同理论早期是指社会制度趋同论，属于现代西方社会的一种社会理论。1949年美籍俄裔社会学家皮特林·索罗金（Pitirim Sorokin）在《俄国与美国》一书中率先将"趋同"概念引入社会学研究，用这一概念比较当时美国资本主义和苏联社会主义两种社会制度。到20世纪60年代，随着经济全球化，趋同论的观点进一步系统化，主要代表人物有首届（1969年）诺贝尔经济学奖得主、荷兰经济学家简·丁伯根（Jan Tinbergen）和美国新制度学派著名经济学家约翰·加尔布雷思（John Galbraith）等。①

该理论认为科技革命决定社会发展，科学技术会飞速发展从而带动经济前进，世界上的各类经济危机或区域发展不平衡将不再成为问题。更进一步地，趋同理论认为随着社会的普遍工业化，工业化的内在逻辑不断与经济、技术形成融合趋势，使得企业形成配套的组织结构，企业组织的发展与环境的形成基于工业化发展的关系，例如客户、竞争者和管理者等。② 随着工业化越来越普遍，工业逻辑突破企业组织的束缚走向大众，个人便接受了工业化社会的价值观、道德与行为。在社会工业化背景下，民族文化对不同文化的融合过程干预较小，企业结构的文化价值独立于传统民族文化的影响与干预。③ 不过，趋同理论本身过于绝对，有学者因此提出交叉趋同理论，主张在原始社会文化与现代商业意识互相影响中形成新的独特的价值体系。④

在趋同理论提出以后，巴尼特（Barnett）和金凯（Kincaid）两位学者通过构建交际趋同模式提出文化趋同理论（culture convergence）。⑤ 在他们的研究著作中，文化趋同理论主要是指在封闭的系统里、无限制的交往时间里，所有参与者的思想会

---

① 汤春蕾. 数据产业［M］. 上海：复旦大学出版社，2013：192.

② WEBBER R H. Convergence or divergence［J］. Columbia journal of world business, 1969, 4（3）：75 – 83.

③ HICKSON D J, HININGS C R, MCMILLAN C J, et al. Comparative and multinational management［M］. New York：John Wiley & Sons, Inc, 1974.

④ RALSTON D A, HOLT D H, TERPSTRA R H, et al. The impact of national culture and economic ideology on managerial work values：a study of the United States, Russia, Japan, and China［J］. Journal of international business studies, 2008, 39（1）：8 – 26；RALSTON D A. The crossvergence perspective：reflections and projections［J］. Journal of international business studies, 2008, 39（1）：27 – 40.

⑤ BELLA M, MODY W B G B. Handbook of international and intercultural communication［M］. London：Sage, 2002.

逐渐趋同，从而逐渐形成一种集体思维模式。文化趋同的研究表明：不同文化在不断接触的过程中表现出新的变化和适应趋势。影响文化趋同的两个主要变量是不同文化彼此互动的时间与次数，接触时间越长、接触次数越多，文化之间的相似性就越多、互相间的交流效率就越快。例如，一种文化如果只是在一个社会中偶尔出现，那么人们对这种文化的接纳与受其影响的程度就会较小。相反，文化与文化的互动水平越高，文化的趋同过程就越快、越彻底，人们在个人道德取向、价值观念、艺术审美等方面也会更加相似。

为了预测不同民族文化的人们在交际过程中发生的认知方面的趋同状态，有学者提出建立相对应的数学模型对趋同效应进行测量，而这一模型也适用于群体与群体之间的文化交融现象。金凯等研究者测试了文化趋同理论对夏威夷韩国移民的影响，数据符合巴尼特和金凯提出的数学模型。① 文化趋同理论已被应用于交流和发展以及交流网络的研究。②

其后，学者洛斯顿（Ralston）进一步提出了交叉融合的三种类型：①顺应性交叉融合（conforming crossvergence），即不同群体（如社会、地区、代际）的个人层面的价值差异会随着时间的推移而减少；②静态交叉融合（static crossvergence），即不同群体的价值差异会保持不变；③偏差性交叉融合（deviating crossvergence），即不同群体的价值差异会随着时间的推移而增加。随着经济全球化的浪潮与逆全球化趋势的出现，文化的差异性在趋同交叉融合之余也存在一定的偏差性质。在文化趋同过程中，影视文娱作品与全球化的进程密不可分，成为文化间互动的重要媒介和载体。③ 以影视为媒介的文化传播在视觉方面占据优势，加速了文化趋同的速度与深度，《小偷家族》中的"超家族"理念以个人、群体之间的"沉默情感"打通了不同文化的壁垒，这种在情感上的趋同也指向着文化层面的趋同。

三、案例分析

中国文化以含蓄、内敛为主。历史上，日本曾深受中国文化的影响，因此在同样的高语境文化背景下，对于亲情的表达也是含蓄委婉的。《小偷家族》并没有将

---

① BARNETI G A. The cultural convergence of Korean immigrants in Hawaii: an empirical test of a mathematical theory [J]. Quality and quantity, 1983, 18 (1): 59 – 78.

② BELLA M, MODY W B G B. Handbook of international and intercultural communication [M]. London: Sage, 2002.

③ 鱼为全. 影视传播中的文化趋同 [J]. 新闻爱好者, 2010 (17): 119 – 120.

"爱"作为台词直接讲明，却处处透露着这个非血缘关系构建的家庭之间对爱的理解与表达，"小偷家族"的日常生活时刻体现着日本的文化价值观。以下便从影片中所展现的日本社会、家庭与人物等进行分析，厘清"沉默情感"表达的缘由。

1. 典型的集体主义社会

日本与中国一样是强调集体主义的国家。在日本，集体主义的一大特征是社会中存在着严格区分群体内和群体外的框架体制。人们期望群体内的人——如亲属、部族或者组织——来照顾他们，作为回报人们会对该群体表现出高度的忠诚，从而出现文化层面的趋同。在集体主义文化之中，"家"的概念显得尤为重要。人们一方面保持着对它的忠诚，一方面期盼着得到来自家的关爱和照顾。影片中没有血缘关系的六个人就是因对"家庭"和"爱"的向往而聚集在一起的。虽然小辈们并不是亲生儿女，但柴田夫妇都期待着，有一天孩子们愿意称呼他们为"爸爸"和"妈妈"。这也体现了日本集体主义文化下国民对于家庭的执念和向往。

同时，日本属于不确定性规避程度较高的国家之一。高度不确定性规避的社会文化倾向于提供一个制度完善、状态稳定的社会，偏向于信仰绝对真理、规避模糊性与不确定性。高度不确定性规避文化下的生活偏向于规律性、条理性、计划性、管制性。影片中的"小偷家族"，尽管以偷窃行为维持生计，但家庭成员的日常依然遵循着日本普通家庭的规律和节奏。当然，不确定性规避也常常伴随着"刻板印象"这一负面影响。如警察对于柴田夫妇的怀疑、对小偷家族成员之间情感真实性的不信任，都表现出他们被"世俗"所局限，认为会偷窃、会过失杀人的犯罪者都是没有真情实感的人。因此，小偷家族成员之间的爱很难被社会主流所认可，"超家族"仍然是一种前卫的观念，而非现实。

2. 无声的台词与含蓄的情感表达

影片中共出现两次无声的台词。第一次是奶奶柴田初枝坐在沙滩上看一家五口在海边玩耍，在无人留意时悄悄说出一句"谢谢"，以此表达她心中对五位"家庭"成员由衷的感谢与依恋。奶奶与柴田一家是双向选择的关系，他们之间并无血脉传承，却能给予彼此家人般的陪伴与温暖，奶奶不用像隔壁的老人一样被送进养老院，也不会一个人孤独寂寞地逝去。第二次无声的台词出现在影片的末尾，爸爸柴田治将知晓身世信息的儿子祥太送上回福利院的公交车。车已经开走，柴田治奋力追着公交车跑却很快被落下。祥太起初并没有回头，但在车已驶离一段距离后，他摘下帽子转过身，把头靠在车窗玻璃上，无声地叫了一句"爸爸"。这两次无声的台词，将人物内心最真实的情感表露出来，一句由奶奶柴田初枝所讲，一句为儿子祥太所讲，台词在一老一少的语言之间，显示出家人对亲情的眷恋。

至于含蓄的情感表达，可以影片中爸爸柴田治与女儿亚纪的对白为例。柴田治问女儿他们这一家人是靠什么联系在一起的，亚纪回答："钱，一般人都是这样。"然而柴田治笑了笑说："我们可不是一般人啊！"他并没有用直白的言语告诉亚纪，这个家庭的联结是因为爱，而不是钱。类似的片段在影片各情节中不断重复上演。作为以偷窃为生的家族，柴田治无法表明钱不重要，家中每个人都为了碎银几两而不断奔波，这个家族的支点显然不同于寻常家庭。但此处扮演着父亲角色的柴田治即便不认同女儿的观点，也无法进行有力的反驳，他并不擅长直抒胸臆表达情感，而是将爱意藏在日常生活的点滴之中。这种含蓄的暗示也成为影片"沉默情感"的外显方式之一。

此外，这种含蓄的爱意最直接地表现在一家人对百合的照顾上。虽然柴田一家接纳了这个可爱的小女孩，言语上嫌弃她麻烦并多次表达要将她送回其父母家，但行为上却一直在照顾她的衣食住行，为她上药疗伤，给她吃可丽饼、买泳衣，对她极尽宠爱。即便是起初对百合不太耐烦的祥太，在家庭的影响下也逐渐开始照顾百合，他虽然不是百合的亲哥哥，却像亲哥哥一样关爱她，带她玩耍、送她礼物。正是因为柴田一家给予百合在原生家庭难以感受到的亲情，小女孩宁可在柴田家过贫穷艰难的生活，也不愿意回到亲生父母身边。这样沉默却有力的选择足以证明家庭之间的爱意并非金钱所能衡量。

影片中最令人印象深刻的画面莫过于全家被捕后，警察审讯柴田信代时的长镜头。在漫长的盘问过程中信代一直表现得非常平静，但当女警察问："他们两个孩子，平时叫你什么呢？"信代的眼泪立刻从眼角淌了出来。在长达一分钟的镜头里，信代寂静沉默，不断以手拭泪，努力使自己平静。影片通过无声的泪水这一非语言符号，让人感受到信代对于成为母亲的渴望、对于两个孩子的爱意以及努力保护家庭的决心与毅力。

四、案例启示

1. 情感层面：结合在地语境文化，柔化情感表达方式

日本同中国都是典型的高语境文化国家，在东亚文化圈内有着很多方面的文化趋同性。在《小偷家族》中，日本底层人民的生活境况和柴田一家所展现出的日式家庭文化，都给观众留下了深刻的印象。这种感同身受的趋同性让并不身处日本、不熟悉

日本文化的人也能有所感悟。究其根本在于，影片所表达的情感深入人心，个体对于家庭的理解超越社会体制与家庭结构差异而存在，不同文化群体间也可互通共鸣。这也给中国的家庭情节剧以参考：影视叙事表达情感的方式不仅可以轰轰烈烈，也可以静默无声。影视创作者应充分考量影片传播地的语境文化，如影视剧作品在中国各地区上映、播放时是否能实现情感传播？在语言不通、习俗不同的背景下，沉默无言的台词与含蓄的爱或许更有直击人心的力量。影视创作者可以通过柔软的方式将情感缓缓传达至受众心中，让影视作品的情感层次更为丰富、更值得回味。

2. 故事层面：关注社会底层，展现细腻情节

《小偷家族》以在社会底层挣扎生活的柴田一家为对象，既展现了日本底层民众的生活窘态，也表达了小人物内心如金子般闪闪发光的真善美品质。这样的故事取材极易引发庞大社会基层群体的情感共鸣，因为"沉默的大多数"仍然需要发声，而一部优秀的影片可以在跨越文化与时代后依然熠熠生辉。这也启示中国的影视作品创作在仰望星空时也要脚踏实地，中华文化博大精深，中华大地广袤无垠，影视创作者应在展望未来之余关注脚下的路，回归民族文化，在本土之中取材，从小人物身上发现平凡的伟大，在日常生活之中寻找美学与哲学，尽力引发情感传播，激发观众共鸣，如此才能更好地实现文化认同与跨文化传播。现有的宏大叙事影视作品如《战狼》已然走向国际，但家庭情节剧等微观叙事的影视作品的跨文化传播效果有待提升，细腻情节的展现对影视创作提出了更高要求。

3. 文化层面：聚焦情感传播，实现文化认同

沉默的情感表达在日本影视作品中的运用已司空见惯，同为家庭情节剧的《东京物语》已在影史被奉为情感传播的经典之作。回看中国的家庭情节剧，也有不少佳作，如《太太万岁》《城南旧事》《小城之春》《饮食男女》《喜宴》《孙子从美国来》等。但当前我国家庭情节剧的影视创作多集中于电视剧领域，电影叙事对家庭主题的关注较少，情感传播力度较弱。作为天然具有情感传播优势的题材，家庭的趋同性不仅在东亚文化圈适用，在全球范围内都普遍存在一种天然的亲近性，因此家庭情节剧的跨文化传播也更容易获得文化认同。在个体层面、群体层面乃至国家层面，以家庭为单位实现情感传播的影视叙事都在创作手法、主题等方面具有一定的趋同性，包括人物形象、故事情节、影视风格等。换言之，中国家庭情节剧的创作无须局限于东亚文化圈，参考对象也无须囿于单一国家的电影，而可以放眼全球，借鉴各国影视创作优势，将"造船""借船""搭船"等方式综合运用，实现中国文化的跨文化传播与文化认同。

第二节 《千与千寻》：文化认同符号的意义建构

一、案例介绍

《千与千寻》（*Spirited Away*）是由宫崎骏执导、日本吉卜力工作室制作的动画电影。该片讲述少女千寻在神明世界拯救父母及白龙的奇异旅程。千寻一家在搬家路上误入神明领地，父母因为贪吃神明的食物变成了猪，突然出现的白龙救下了千寻并指引她获得了一份工作，但汤婆婆以夺去姓名的方式控制千寻。经白龙提醒，千寻守住了自己的姓名，以人类的身份安全留在神明世界，打算救出父母一起回家。在油屋工作的过程中，千寻帮助河神沐浴获得了苦丸子；在白龙受重伤后千寻将苦丸子喂给他，又将发疯的无脸男引出汤屋，带着白龙偷的印章和无脸男去还给汤婆婆的孪生姐妹钱婆婆，钱婆婆送给她一根发绳。另一边白龙与汤婆婆交易，要求换千寻和她的父母归家。两人在钱婆婆家相遇并一起踏上归途，千寻想起她和白龙幼时的相遇，帮助白龙想起了他的名字，最终千寻成功地救出了父母并回到现实世界。

影片最先于 2001 年在日本上映，创下 2 350 万的观影人次和 308 亿日元的票房收入，成为日本影史上票房最高的电影。日本以外的观看人数累计 900 多万，其中韩国 200 多万，法国、美国分别为 150 多万。全球累计票房约 2.7 亿美元。《千与千寻》在日本和国际上获得了 30 余项电影大奖，包括第 75 届奥斯卡最佳动画长片奖和第 52 届柏林国际电影节金熊奖等。大多数媒体也给予该片极高的评价，如美国《纽约时报》评价它为 21 世纪 25 部最佳电影第二名；英国文化杂志 *Time Out* 将其评为史上 15 大动画电影第一名；电影信息和评论网站 IndieWire 将其列为 21 世纪 41 部最佳动画电影第一名。从传播规模和所获荣誉来看，该片是宫崎骏电影全球化传播最为经典的作品之一，获得了全世界范围内的文化认同。

二、理论聚焦：文化认同与符号建构

1. 文化认同

"认同"大致可以理解为"亲近感"，与其相对立的是"分歧"或"分隔"。认

同的增强可以增加共享的意义、增进相互的理解，因此它既是传播的手段，也是传播的目的。文化认同（cultural identity）是指人们之间或个人同群体之间对共同文化的确认。使用相同的文化符号、遵循共同的文化理念、秉承共有的思维模式和行为规范，是文化认同的主要表现，它的指标不是人们的自然属性或生理特征，而是人们的社会属性和文化属性。① 斯图亚特·霍尔（Stuart Hall）认为文化认同至少有两种不同的思维范式：一种思维范式将文化认同看作一种共享的文化，一种"唯一真我"的集合体。换言之，共享同一历史和血缘的人们也共享着相同的历史经验和文化符码。这些结构稳固、经久难改的文化元素将一直为群体所共享、传承。另一种思维范式则在认可共享的基础上偏重于文化间的个体差异，正是差异导致了个体的身份认同问题。因此，电影的文化身份认同是一个在共同符码下寻找意义共享的过程，同时，符码又是流动的、变化的、重构的。文化身份认同受历史、文化和权力的制约，随异质文化间的力量转化而不断分裂并重构。②

人与人之间的认同可分为物质性认同、理想化认同和形式上的认同。其中理想化认同源于共享的态度、主张、价值观和感觉等，文化价值观、审美意识形态的传播有利于加强彼此之间的理想化认同。③ 我们在跨文化传播中所讲的文化认同也大多属于理想化认同。

2. 符号的意义建构

美国哲学家、现代符号学奠基者之一查尔斯·桑德斯·皮尔斯（Charles S. Pierce）认为，符号意义是在认知主体与外部世界的相互作用中产生的。此外，皮尔斯的符号学理论还关心产生意义的生活背景，而不仅仅停留于符号本身。④ 罗兰·巴特（Roland Barthes）则认为语言符号和其他符号都是能指和所指的统一体。符号的意义基本上是通过能指和所指之间的相互作用实现的。⑤

符号意义具有复杂性、多样性，这些特征在不同语境下的跨文化传播活动中更为显著。某个特定的能指及其所指间的联系不是必然的，而是在长期的文化历史语境中逐渐约定俗成的产物。索绪尔就指出符号具有任意性原则："我们的意思是说，

① 崔新建. 文化认同及其根源 [J]. 北京师范大学学报（社会科学版），2004（4）：102 – 104，107.
② 张江彩. 跨文化传播中的文化认同困境及其启示：以中国题材合拍电影为例 [J]. 社会科学家，2012（5）：112 – 115.
③ 朱菁. 解读宫崎骏商业动画电影：文本特征和受众解读 [D]. 南京：南京大学，2012.
④ 吴越民. 跨文化视野中符号意义的变异与多样性 [J]. 同济大学学报（社会科学版），2009，20（1）：91 – 97.
⑤ 巴特. 符号学原理 [M]. 王东亮，等译. 北京：生活·读书·新知三联书店，1999：29.

它是不可论证的，即对现实中跟能指没有任何自然联系的所指来说是任意的。"① 符号的任意性与不同群体所处的文化背景、社会阶层与身份地位等因素有密切关联，它使得符号的多义性成为可能。不同的所指意义体现了信息传播的深层内容，即价值理念、思维方式以及道德伦理等，因此符号意义要靠具体的语境来规定。②

罗兰·巴特利用横组合关系和纵聚合关系相结合的组合模式分析一切符号学事实和意指现象。横组合关系的分析单位是叙事，不同文化语境拥有不同的叙事方式。纵聚合关系是某种形式在意识层面所唤起的印象，并形成一种联想对照关系，文化符号在不同的象征结构中会因为不同的互动方式聚合为不同的象征意义。不同的逻辑意义和象征意义会指向不同的符号意义。根据上述理论内容，下文便对《千与千寻》的跨文化传播成功要素进行详细分析。

三、案例分析

1. 经典叙事结构的隐喻创新

叙事语法是叙事要素组合的技巧和方法，是故事内在的规则和程序。①而有关隐喻的理论概念在第六章第一节中已有介绍，此处不再赘述。《千与千寻》采用"迷失—寻找—回归"的叙事结构清晰地叙述了主人公的成长历程。其中，"迷失"的话题有明暗两条主线：明线为千寻在误入神明世界后被剥夺了名字，遗失了现实世界的自我，隐喻当代青年人踏入现实物质社会后的迷失；暗线为千寻父母在美食堆中的迷失，父母无法克制自己的贪婪而变成猪，隐喻了当下在富饶物质世界的欲望中迷失进而导致丧失自我控制的现代人。千寻最终保持初心寻回父母的结局则隐喻青年人通过积极寻找走出迷失、回归自我的可能。影片整体直白的叙事结构使得不同层次的受众都可以轻松理解故事内核。

此外，影片所建构的神明世界展现了日本的神话体系。千寻与父母误入神明居住的城镇，因对神的不敬重才遭遇一系列灾难，千寻在汤婆婆的汤屋里工作，服务各路客人沐浴时出现的各种各样的神明鬼怪，如河神、灰尘精灵、白龙、无脸男等不计其数，这也反映了日本文化中的"万物有灵论"，体现了日本民众"泛神"的

---

① 屠友祥. 罗兰·巴特与索绪尔：文化意指分析基本模式的形成 [J]. 西北师大学报（社会科学版），2005（4）：7–14.

② 孔梓，宁继鸣. 跨文化语境下文化符号的意义建构 [J]. 烟台大学学报（哲学社会科学版），2014，27（2）：116–120.

信仰。这一文化背景可追溯至古代日本，当时的日本人认为身边所有的东西都有灵性，甚至一些历史人物如德川家康等也被尊为神。日本的神与人一样，有着这样那样的性格弱点，因此对日本人来说，神虽然高高在上但又很亲近、触手可及。① 影片不仅利用神明世界展现日本的民俗风情，渗透日本的民族文化，还运用平行蒙太奇的手法将神明世界同千寻所在的现实世界构成平行空间，因此也令神话传说与现实社会形成联结。

2. 场景设计的符号内涵

围绕"迷失—寻找—回归"的叙事结构，《千与千寻》以不同的场景指代不同的阶段。隧道是千寻一家人迷失的开始，是现实与虚幻的过渡带，当千寻一家人步入隧道时，一片黑暗预示着他们即将步入迷失的境地；影片结束时千寻一家人走出隧道，也表示他们回归现实世界。在神明世界的油屋则如同物欲横流的现实世界，其外观设计是古代日本的城堡式风格，而城堡的外侧却竖立着冒黑烟的高大烟囱，这是西方工业文明的符号标志。油屋内忙乱的汤池，光怪陆离的"人"流，对立与冲突、统一与和谐在油屋内外表现得淋漓尽致，反映了千寻在对立中的迷失、渴望寻求在统一中的回归。②

此外，影片中多次出现列车，列车连接现实世界与神明世界，隐喻时间的载体和通向未知的旅程。隐于海水之中的神奇铁路，载着千寻找到了最后的答案，也隐喻着为现代社会冷漠的人际关系构筑的一条相互沟通的途径。③ 桥作为非常经典的过渡意象也多次出现在影片画面当中。这里的桥是现实与虚幻的交界，一端通往未知的神明世界，与中国传说中死亡必经的"奈何桥"有相似意味。白龙曾提醒千寻"过桥时不要呼吸"，说明从一个世界过渡到另一个世界存在禁忌。同承担运输功能的桥梁相比，影片中的桥有更强的象征意味。

3. 人物角色的象征性塑造

影片通过不同的人物角色体现现实社会中的善恶观，不同的角色作为能指——隐喻着现实社会中的所指：从因为贪吃变成猪的千寻父母开始，影片便毫不留情地批判人类愚蠢的欲望，哪怕变成了猪也无法停止；千寻在初识白龙时，对好心帮助的锅炉爷爷、煤球精灵，乃至汤婆婆都毫无礼貌，屡次被小玲提醒才有所改变，这

① 周俊男. 从宫崎骏动画看日本社会文化：以《千与千寻》为例［J］. 剑南文学（经典教苑），2013（2）：223 – 224.
② 谢恬. 解析《千与千寻》动画场景的符号涵义［J］. 电影文学，2012（9）：57 – 58.
③ 徐明. 宫崎骏电影《千与千寻》中的隐喻解读［J］. 电影文学，2012（22）：48 – 49.

里也反映出日本社会对家庭礼仪教育的缺失；千寻服务的第一位顾客——河神满身污垢，肚腹里全是废弃于河中的人造垃圾，所指的便是人对自然的伤害；汤婆婆屋中原本只会哭闹的巨型宝宝所指即为现实中被父母无限度溺爱的孩子，即便渴望成长也被父母毫无节制的爱困住步伐；无脸男是影片中与故事情节关联不深的角色，它一路追随千寻来到汤屋变成坏人，却又在钱婆婆那里回归本我，所指是每个缺乏爱与关怀而容易受环境影响的人。而主人公千寻是再普通不过的小女孩，她在神明世界中以"千"为名独立生存下来，并且在油屋的一系列探索中没有遗失作为"千寻"的自我，最终秉持初心回归现实世界，象征着现实世界中纯真与善良的可贵。

宫崎骏最直接的表达方式令观众能轻易理解影片中的能指与所指的关系，因为影片将事件的构成要素同角色的外形相联系，将事件发生的因果通过比喻的方式具象化呈现。在千寻父母大快朵颐时，贪吃的欲望随着他们的不停进食外化到身体形态，他们被汤婆婆变成了猪；河神一身的污浊与内里的垃圾在浴池里释放，随后变回河水清亮的形态，足见现实社会中人类污染对自然伤害至深。角色的结局皆同现实中事物的因果轨迹相连，影片借用少女千寻朴实的情感给予观众一定的正能量之余，也在敦促人类反思与大自然的关系问题。

4. 人文关怀树立文化认同

宫崎骏在《千与千寻》中展现了一以贯之的与生态共生的美学思想和人文关怀，主要体现在河神沐浴这一情节。河神在来到油屋的路上被当作腐烂神，汤屋员工纷纷拒绝他在此沐浴，阻挡不及，都纷纷避让。河神进入汤池后满身污泥恶臭熏天，千寻用了最高级的药浴和大量热水帮他淋浴，过程中又无意间摸到一块硬铁状的东西。在汤婆婆的指挥下，众多员工拔河一般才将东西从他的身体里拉出。这些引起人神共愤的污浊之物竟都是人类的废弃物，包括自行车、电视机、冰箱和废旧浴缸等。

在故事尾声，千寻帮助白龙想起了他的名字，白龙叫"赈早见琥珀主"，是琥珀川河流被人类毁掉用于建造房屋之前的河神。白龙在千寻年幼时便救了她一命，在她踏入神明世界时也数次帮助她，而千寻在白龙受伤时也义无反顾地帮助他，二者之间的互动隐喻了人与自然之间最美好的状态——自然给予人类生命，人类应当保护自然并与之共生。这也体现了宫崎骏理想中的人与自然互帮互助的和谐关系，以及想要传达给观众的人与自然应该和谐共生的生态美学思想。①

---

① 令狐菁菁. 宫崎骏动画电影在中国的传播与启示：以《千与千寻》为例［J］. 电影评介, 2021（12）：73－77.

归根结底，宫崎骏的观念也来自他所传承并信仰的日本民族文化——"物哀"美学。"知物哀"是构成日本民族价值观、世界观、人生观的基础之一，物哀精神常存于审美活动中。通俗来讲，"知"就是对世界的感怀和思考，"知物哀"是对微小事物的怜悯，对平常事物保持一颗感知的心，也可用于人与自然关系的情感表达。无论是瞬时咏叹，还是长久留存，此刻与自然、与欣赏之物建构情分就是知物哀，与景、情浑然一体，就是知物哀。① 这种与自然和谐共生的生态美学的底色是深切的人文关怀，能够增加受众的情感获得，产生情感共鸣，增进文化认同。这亦是《千与千寻》能够获得较好的跨文化认同与传播效果的一大原因。

四、案例启示

在跨文化传播过程中，文化符号的任意性与多义性使得跨文化传播效果难以预测。因为传受双方在不同文化语境下缺乏彼此联结的共通点，解码者很难按照编码者所预期的那般识别信息中的文化符号，因此经过转换的符号所指已经有所偏离。这也对应着观众与导演之间的关系，导演需要按照目标观众的语境去横组合、纵聚合，对符号编码做出适用于跨文化传播的调整，尽最大努力实现文化符号与语境中其他符号要素间的有效互动。《千与千寻》包含诸多本土观众可以理解的文化符号，这些文化符号在跨文化传播过程中并不能完全被异质文化的观众准确无误地解码，但主要的故事核心却不会被误读，因为宫崎骏在叙事主旨上所选取的往往是全人类共同面临的议题，如权力矛盾、欲望控制、物质迷失、自我实现、人与自然等。在此基础上，他通过一个简洁明了的叙事结构"迷失—寻找—回归"简化观众对作品中心思想的理解和吸收过程。

在文化符号的纵向聚合上，宫崎骏同样选取具象直白的呈现方式将现实问题融入神明世界，使得符号意义的解码更为精准直接且易于接受。此外，宫崎骏把日本传统文化与生态共生美学思想嵌入电影主题之中。这样的故事讲述方式不仅能在世界范围内传播日本传统文化，提升日本传统文化的知名度、影响力，同时也宣扬了他所坚持的生态共生美学思想，让日本文化并不局限于民族性，而是兼具能够获得各国观众认可的世界性。他的影片通过彰显对人类及自然的人文关怀使观众产生理想化认同，即使抛开故事也可对环境保护议题产生共情。

---

① 周小凤. 吉卜力动画电影的跨文化传播研究［D］. 兰州：西北师范大学，2019.

实现符号意义在其他语境中的建构，并不要求一味地追寻传统的原汁原味或与原文化语境的分毫不差，而是为了能够引起语言和文化符号与异地文化语境的良性互动。由某一文化背景所编码的符号在异质文化背景中会有多种变化的可能，所生成的意义也不一而足。解码的多样性通常是无法控制的，而影视作品的生产编码环节却是可控的。《千与千寻》给我们的启示之一便是选择共性较强的社会议题为题材，适度地融入原文化的符号特征，尽可能地传达根源性的人文关怀，最终才有可能达到理想的跨文化传播效果。当然，即便传播者的信息传递在过程裂变中未能还原本来的意图，也并不意味着传播是失败的，而是应当将其理解为为了适应新的符号框架做出的积极调整，这是在一种新语境下的新编码，是符号与语境之间的良性互动。文化因发生变异而产生不同释义的文化作品也是推动跨文化传播的重要动力。

第三节 《哈利·波特》系列电影：魔幻世界的跨媒介叙事

一、案例介绍

《哈利·波特》（*Harry Potter*）系列电影由英国作家 J. K. 罗琳的小说改编而来，共 8 部，由美国电影公司华纳兄弟发行。该系列电影主要讲述哈利·波特作为魔法师的成长故事。哈利·波特从接到霍格沃茨魔法学校的录取通知书并正式成为魔法学徒开始，在霍格沃茨便不断碰到各种神奇的魔法器物、鱼龙混杂的魔法老师以及危机重重的挑战。与宿敌伏地魔的最后对决获胜后，他终于为父母、亲友及恩师报仇，恢复了魔法世界的和平。

《哈利·波特》原著小说已经被翻译为 60 多种语言，在全球 200 多个国家和地区发行与销售，全球销售总量超过 2 亿册。[①] 该系列小说在中国出版市场的成绩也相当不错，前三部的首次印刷数量为 20 万册，第五部小说面世时，就有超过 200 万册在市面发行。2001 年，被拍成电影的《哈利·波特与魔法石》首映票房达到 3.13 亿美元，影片还拿下了多项大奖。2002 年，《哈利·波特与魔法石》在中国上映，首映当天票房达到 5 600 万元；而在 2020 年为了纪念《哈利·波特》引进中国

---

① 冉红.《哈利·波特》现象与受众文化心理研究［J］. 当代电影，2005（3）：101－104.

20 周年，修复版《哈利·波特与魔法石》上映两天的票房就超过 6 530 万元。

截至 2021 年，《哈利·波特》系列 8 部电影在全球各国、各地区的票房收入超过 77 亿美元。随着小说与电影的成功传播，《哈利·波特》衍生的漫画、游戏、系列影视产品也不断出现，"哈利·波特"俨然成为一个风靡全球的品牌，由罗琳构建的魔法世界成为英国重要的文化资产，带动了建筑原型取景地英格兰北部安尼克市文化产业及旅游业的迅猛发展。

二、理论聚焦：跨媒介叙事

叙事学是关于叙事文本的探究。现有叙事学研究可分为前后两个阶段：经典叙事学与后经典叙事学。经典叙事学研究诞生于法国，叙事学鼻祖为法国文学评论家热奈特，他在 1972 年发布的著作《叙事话语》作为经典叙事学代表作引起国际学术界的广泛关注。按照中国学者申丹等的分类："20 世纪 60 至 80 年代初的西方结构主义叙事学被称为'经典叙事学'，80 年代中后期以来在西方产生的女性主义叙事学、修辞性叙事学、认知叙事学等各种跨学科流派则被称为'后经典叙事学'。"①

进入 21 世纪，媒介覆盖社会历史的方方面面，叙事已经无法剥离媒介化语境而独立存在，根植于媒介的影视作品很快成为叙事研究的对象。美国学者西摩·查特曼（Seymour Chatman）所著《故事与话语》将影视与叙事学结合起来，成为叙事学继续向前发展的里程碑式作品。越来越多的叙事研究者将研究重点放在电影、绘画、电视、动漫等非文字类叙事文本上。在媒介不断交融的过程中，跨媒介叙事在后经典叙事研究中逐渐成为重要的文艺研究流派，也被视为后经典叙事学发展的重要动力。②

目前学界对跨媒介叙事的界定大多认可亨利·詹金斯（Henry Jenkins）提出的定义："一个跨媒体的故事横跨多种媒体平台展现出来，其中每一个新文本都对整个故事做出了独特而有价值的贡献。"③ 中国台湾学者赖玉钗指出："所谓的跨媒介叙事是通过具有互媒性的媒介串联整个叙事网络，通过不同的媒介诠释作品，打破单一文本对故事的叙事结构。"④ 凌逾总结了跨媒介叙事存在的三种较为常见的路

① 申丹，王丽亚. 西方叙事学：经典与后经典 [M]. 北京：北京大学出版社，2010：5 - 6.
② 段枫，陈星，许娅，等. 当代西方跨媒介叙事学研究述论 [J]. 解放军外国语学院学报，2020，43（1）：59 - 67.
③ 詹金斯. 融合文化：新媒体和旧媒体的冲突地带 [M]. 杜永明，译. 北京：商务印书馆，2012：157.
④ 赖玉钗. 图像叙事之跨媒介改编与美感接收端诠释之分析面向初探：理论视角之反思 [J]. 教育资料与图书馆学，2015，52（4）：451 - 504.

径：第一种是再媒介的转译，也就是媒介在另一种媒介基础上进行发展和再创造，与麦克卢汉提出的"媒介即延伸"有共同之处。新媒介诞生过程中总会有沿用旧有媒介某种形态的延续性，例如移动通信技术沿用口语、摄影沿用画像、电影沿用摄影等，今天的网络技术作为"元媒介"能够为其他媒介分享、创造叙事提供便捷的渠道。第二种则是跨媒介再生，即颠覆文本—世界—故事的传统叙事模板，在不同媒介中展开新的故事从而创造新的美学艺术。第三种则是多媒介"雪球"，指多媒介完成多个叙事作品，或整合不同的技术完成同一个故事划分的子类故事作品，是多方位、深层次的跨媒介叙事手法。①

"再媒介化"是当代文化工业中最为常见的跨媒介叙事手段，同一个文本在拓展自身的商业价值过程中还可拓展到不同的媒介形式。最常见的情形便是文学小说改编为影视作品，再因为影视作品的广泛传播而发展相关游戏、周边等产业形成 IP 联动。与此同时，除最初的创作者可以再度媒介化作品外，观众也能以影视作品为素材进行剪辑或二次创作，由此生产出同人视频、同人漫画或同人小说等新的作品。下文便对《哈利·波特》系列电影如何借助跨媒介叙事获得轰动全球的传播效果进行具体分析。

三、案例分析

1. 魔法世界与麻瓜世界并置

《哈利·波特》系列电影通过各种视觉表征技术高度还原作者罗琳笔下的魔法世界，这个世界与"麻瓜世界"（普通人的世界）有巨大的差异。在霍格沃茨学校里，分院帽可以说话并且判断魔法学徒的潜能；相框里的人物与正常人一样可在相框内移动，还能与相框外的人聊天；零食袋中的玩具卡片人物也能随意移动；猫头鹰可以充当邮差给自己的主人送信送货；静止不动的树也可攻击人。

魔法世界自有其完整的律令与运行的规则，它与麻瓜世界的运转体系毫不相干，从货币传统、知识系统、体育赛事、通信系统到政府机制都极富新意。魔法世界里还有小精灵、人马、独角兽、凤凰、火龙等稀奇神秘的物种。另一部电影《神奇动物在哪里》对该魔法世界中的魔法生物有着更为详细的描述。且在这个世界中，魔法学校的体系又保持了相对的完整性，在邓布利多作为校长期间一直与政府部门分

---

① 凌逾. 跨媒介叙事刍议［J］. 暨南学报（哲学社会科学版），2015，37（5）：32－39.

开管理。在麻瓜世界的入口处有直接通往霍格沃茨学校的火车，学校的四个学院分别有各自的院服，学校还设置了魔法等级考试，唯有通过考试的学徒才能被授予巫师资格证。总之，《哈利·波特》系列电影中的魔法世界与麻瓜世界运转体系各异，可以被视为有其自身规律和秩序的架空世界。

总体而言，电影通过各种拍摄技巧与媒介技术建构了与麻瓜世界并行的、陌生又神秘的魔法世界。但魔法世界与麻瓜世界也有互通之处，比如"九又四分之三"站台。于是，魔法世界虽然独立运行却又显得与麻瓜世界并不遥远。这也给予了同样身为"麻瓜"的观众无限接近的错觉，引起了更广泛的文化认同。

2. 魔法世界嵌入现实世界

有学者依据叙事学家玛丽－劳拉·瑞安（Marie-Laure Ryan）提出的叙事理论，提出了跨媒介叙事遵循的三个层面：其一是对"元故事"情节进行叙事延伸；其二是媒介的融合过程；其三则是故事"世界性"的发展。[①]

随着《哈利·波特》系列电影的播出，对魔法世界产生好奇、喜爱乃至痴迷的观众逐渐开始接受并且在意识层面相信魔法世界的真实存在。电影凭借精妙的想象塑造出一个又一个生动的形象，构建的魔法世界引发了现实世界观众浓厚的兴趣。在技术、资本与观众等多方面的作用下，除电影外，霍格沃茨也在其他媒介平台活跃再生，故事的展演并不会因为电影的完结而终结。无论是《哈利·波特：魔法觉醒》手游在游戏平台重新搭建魔法学校，让电影迷们在游戏中得以创造自己的魔法世界，还是受众依据《哈利·波特》系列电影自发创作同人漫画或者小说以满足对魔法世界的参与，《哈利·波特》都基于不同媒介的延伸与再创作进行了跨媒介叙事，将小说中的"元故事"用多种媒介多元化地表现了出来。

《哈利·波特》系列电影故事内核的吸引力已然造就了一个巨大且有黏性的社群，社群成员虽然散落在各个媒介平台，但又能在网络的召唤下在某一个平台聚集。他们或梳理文本的相关线索，或对原创文本进行拓展或再创作，形成固定的互动圈层并在其中寻求自身的价值认同。正是这些固定的社群自发对文本进行再创作的过程极大地丰富了原有的故事世界，实现了故事与现实的联动接壤。

四、案例启示

罗琳用合理的想象构建了与现实世界存在距离的魔法世界，电影同样始终将现

---

① 陈先红，宋发枝. 跨媒介叙事的互文机理研究［J］. 新闻界，2019（5）：35－41.

实世界融合在魔法世界的叙事之中，令两个世界在同一时空下交叉对比，展开一个又一个精彩的奇幻故事。这样的并置连带着麻瓜观众也可自行想象魔法世界存在于现实的可能，摆脱与影视中麻瓜世界相同的既定、程序化的"日常"，在幻想世界中重新思考现实生活中人的价值和意义。正如哈利在海格等人的指引下打破形成于麻瓜世界的既定认知，逐渐适应魔法学校的神奇生活一般，观众也通过影像得以短暂地游离于习以为常的现实世界之外，体验一番颠覆头脑的想象风暴。电影中的哈利无疑踏上了一场令人钦羡不已的跨文化实践道路，而现实中的观众也可通过哈利的视野反思现实社会，这也是我们生命中重要的媒介经验。

《哈利·波特》原著本身的目标读者为儿童，在市场定位上的受众范围有限，但小说被翻拍为系列电影后却受到了成人观众的热捧，由此这一魔法世界的元故事真正实现了大众传播与跨文化传播。它吸引的对象不仅是对魔法世界向往的青少年，还有热爱西方影视剧的影迷及喜爱魔法题材的成人群体。在视觉转向的现代社会，《哈利·波特》系列电影高度还原了小说中的魔法世界，发行的相关游戏更让粉丝无限接近电影中的魔法世界，开启自己的冒险之旅。由此围绕一个故事展开的多媒介传播加速推动其跨文化的全球传播。

媒介化社会中优质的文本与媒介叙事必然深度捆绑。中国自古以来就有优秀的文学作品，无论是严肃文学还是通俗小说、诗歌、散文，近现代仍有不少作家在其文本中延续前人的文学风格，构建出不同于现实社会的"第二世界"，例如武侠江湖、神魔世界等。这些文学作品因为带有厚重的中国传统文化基因，属于高语境文化作品，其改编作品常囿于国内市场而难以实现国际化传播。如何实现中国本土优质文本的跨媒介叙事已是中国影视作品跨文化传播亟待解决的问题，而《哈利·波特》的架空魔法世界与跨媒介叙事为我们提供了可借鉴的思路。

本章讨论

1. 除《千与千寻》外，请任意选择宫崎骏的一部作品，分析其跨文化传播的优势。

2. 请谈谈你对"文化趋同理论"的理解。

3. 请分别谈谈跨媒介叙事的优势与劣势。

第八章

中国影视媒介的对外传播实践

电影凭借其浓缩而精练的叙事策略和共通的声光电表现形式，能够打破不同文化隔阂，促进跨文化传播，也常被作为国家文化名片用于文化观念的输出，成为衡量一个国家文化软实力的重要指标。20 世纪 80 年代以来，中国电影开始陆续依靠国际电影节、中外合拍模式以及进入国外发行公司等方式"走出去"，争取世界对中国电影和中国文化的关注。这使中国电影"走出去"成为中国当代文化"走出去"最具代表性的领域之一，而且积累了较为丰富的探索、实践和成果，但是也因为文化隔阂等遭受各种文化折扣问题。本章共选取五个对外传播实践中表现出较大影响力的中国电影作品案例为研究对象。这些作品多为第五代、第六代导演所创作，象征 20 多年来中国电影对外传播实践的几个高光时刻。这些探索性、开拓性的作品对我们后续持续探索中国电影乃至中国文化"走出去"都具有参考价值。

第一节 《大红灯笼高高挂》：两种面子观

一、案例介绍

《大红灯笼高高挂》（*Raise the Red Lantern*）改编自小说《妻妾成群》，是由张艺谋导演，巩俐、何赛飞、曹翠芬、孔琳、金淑媛等主演的家庭情节电影。该片以民国年间为背景，讲述女大学生颂莲被迫辍学嫁入旧式家庭做妾的悲惨故事。颂莲本是思想进步的女学生，然而在成为陈府四太太后却不得不遵守各种"规矩"。习惯尔虞我诈后的颂莲也逐渐为夺得宠爱而不择手段，假装怀孕以获取地位的提升与优待，被丫鬟雁儿揭穿后以规矩处置致其身亡，又在醉酒后无意间揭发了三太太与人私通致其被杀。在亲眼看见三太太死状后颂莲故意破坏规矩以示反抗，却被陈府上下认定"疯了"。第二年新的五太太嫁入陈府，旧式家规再次上演"吃人"的悲剧。

影片于 1991 年上映后便入围了第十届金像奖十大华语片，在海外获得第 48 届威尼斯国际电影节银狮奖与女性题材电影奖两项大奖。一年后在北美地区上映，又以 260 万美元收入荣登当时华语电影在北美地区的票房榜首，成为第一部获得意大利大卫奖最佳外语片的中国电影，还获得了美国国际影评协会奖最佳外语片，同时获奥斯卡最佳外语片提名。西方影评表示该片视觉的精美、色彩的丰满与现实的悲剧令人难以忘怀，在中国影视作品对外传播方面获得了极大的成功。

二、理论聚焦：面子文化

影片中颂莲与其余太太围绕着点灯与规矩不断争斗，衣食无忧的她们的争抢动力除独享特权外还有面子。封建社会下男尊女卑、以夫为贵的中国传统家庭伦理虽未在影片内容中有任何说明，但西方观众轻而易举地便理解了她们争抢的动机与心理。这是因为面子文化在中西方人类交往的历史中比比皆是，西方学界与中国学界对此现象都有相应的研究成果。

最早提出面子文化并将之运用于学术研究的学者是社会学家胡先晋。她在1944年发表题为《中国人的面子观》的研究论文，将面子分为"脸"和"面"两部分加以分析，其中"脸"指的是社会对于个人道德品格的认可，而"面"指的是个体所能获得的社会声誉。她认为面子意味着社会声望，是个人社会地位提升的表现，是伴随成功和夸赞自然而然获得的。① 此后诸多学者对此展开相关研究，其中卓有成效的是语言学家布朗和莱文森（Brown & Levinson）的礼貌理论（politeness theory），随后加拿大裔美籍社会学家欧文·戈夫曼（Erving Goffman）的面子理论（face theory）成为第一代面子理论的代表，还有华裔传播学者丁允珠（Stella Ting-Toomey）的面子协商理论（face-negotiation theory）。

作为第一代面子理论的集大成者，戈夫曼认为面子指的是在特定社会交往中，一个人为自己有效争取同时他人也认为其应该获得的积极性社会评价。② 由此可见，面子产生于个体与他人的社会交往中，需要双方共同参与完成。随后第二代面子理论的代表学者布朗和莱文森也认可戈夫曼对面子的定义，认同面子是由社会建构而非个体心理所形成的观念，提出"面子是每一个社会成员意欲为自己挣得的那种在公众中的'个人形象'（the public self-image）"③。但与戈夫曼不同的是，二人的语言学背景使得研究更加侧重于对个体日常生活中语言的互动，并由此将面子文化分为两类：积极面子与消极面子。前者指因个体希望受到外界的认可与赞扬从而维持

① 杜风鹏. 关于传播学研究之面子理论的文献综述［J］. 传播力研究，2018，2（24）：10.
② GOFFMAN E. Interaction ritual：essays on face-to-face behavior［M］. New York：Pantheon Books，1967：5.
③ BROWN P，LEVINSON S. Universals in language usage：politeness phenomena［M］//GOODY E. Questions and politeness strategies in social interaction. Cambridge：Cambridge University Press，1978：61.

积极面子，后者则是个体为躲避他人过多干涉、希望获得自由所维持的消极面子。此外，两人还提出"面子威胁行为"，即一些言语、行为本身便不利于个体获得面子，并据此提出相应的解决策略。

随后华裔学者丁允珠在前人基础上提出"面子协商理论"，立足于传播学研究不同文化因素对于面子的影响。她认为面子是指一个人在特定关系网络情境中所宣称的一种积极性社会自我形象，其与尊敬、荣誉、地位、声誉、忠诚、信任与义务等诸多价值紧密相关，同样也希望得到他人的认同。[①]而在社会现实生活中，由冲突导致的"丢面子"行为可以通过面子协商理论加以挽回。她看到了不同文化因素在人际交往中产生冲突与缓和矛盾的作用，结合高低语境在跨文化范畴内提出面子的协商机制，据此提出个人主义者与集体主义者对面子的不同行为方式。

一般而言，个体主义者之中具备较高独立自我认知水平的人通常会视自身为个体，与其他大众区别开来，在人际交往过程中过于注重自我的面子与利益，而忽略别人的感受，属于强势群体。但集体主义者却恰恰相反。此类个体倾向于保持和大众一致的统一与协调，在人际交往过程中更关注他人的面子，常常会忽视自我的面子。如此两方相处时常会因不同文化背景与价值理念、性格特征等产生跨文化冲突。而在《大红灯笼高高挂》中，颂莲与三太太明显属于个人主义者，而大太太与二太太则更类似于集体主义者。她们四人的矛盾冲突或明或暗，或激烈或平淡，却不存在和谐共处的可能。

在中国文化的语境里，"面子"的含义历经两千多年历史的沉淀，不仅内涵丰富而且十分微妙。它是"尊严""荣誉""声望""权威""人脉"等单一或混合的产物，彼此交融时常难以划清界限。且传统的中国人不仅非常重视自己的面子，在意自己在公众中的形象，也非常重视别人的面子，看重人与人之间的交往。尤其是在与不太熟悉的外人交际时，中国人觉得适当谦虚甚至贬低自己，批评和自己比较亲近的人是给予对方尊重、给对方"面子"的行为。而这种面子文化在电影《大红灯笼高高挂》中既具象化地体现为捶脚、点灯、点菜等物质特权，也体现在遵循或打破规矩时所获得的精神荣耀等方面。"给面子"与"丢了面子"成为颂莲与其他太太争抢的主要动机，她所呈现的个人主义风格也给西方观众留下了深刻印象。

---

① TING-TOOMEY S, KUROGI A. Facework competence in intercultural conflict: an updated face-negotiation theory [J]. International journal of intercultural relation, 1998, 22 (2): 187-225.

三、案例分析

一些学者认为中国文化氛围中只存在积极面子，而不具备消极面子。实则在电影《大红灯笼高高挂》中，我们可以同时看到这两种面子文化的存在与共生。高高在上的大太太与圆滑精明的二太太在公开场合都维系着积极的面子，并不与人发生冲突，以集体利益为重；而戏子出身的三太太卓云与大学生出身的四太太颂莲则多体现出消极的面子，无论何时都优先顾虑自己的面子，即便与其他人发生冲突也毫不在意。在传统的中国文化语境中，消极面子虽不如积极面子一般占据主导地位，但现实情境中也确实存在，并非无迹可寻。

1. 自我保护的积极面子

当颂莲初入陈府拜见大太太时，冷漠自持的大太太依然照着封建礼法交代颂莲与姐妹们和睦相处，以后伺候好陈老爷。这种旧时代家族主母的风范在学过新文化的颂莲看来过时又落后，即便大太太听到颂莲不过十九岁时感叹"罪过，罪过"，也并未在随后的内宅生活中对颂莲有因为年幼不知事的额外照顾。当假装怀孕的颂莲要求在自己房中进餐，破坏陈府用餐规矩时，意图挑拨的二太太询问大太太怀孕时的情形，大太太也只冷淡回应道："吃你的饭吧。"作为当家主母她已然地位崇高，即便无宠却有子傍身，在一众妻妾当中地位尊贵，再无意与姜室们争夺个人的面子，反而以维系陈府内宅和平安稳的大局为重。因此，无论谁破坏了规矩，她都作壁上观，自有陈老爷出面维系家庭平衡与陈府规矩。

只生了女儿的二太太总觉地位不稳，在大太太无心与姜室们交往之时，她却端起了正室的风度，在明面上处处维护其余几位太太的面子。当颂莲向她请安时，她不惜自贬来抬高颂莲的面子："如今娶了你这年轻漂亮的新太太，二姐怕得有些日子享不上这个福了。"当陈老爷在饭桌上让其他太太善待颂莲时，她也忙不迭地跟着大太太一起给颂莲夹菜，同时成全了陈老爷与颂莲的面子。她在任何场合都通过给对方面子维护表面的平和安稳，而暗地里却不放过任何一个可以伤害其他太太的机会。维护积极面子的她是典型的"笑面虎"，凭着抬高他人而隐藏自己的真实意图，最终一一扳倒新来的颂莲与生了儿子的三太太，成为大太太之外地位最稳固的姜室。

2. 适得其反的消极面子

消极面子本属为了维护自我的独立与自由，不受他人影响或干涉的一类，但在中国语境下这种面子往往适得其反，令个人主义者深受其害。以影片《大红灯笼高高挂》中命运悲惨的三太太与颂莲为例：戏子出身的三太太一贯我行我素，在舞台上习惯受到追捧与关注，且在陈家已靠生了儿子立足，因而在新太太进门时毫无顾忌地抢走其风头，并不担心自己因坏了规矩而受到惩罚。而受过教育的颂莲也并非唯唯诺诺的传统女子：当丫鬟雁儿表现出对她的嫌恶后，她便毫不犹豫地将丫鬟当作奴仆恣意使唤；当陈老爷与雁儿暧昧不清时，她也毫不给面子地恶语相向，惹得陈老爷再不去她的院子；当她想要以往的特权时，又随意编了怀孕的借口恢复优渥舒适的生活。

这两人我行我素的性格与行事风格出奇地相似，都以自己的利益为重。三太太的屋内摆设仍与戏曲相关，唱戏与否看个人心情，而不在意是否打扰他人，最终为了排解寂寞而与高医生勾搭被抓。而颂莲报复心极重，因为怀疑丫鬟雁儿偷东西便随意查了她的屋子，发现二太太与之合谋扎小人便剪烂了她的耳朵；当雁儿揭穿她假怀孕后，便要求大太太按规矩处置雁儿致其身亡。这两位太太都不像大太太般忍辱负重，也不愿学二太太忍气吞声，表面嚣张跋扈，从不给别人面子，而是以消极的方式维护自己的利益，最终却无一善终。

在不破坏陈老爷所在意的规矩的前提下，这两人也曾获得陈老爷的宠爱并享受到各种特权：三太太屡次从颂莲院内请走陈老爷并未遭斥责；而颂莲一意孤行要在自己屋内吃饭也获得许可。两人享尽特殊优待而获得一时风光。但在坏了陈老爷所在意的规矩后，两人受到的惩罚却是一疯一死：颂莲因为假怀孕欺骗陈老爷而被"封灯"，三太太因为与人私通而被杀。即便她们再强势，也终究走不出陈府的深宅大院，越不过一手遮天的陈老爷及世代传承的规矩。当颂莲试图揭发陈老爷等人谋杀三太太的罪恶行径时，陈府上下都认为她是"脑子有病"的疯女人，嫁入陈家不过一年的颂莲便就此游走在陈家院内，彻底成了众人口中的"疯子"。

在这部电影中，大太太为了维护陈家的面子而不与人纷争；二太太为了维护表面而抬高他人；三太太与颂莲为了自己的面子而命运凄惨；陈老爷为了自己的面子而冷待新欢、重拾旧爱，甚至对妾室痛下杀手。陈府的故事正是中国旧社会家庭伦理的缩影，高门大户人家虽衣食无忧、奴仆成群，却依然为了维护父权制的面子而设下等级森严的规矩礼教。这些腐朽不公的家规又被层层叠加在女性的身上成为束缚，令家庭生活无时无刻不被面子所制约包围，积极面子成为自我保护的主流工具，而消极面子往往适得其反损害个人利益。但这并不代表中国文化中不存在消极面子。颂莲这个角色虽然因为先后致使两人死亡并不讨喜，却在封建礼教的压迫与良心未泯的反抗中获得观众的理解。而三太太的人物形象则更受到中西方观众的喜欢，她那在压迫中依然保持自我且自得其乐的性格特征更符合当代观众对女性的期待。

四、案例启示

总体来讲，《大红灯笼高高挂》通过四位女性展现出两种不同的面子文化。显然，在中国的旧社会，积极的面子文化更受欢迎——无功无过的大太太与曲意逢迎的二太太在陈府屹立不倒，而个性鲜明的三太太与四太太颂莲则如昙花一现早早凋零。消极面子在当时的社会家庭伦理中显然水土不服。

此外，导演张艺谋对影片娴熟的掌控能力与技术创新也是这部电影成功实现对外传播实践的重要原因。从行云流水般的场面调度、富有内涵的音画搭配、干脆利索的镜头语言、色彩浓厚的美术风格到经典三原色冲印法的使用，他在精致美丽的画面与氛围中讲述了一个家族女性悲惨的人生故事。这样形成极大反差的影像叙事方式也使西方观众感到惊喜与震撼。大红灯笼作为陈府女性前途与命运的表征，自然将故事主题聚焦于女性个体的人物故事。而在颂莲视角的引导下，观众在情感纠葛与利益冲突中顺其自然便能了解旧社会时期女性所遭受的压迫，如此导演不需要再对影片的文化背景做任何补充说明。这样的拍摄手法也值得当前有意实现对外传播的本土影片创作者深思。

第二节　《英雄》：后现代主义的文化移情

一、案例介绍

《英雄》（Hero）是一部由张艺谋执导，李连杰、梁朝伟、张曼玉、陈道明、章子怡、甄子丹等联袂出演的武侠电影，于 2002 年在中国率先上映。这部电影讲述战国后期秦王意图一统天下而遭遇刺客联合刺杀的故事。秦王重金悬赏三年前刺杀他的长空、残剑与飞雪的性命。主人公无名与这三人串通后借领赏之名准备刺杀秦王，两人在大殿之上就无名如何制服三人的故事真假辩论一番，最终无名并未对秦王下杀手，而是理解了残剑的选择，为天下苍生不再遭受战乱而放过了秦王，在秦军的万箭齐发中死去。秦王大受震撼，继而礼葬了无名，残剑与飞雪这对情侣却在争执中双双殉情。

这部电影上映后便获得了当年华语电影的票房冠军，2003 年获得第 23 届中国电影金鸡奖最佳导演、最佳合拍故事片、最佳录音，被美国《时代》周刊评为 2004 年度全球十大佳片之一，还获得奥斯卡金像奖提名和美国电影金球奖最佳外语片等多项国外大奖。各大影评杂志纷纷赞叹导演张艺谋在这部影片中的色彩运用，认为《英雄》的视觉效果是绝无仅有的。《华尔街日报》报道："《英雄》真正拉开了中国大片时代的帷幕。"而《纽约时报》更是以两个版面长篇报道该片在美国的上映情况，评论道："《英雄》这部中国电影，经典得就像中国的《红楼梦》，也是美国奥斯卡的无冕之王。"那么，这部根据中国历史故事改编而来的影片又是如何获得跨文化传播实践的成功呢？

二、理论聚焦：文化移情

"移情"（empathy）一词源于德语，指客观事物赋予人的主观情感。移情并不重视表面话语的意思，只要情感相通就能在心中迅速理解传播者想要表达的真正含义。在中国传统文化中有很多"移情"的典型例子，如中国人将"松、竹、梅"三种植物并称为"岁寒三友"，这是因为它们经冬不凋的特性受人青睐：松树象征着青春常在；竹子清秀潇洒，遇冬仍与其他季节一样长青不变；梅花则迎寒绽放，常用来比喻不畏严寒、高风亮节之人。由此可见，在中国文化的语境中植物并非与社会相隔绝，人们反而常寓情于景物之中，将植物的生长特性与君子品格相勾连达到以物喻人的效果。在有些诗词中，诗人甚至会赋予它们主观情感乃至思想能力，如"感时花溅泪，恨别鸟惊心"，寓情于景、以景抒情就是"移情"的内涵所在。

德国"移情派"美学的主要代表西奥多·立普斯（Theodor Lipps）认为："移情作用就是这里所确立的一种事实：对象就是我自己。根据这一标志，我的这种自我就是对象；也就是说，自我和对象的对立消失了，或者说，并不曾存在。"[①]

随后，"移情"概念的应用从文学、美学扩大到跨文化交际学领域，产生了"文化移情"（culture empathy）的概念。在跨文化传播环境中，文化移情是指交往的一方自觉转换文化立场，暂时搁置自身的本土文化认知，而全身心地投入另一方的文化氛

---

① 立普斯. 论移情作用［M］//北京大学哲学系美学教研室. 西方美学家论美和美感. 北京：商务印书馆，1980：274.

围中，通过亲身体验和经历与另一方产生情感的连接。这种移情是跨文化交往中连接不同语言、文化和情感的重要手段之一，在跨文化传播中也是行之有效的一种沟通技巧与能力。

许多研究跨文化交际能力的学者认为，交际者的成功在很大程度上依赖于交际者能正确界定主、客体确切的身份。① 为了更好地了解别人，交际者既要善解人意，又要角色适应，"用自己的感觉去'体验'他人的感觉。它是代替性的，目的是实现一种我—你的一致性。另外，移情还指以同步或'合拍'的方式，感知和适应彼此的生活节奏"②。文化移情涉及两个层面：其一是感情基础，要肯定自己的积极感情并能够以积极方式驾驭自己的感情，避免对他人采取偏见和刻板化的态度；其二是认知层面，包括译解和区分自我与他人的逻辑、意图、思维方式、批判思维。文化移情讲求适度原则，在跨文化传播中，传播者应做到既具备文化移情的能力，正确理解对方并表达自己，同时又不能过度移情从而丧失自我，要做一个有情感意识又不会迷失自己的成熟的传播者。③

《英雄》中作为恋人的残剑和飞雪彼此间对刺杀秦王的分歧造成二人的悲剧，反而是素昧平生的无名对残剑的理念最终产生移情，进而作出与他相同的抉择。更进一步来讲，这部在部分中国观众看来剧情简单、后现代主义风格浓厚的影片能获得国外观众的认同，也有文化移情表达的作用。

三、案例分析

有关秦王遇刺的故事，周晓文导演过电影《秦颂》，陈凯歌也在 1998 年拍摄出被称为史诗巨作的《荆轲刺秦王》。张艺谋则在这部作品中去除了荆轲这一家喻户晓的历史人物角色，以无名取而代之，虽然同样讲述刺杀秦王的故事，但不同于前者拼尽全力的失败，后者是束手就擒的放弃。由此《英雄》这部电影避开了宏大的历史叙述，而将注意力集中在武术与人物身上，放弃了电影的教育功能而以情感打动人心。

1. 秦王与刺客基于认知层面的移情

秦王与长空、残剑、飞雪三位刺客仅在刺杀时有过接触。但当无名进殿陈述自

① SAMOVAR L A, PORTER R E. Communication between cultures [M]. Belmont：Wadsworth，2000：259.
② 史艳坤. 浅谈文化移情能力的培养 [J]. 群文天地，2009（12）：43－44.
③ 高永晨. 跨文化交际中文化移情能力的价值和培养 [J]. 外语与外语教学，2005（12）：17－20.

己如何战胜这三人时，他却轻易辨认出其中的真假。无名起初编造的谎言是飞雪与残剑感情不和，正是由于飞雪杀了残剑，他才能轻易获胜，而秦王却全然不信，认为"此二人光明磊落气度不凡，绝非小人之辈"。由此，秦王全盘推翻了无名的假故事，并自行猜测出一个贴近真相的故事版本：长空故意求败，无名十年练剑专为行刺，而飞雪故意伤害残剑后独自赴约，故意败给无名助其刺杀，最终残剑与无名为祭奠飞雪而象征性地打斗一番。

在这一推理过程中，秦王得出结论："此三人能把生命托付给你，人生知己，也莫过于此了，所以，你才是最危险的刺客。"在猜测刺客经历的同时，他也将自己代入了无名等人所处的情境中，不由产生了敬服之心，感慨自己不如这些舍生取义的刺客。由此可见，秦王的移情是基于认知展开的，在讲述故事的同时也设身处地地将自己置于刺客的生活之中。在得知残剑曾劝无名放弃刺杀计划时，他直言："寡人能有残剑大侠这样的知己，便是死也足矣。"对着残剑所留下来的"剑"字，他如同无名一样悟到了三层境界。这种惺惺相惜与感同身受并非共同的经历或情感体验所致，而是秦王依据自己的认知以及与无名的对话所实现的。

当秦王理解刺客们的舍生取义与胸怀气魄时，甚至将刺杀与否的主动权交到无名手中，在无名被杀后更是礼葬他，与此前对待长空、残剑与飞雪时的通缉、悬赏等手段截然相反。此时的秦王不再因政治立场、个人安危而敌视无名，反而以开放的心胸去了解刺客的处境与观念，并在其引导下从赵国文字"剑"中悟得真谛，一场刺杀成为围绕剑道与侠义的讨论。无名最终放下隔着生死的仇恨，认同了残剑不可杀秦王的观点；而秦王放弃抵抗、厚葬无名的行为显然也是认同残剑不杀的结果。三人超越国别的认同在一场对话中完成。秦王在此次对话中推理出无名进殿的真实目的，无名也在对话中放弃杀心，反而以自己的失败去稳固秦王的霸权。

但秦王并未因为移情而饶恕无名的刺杀行为，在诸多秦军的鼓动下终究以一场箭雨终结了无名的性命，以森严冷酷的惩戒手段表明秦王权势的不可侵犯与无可撼动。赵国之人指出剑道的最高境界：杀是为了不杀，而秦王虽意欲统一六国以己为尊，但仍在此过程中受到赵国文化的影响，对无名的处置似乎也是对不杀的践行。

2. 残剑与飞雪基于情感的失败移情

无名与秦王通过对话交往对残剑的理念产生认同并各自移情；而作为情侣的残剑与飞雪则因为情感而产生移情。虽然同为赵人，但残剑产生刺秦王的想法却并非出于爱国，而是出于对赵国将军之女飞雪的爱情才有此动机。秦赵战争中赵国将军战败身亡，飞雪便立志为父亲复仇，因此她刺秦王的坚定决心从始至终未曾改变。

而残剑在两人第一次见面中便爱上了飞雪，出于爱屋及乌的心态才有此志向，与飞雪一起苦练书法与剑术。但与全然投入仇恨的恋人不同，残剑在准备的过程中因为悟到剑术的最高境界而不再有杀心，因此在刺杀的关键时刻并未如飞雪所愿，未对处于弱势的秦王下手，反而带着她回到了岌岌可危的赵国。

飞雪自此不再理会残剑，当无名出现时她更是直接与残剑分道扬镳，重新燃起了刺秦王的想法，为此不惜重伤残剑，也要达成自己的心愿，家仇国恨已然刻在她的骨子里。而无名虽然同样身怀家仇，却愿意领悟残剑所送的"天下"二字，将赵国与秦国的百姓乃至天下苍生放在个人情感之前。最终无名刺杀秦王失败的结果令飞雪崩溃不已，她与"罪魁祸首"残剑再次决一死战，残剑唯有以自身的死亡证实他对飞雪的爱，而无法为亲人报仇的飞雪又痛失爱人，最终在激烈的冲突后自杀殉情。两人间徒有爱情，却无法对彼此的家国观念产生移情，影片叙述也未曾就此展开两人间的对话，只是展现了由移情失败导致双双灭亡的结局。

由此可见这部影片展现了基于感情基础的移情失败的可能，某一方面的情感相通并不一定会导致全盘的爱屋及乌，当涉及宏观的价值理念如家国情怀等，基于认知的移情反而有成功的可能。这样一种突破以往故事逻辑的后现代理念使得《英雄》这部影片毁誉参半。荆轲刺秦这类一向被归为正统历史叙事的题材，在张艺谋"罗生门"式的拆解下成为个体关于情感与剑术讨论的叙述。在中国观众看来，该片的商业性与艺术性之间无法达成平衡，但在外国观众眼中却更加通俗易懂。那么这样的认同差异又是如何产生的呢？

3. 西方观众基于感官的移情

胡克认为诸如《英雄》这类卖座影片可以被看作一种反映多种意识形态的社会铭文，因此依据意识形态理论和文化分析就可以从中揭示出社会的权力结构及其表达方式。"《英雄》体现出当前社会对于权力的基本认识：崇拜权力与梦想对抗强权并存。而影片试图调和这种矛盾，依靠的是崇尚义气。"①

导演张艺谋在这部影片中并不充分展开秦王的治国理念与赵国的战争纠葛，传统历史中的背景故事与文化元素均被淡化，由此高语境文化中的叙述话语不再符合影片的语境。中国观众所熟悉的权谋智斗在这部影片中无处可寻，而无名与秦王直来直往的对话内容无疑充斥着江湖气息，在外国观众看来反而是英雄主义叙事最常见的形态。演员台词并不晦涩难懂，也是导演有意转向符合低语境文化的刻意安排。

---

① 胡克. 观众启示录:《英雄》现象的一种观察角度［J］. 当代电影, 2003（2）: 5.

在导演采访中，他直言这部电影就是吸引外国观众来看的。中国故事未必能因内容吸引西方观众的眼球，因此他刻意追求影片的视觉效果："我们更多的时间是花在色彩、画面，故事的风格，故事的吸引力、效果，如何做得更好看等方面了。"①

为此，影片在色彩设置方面以沉闷的黑色作为秦朝的底色，而依次选取用红、蓝、绿、白等色彩为刺客故事版本间厘清界限，如此引导之下故事的真假段落清晰可辨。在这样清晰的人物形象与段落划分下，西方观众对崇尚剑道与侠义的人物产生认可与移情，也引来西方影评对张艺谋所制作的中国武侠片在视觉上精致呈现的高度赞美。在恢宏的色彩背景与细致的武术动作之间，西方观众沉浸于武侠世界内的爱恨情仇，反而不再如国内观众般在意故事内容的文本逻辑与文化内涵，迎合了导演意欲以商业片娱乐大众的精神内核。由此，这部影片引发了令外国观众沉浸于视觉感官的文化移情。

四、案例启示

《英雄》这样一部非正统的历史题材电影，避开以往历史影像叙事的宏大叙述架构，去除王权统治的中心化和人物观念的同一性，消解元话语与元叙事的意义与权威，反而另辟蹊径地冲破旧有范式，在创新武术电影的视觉呈现效果之余，也发掘了武侠故事的另一种讲述方式，以人物间的彼此移情去推动剧情走向与故事结局。家国与天下、战争与和平的宏大命题仅由寥寥数人的微观故事所牵动，简单明了的剧情令西方观众容易读懂，这也正是它获得跨文化传播实践成功的根源所在。至于所被接受的成分到底是视觉效果居多或是剧情内容居上，则属见仁见智的解读。

《英雄》中秦王与残剑虽一个身居高堂，一个亡命天涯，但两人基于对剑道的相同领悟而产生移情，秦王为此可不顾生死，残剑为此失去爱人，而无名为此放弃仇恨。抛开家国仇恨、政治见地与个人价值观念，这部影片以人的情感为联结，以个体人物故事为主线，串联宏大背景或事件的叙事方式往往更容易获得成功，部分原因便在于成功的文化移情体验。不同文化背景的人或许不能理解彼此的语言与思维，也不知晓对方的历史与社会，但是人类的情感是共通的。这些源自他者的距离会因为共通的情感而被缩短，基于认知、情感、感官等主观层面的认同会放大自我

---

① 王艳红. 张艺谋论《英雄》：武侠恒久远，英雄永流传［EB/OL］.（2002－12－09）［2022－09－28］. chinanew. com/2002－12－09/26/25132. html.

与他者的相同之处，而文化中的差异与冲突则被暂时消解。如此西方观众便可毫无阻碍地欣赏人物打斗的武术场面与华丽震撼的情境美景。当中国武侠电影不再仅以简单的拳脚功夫或复杂的武术渊源为标签，离开历史背景仍有跨文化传播的可能时，西方观众才可以从异域风情的欣赏过渡至异质文化的移情，暂且搁置意识形态或文化背景的差异不提，真正理解在遥远东方另一块土地上生存的人群。《英雄》或有瑕疵，但也开辟了武侠电影对外传播的一条探索之路。

第三节　《卧虎藏龙》：中国传统精神世界的解构和西方化

一、案例介绍

2000 年上映的《卧虎藏龙》（*Crouching Tiger, Hidden Dragon*）是中国和美国联合拍摄的中国武侠电影，由李安执导，周润发、杨紫琼、章子怡等主演，改编自清末民初北京武侠小说作家王度庐的同名作品。

该片讲述本欲退隐的大侠李慕白由于赠剑引发更多江湖恩怨的故事。在影片开头，大侠李慕白意欲退隐，将自己的青冥剑托付给红颜知己俞秀莲，请她带到京城作为礼物送给贝勒爷收藏，结果当天宝剑就被九门提督玉府小姐玉娇龙化装成黑衣人盗走。俞秀莲一路追踪查明后迫使玉娇龙暗中主动归还宝剑，但随后李慕白便与玉娇龙正面相撞发生冲突。玉娇龙本是玉府的千金小姐，但自幼就有闯荡江湖追求自由与冒险的侠女梦想，被隐匿于玉府的碧眼狐狸暗中收为弟子，并从秘籍中习得武当派上乘武功。玉娇龙在新疆时与当地大盗"半天云"罗小虎情定终身，回北京后父亲为她安排婚事，她便逃婚开始浪迹江湖。任性傲气的玉娇龙在江湖上胡作非为，却激发了李慕白收徒的欲望，他想把武当的玄牝剑法传承下去，于是便以夺回青冥剑为契机四处纠缠玉娇龙。[①] 最终在和玉娇龙的师父——碧眼狐狸交手时，李慕白为救玉娇龙身中毒针而亡。临终之际他向俞秀莲倾吐了压抑多年的爱恋，而玉娇龙经此一事也有所成长，再赴武当山与罗小虎相

---

① 文尔. 得道须大雅，幸福本大俗：《卧虎藏龙》的人物研究与价值取向分析［EB/OL］.（2012 –11 –28）［2022 –09 –28］. https：//movie. douban. com/review/5673578/.

会后，便毅然跳下万丈深壑。

《卧虎藏龙》成为中国电影史上里程碑式的作品，在西方世界赢得广泛好评和极高荣誉，在各大国际电影节中收获颇丰，一举夺得 2001 年奥斯卡金像奖中的四大奖项，包括最佳外语片奖（成为第一部获得该奖项的华语电影）、最佳艺术指导、最佳原创配乐与最佳摄影，另提名奥斯卡最佳影片奖、最佳导演奖、最佳改编剧本奖等 20 余项。此外，还获得美国金球奖最佳外语片和最佳导演奖。在中国香港和中国台湾，该片获得 2001 年金像奖最佳电影奖、2000 年金马奖最佳剧情片等 50 余项大奖，2001 年 3 月，《卧虎藏龙》在北美地区的票房突破 1 亿美元，成为美国电影史上第一部票房超过 1 亿美元的外语片，最终票房成绩高达 2.05 亿美元，标志着华语电影开始以一种新的面貌和姿态进入国际主流商业电影市场。① 与西方电影市场的一路繁华相比，中国电影市场对该片的反应却不冷不热，影评中不少批评的声音占据上风，认为该武侠片是给西方人看的电影，而不是为中国观众所准备。此外，《卧虎藏龙》由于制作上的跨国合作与内容上的跨文化传播，也引起文化研究者的关注和讨论。② 这部影片为何会在中西方跨文化传播时面临正反两极的评价，令普通观众也能明显察觉出其西方化的创作外衣？

二、理论聚焦：解构主义与西方化叙事

1. 解构主义

1968 年，法国后结构主义哲学家雅克·德里达（Jacques Derrida）在他的三本著作《论书写学》《书写与差异》《语言与现象》中系统提出了解构主义（deconstruction）的概念及理论。这一理论本身的目的便是消解彼时盛行于学术界的结构主义。解构主义对结构主义的批判使得解构主义又被称为"后结构主义"。由于差别存在且不断变化，结构相应会出现不稳定和开放的特点，文本原先所固有结构的消失导致文本不再具有固定意义。这一现实也适用于其他所有作品的永恒意义被消解。解构分析的主要方法是了解一个文本中的二元对立（如男性与女性、开放与保守、强与弱等），并且呈现这两个对立的面向其实是流动的、不可能完全分离的，而非

---

① 《卧虎藏龙》北美票房突破 1 亿美元创历史纪录 [EB/OL]. (2001 – 03 – 20) [2022 – 09 – 28]. http：//www. chinanews. com. cn/2001 – 03 – 20/26/79794. html.

② 从《卧虎藏龙》看国际合制路线的迷思 [EB/OL]. (2007 – 09 – 27) [2022 – 09 – 28] . https：//web. archive. org/web/20070927205946/http：//taiwancinema. com/ct. asp？ xItem = 7252&ctNode = 61.

严格对立分裂的。解构分析通常的结论是，这些分类不是以任何固定或绝对的形式存在着。①

德里达运用解构主义的思想重新阅读西方哲学，这是一种揭露文本结构与其西方形上本质（western metaphysical essence）之间差异的文本分析法。解构阅读呈现文本不能只是被解读成单一作者传达一个明显的信息，而应该被解读为在某个文化或世界观中各种冲突的体现。一个被解构的作品会显示诸多同时存在的各种观点，而这些观点通常会彼此冲突。将一个文本的解构阅读与其传统阅读相比较时，也能表明其中的许多观点是被压抑与忽视的。②

2. 西方化叙事

西方化是指非西方社会在语言、生活方式、政治、经济、产业、艺术、法律、饮食、宗教、哲学及价值方面被动或主动采纳西方标准的社会进程。在历史上，西方化多发生于受西方人统治下的非西方地区，最显著的例子是门罗主义兴起以前的美洲大陆。西方化叙事则是以西方人的思维方式、世界观、价值观来转译自身文化的精神内涵，以西方人的叙事方式、表现形式、表达手段来向西方受众传达本民族的文化内涵。换句话说，就是站在西方人的立场对非西方文化进行阐释和描述以赢得西方受众的共鸣，在这一过程中不可避免地会出现将本民族文化置换、转化为西方文化价值观的情况。③《卧虎藏龙》的导演李安师承西方电影制作手法，将中国武侠故事改编为西方化影视叙事，因此影片在大受西方观众欢迎的同时在中国备受争议。

三、案例分析

1. 人物性格对中国传统文化的隐喻

《卧虎藏龙》对中国传统文化的表现首先基于影片中的人物形象设定。主要人物的性格特征也是对中国传统社会精神与人格类型的隐喻，尤其是习武者在各自武

---

① DERRIDA J. Letter to a Japanese friend〔M〕//WOOD D,BERNASCONI R. Derrida and differance. Warwick：Parousia Press，1985：1.

② CULLER J. On deconstruction：theory and criticism after structuralism〔M〕. Ithaca：Cornell University press，2007.

③ EVTUHOV C，KOTKIN S. The cultural gradient：the transmission of ideas in Europe，1789—1991〔M〕. Washington，DC：Rowman & Littlefield，2003：230；CAIRNS E，MICHEAL D R. The role of memory in ethnic conflict〔M〕. London：Palgrave Macmillan，2003：57.

功、剑术、求道与品质方面的行为和修养，对个体欲望和情感的压抑与表达，彰显了中国儒家文化对人性的深远影响及个体命运的摆布，主要分为以下三类：

第一类是代表中国传统儒家文化与封建礼教下中国传统女性所背负的理想人格和信、义的化身——俞秀莲。她生性刚毅沉稳、处事周到，注重道德礼教，为人处世极重规矩和义气，处处为他人着想，是与任性妄为的玉娇龙截然相反的女性。她曾对后者自白道："我们都是坚持要对得起思昭和那一纸婚约，你说的自由自在，我也渴望，但我从来也没有尝过……我虽然不是出生在官宦人家，但是一个女人一生该服从的道德和礼教并不少于你们。"俞秀莲虽是平民出身，但在行走江湖之中依然磨炼出大气端方的品质与高尚的道德，武艺高强却从不欺压他人，谨遵封建礼教与儒家文化的教条，因此对李慕白的感情从来暗自忍耐，脚踏实地把正面的传统发挥到极致，也因此让中国传统文化精神中好的一面可以传承下去。① 由此可见，这一受封建礼教桎梏的江湖女侠形象隐喻着接受、恪守传统规范并将其发扬光大而不越雷池半步的人格类型。

第二类是代表集传统之大成且不断超越前人、继续突破自我的中国男性所肩负的儒雅与仁义——李慕白。影片中的李慕白是江湖众望所归、地位显赫、集高尚品德和超群武艺于一身的武林楷模，也是武当派剑法和武功的集大成者，在求道一途上超过了其师父的境界。但这些成就是他遵循着"存天理，灭人欲"的修炼方式才得到的，由此在闭关时他进入了一种寂灭的悲哀境界，对道家的虚静和得道追求产生怀疑，又意识到自己还有一些未完的感情要处理，其中就包括他对俞秀莲从未宣之于口的爱情。因此，他下山不仅是要冲破他和俞秀莲之间的爱情障碍，也是冲破自我自由和道德束缚之间的障碍。而这种寻求放下江湖、真诚面对自我的念头在玉娇龙的出现后变得更加复杂、强烈和明显。② 李慕白怀着想要收玉娇龙为徒来传承武当玄牝剑法的想法，借着夺回青冥剑的契机一路追赶纠缠玉娇龙，却最终为了救她而丧失性命。在他临死前，俞秀莲对他说："用这口气，练神还虚吧！解脱得道，圆寂永恒……提升这一口气到达你这一生追求的境地，别浪费在我身上。"但李慕白最终放弃了得道的追求，用最后一口气向俞秀莲深情告白，情感的真诚表达才是他最终真正追求并得到的解脱。

① 石浩吉，刘家蓉．从李安《卧虎藏龙》电影的三层涵义看中国艺术的表里与未来［EB/OL］．(2019 - 07 - 15)［2022 - 09 - 28］．https：//artemperor．tw/focus/2762？page = 4．
② 宋森．李慕白的情欲世界［EB/OL］．(2008 - 03 - 09)［2022 - 09 - 28］．https：//movie．douban．com/review/1322255/．

第三类是代表身处封建文化与礼教枷锁下不断与之反抗，追求自由不受束缚的中西文化融合的所在——玉娇龙。玉娇龙是中国封建官僚家庭出身的千金小姐，也是在优渥的物质条件中长成的莽撞任性却又一心向往江湖的天才少女。她在师父碧眼狐狸的教导下肆意妄为，直至经历与罗小虎、俞秀莲、李慕白的一系列情感纠葛，终于领悟了武侠精神。当玉娇龙看着李慕白为自己而丧命才相信了李慕白的本心，方才知晓江湖并非远方，而一直在自己身边。她第一次不再以己为重，而是一心一意想要救李慕白，可最终李慕白仍旧死去。俞秀莲告诫她"真诚地对待自己"，于是找到自己本心的她一步步爬上武当山的山"道"，此时的她已经变得成熟而内敛，最终选择在武当山崖一跃而下。① 可见她所追求的"道"最终难以自洽，跳崖身亡成为这个勇于突破封建礼教却难建生存信念的少女的唯一出路。

跳崖的玉娇龙或许也如同李慕白先前一般达到寂灭境地，但她又没有李慕白彼时为师报仇的执念与对俞秀莲的牵念，所以孑然一身的她走向末路似乎也是必然的。影片对玉娇龙这一人物经历的描述也是一种对中国传统精神世界的隐喻，即人在体悟太极阴阳的人生哲理之后的成长蜕变。离经叛道的玉娇龙在当时中国封建社会封闭的体制内难有现实的出路，因此天资聪颖的她以超越现实的求道或者说虚无的死亡作为了结。在此基础上，影片更深一层的隐喻便是在晚清中西文化交汇的时代背景下，能够在一阴一阳太极平衡的基础之上融合中西方的精华，就像玉娇龙那样，或许才是中国文化未来的最佳出路。②

总之，《卧虎藏龙》对中国传统文化精神与精英人格类型的隐喻是比较到位的，有助于西方观众深入而全面地了解刚柔并济的中国武侠精神、传统文化的精髓与糟粕，以及中国传统艺术审美的极高境界。影片除了用人物蕴藉含蓄的表情、语言和行动传达中国文化底蕴与情感内涵外，还巧妙利用了诸多中国传统特有的地理风貌、园林建筑及家居场景，如新疆大漠戈壁与喧嚣热闹的北京城景象、静谧的竹林与镖局楹联书画满堂的客厅、千金小姐文雅的闺房与书房等，故事背景的变幻也烘托着人物内心的变化。从影片对各主要人物的隐喻和结局设定来看，电影对中国传统封建文化的道德礼教有着颇为鲜明的批判立场，因为在追求"本心""真诚""道""自由"的道路上，所有主角的人格特质和求道之旅都以失败告终。

---

① 石浩吉，刘家蓉. 从李安《卧虎藏龙》电影的三层涵义看中国艺术的表里与未来［EB/OL］.（2019－07－15）［2022－09－28］. https：//artemperor. tw/focus/2762？page＝4.

② 石浩吉，刘家蓉. 从李安《卧虎藏龙》电影的三层涵义看中国艺术的表里与未来［EB/OL］.（2019－07－15）［2022－09－28］. https：//artemperor. tw/focus/2762？page＝4.

2. 解构中国传统封建伦理道德

中国武侠片所描述的武侠世界大多是脱离封建王朝官僚体系而存在，影视中所传达的江湖形象多为诡谲多变但终究邪不压正的。它们或与腐朽黑暗的政权官僚相对抗，或与急需辅助的政府相合作，发挥为民除害、清理门户、平息战乱、保家卫国、传承武术等正面作用。而影片《卧虎藏龙》则对这类流传已久的中式英雄主义武侠片进行解构，除悲剧的结局设定外，大侠李慕白在面对情与欲时逃避、遮掩与小心谨慎等情感怯懦的表现也解构了中国武术传统的英雄形象。影片展现的江湖并不是传统武侠片平息风波、明争暗斗或成败得失的类型，而是武术包裹下人心与情欲的江湖。李慕白作为武功盖世、道德高尚的武林英雄，面对俞秀莲的感情却多年来一直含糊暧昧、不知所措，即便他自知身上所有的一切都是虚名的枷锁——"李慕白就是虚名，宗派是虚名，剑法也是虚名，这把青冥剑还是虚名，一切都是人心的作用"，但他依然不敢废弃半生努力所得到的武林地位与清白名声，直至临死才恍然大悟，回应俞秀莲的感情。此外，他对玉娇龙的感情同样也是对其身上传统英雄主义的解构。影片中玉娇龙夜里蒙面还剑时李慕白已经在等她并展开了一场追逐，西方观众一看就明白的男追女戏码，却在李安导演层层隐晦的中国传统文化包装下让中国观众误以为只是一段武侠轻功的展演及李慕白对玉娇龙道德说教的剧情，但玉娇龙临走前任性的一句"武当山是酒馆娼寮，我不稀罕"①，却直接戳破了这层文化伪装。他对玉娇龙的感情既有惜才传剑法的欲望，又有男女之间的情欲，但始终没有直面自己的欲望，而是以传剑法和挽救修炼不得正法的玉娇龙以避免江湖后患为借口。

影片对中国传统道家文化的道教虚静与玄妙得道进行了解构。影片开头李慕白闭关结束时下山找俞秀莲，两人交流时李慕白说："这次闭关静坐的时候，我一度陷入了一种很深的寂静，我的周围只有光，时间、空间都不存在了，我似乎触到了师父从未指点过的境地……我没有（得道）的感觉，因为我没有得道的喜悦，相反……却被一种寂灭的悲哀环绕，这悲哀超过了我能承受的极限，我出了定，没办法再继续，有些事……我需要想想。"这段台词加上随后人物之间的爱恨情仇情节发展以及最终的悲剧结局，影片整体解构了中国传统文化追求的虚空虚静和得道的玄妙境界，这种追求本质上就是虚无主义、幻灭空虚，就是死亡。李慕白一开始之

---

① 石浩吉，刘家蓉. 从李安《卧虎藏龙》电影的三层涵义看中国艺术的表里与未来［EB/OL］.（2019 - 07 - 15）［2022 - 09 - 28］. https：//artemperor. tw/focus/2762？ page = 4.

所以在这种寂灭境地感到悲哀而不是喜悦，是因为他心里有俞秀莲和师仇未报，所以他未能得道。而玉娇龙最后选择跃下山崖也是因为经过江湖历练和蜕变，已经达到了李慕白闭关时的境界。而与前者不同的是，此时的她已经无牵无挂、无欲无念、不悲不喜，达到了死亡和虚无的境地，没有悲哀、只有解脱，而所谓的"道"也不过如此。①

3. 西方化叙事带来的价值观置换

由于《卧虎藏龙》主要是拍给西方人看的，影片在整体结构、故事角度以及人物情节设置方面都采取了西方化叙事的手段。表面上看，影片中颇多中国文化元素更适合高语境文化人群所理解，包括生动精彩的武打桥段、唯美而摄人心魄的东方审美画面和意境、通过人物对话展现的禅宗与道教思想、不同的传统人格类型等，都体现了中国传统文化色彩和内涵。但《卧虎藏龙》之所以能够在低语境文化社会之中获得成功，赢得极高赞誉和票房，主要原因并不是对中国传统文化含蓄而细腻的展示，而是通过西方化叙事的手段（即西方的戏剧语言）讲述了一段凄美的东方爱情故事。李慕白临死之际对俞秀莲表达了埋于心底的真话："我已经浪费了这一生。我要用这口气对你说，我一直爱着你。"其实，这一动人的告白在传统的中国武侠题材影视作品中较为少见，但对于西方观众来说却非常容易理解和认同。这种直抒爱意的表达虽然让剧情达到高潮，但本质上并不符合中国人含蓄内敛的民族性格及语言思维。李慕白随后的台词是："我宁愿游荡在你身边，做七天的野鬼，跟随你，就算落进最黑暗的地方。我的爱，也不会让我成为永远的孤魂。"这种表达方式也是西方化的叙事结构，虽然借用了中国的传统说法，但仍然是为了方便西方观众理解李慕白与俞秀莲的凄美爱情。

从影片总体来看，这种西方化叙事手段的背后是将西方价值观置换入电影的主题思想，暗含对中国传统封建道德伦理和礼教的含蓄批判与否定，而电影所推崇的"真诚""本心""自由""道"等理念在本质上也更具有西方人所熟悉的自由精神、个人独立、追求真爱等价值观（中国传统中同样有类似的价值理念，但是武侠影片却没有充分展现的习俗惯例，爱情价值观大多隐藏于封建伦理道德社会的夹缝中）。因此，影片本质上解构了东方玄学与中式的道德英雄，而肯定了"面对爱情要勇

---

① 苏小朵. 李安的电影都是拍给中年人看的［EB/OL］. (2013 – 01 – 16)［2022 – 09 – 28］. https：//movie. douban. com/review/5742651/.

敢""人要真诚面对自己""争取幸福"等当代世俗议题。^① 用中国的武侠世界表象讲述西方人熟悉的故事与价值观，可以说是"西体中用"，这也就是《卧虎藏龙》在西方市场大受欢迎，而在中国本土并没有热烈反响的原因——"西方人看得懂的中国片，我就看不懂"^②，因为影片本身就是站在西方人的立场进行价值判断的。

四、案例启示

《卧虎藏龙》是中国电影反向文化传播的成功典范。从清末民初王度庐的小说到 21 世纪李安的电影，《卧虎藏龙》的变化不仅体现在从文字到影像，也体现在从近代到现代，从中国大陆文化到中国台湾文化，再到以好莱坞文化为代表的西方文化的变化过程，电影从更为现代的全新角度将中国古典美学传统和情感理念诠释到一个新的高度。^③ 它的成功给中国影视的跨文化传播事业带来了以下两点启示：

第一，学会用西方的叙事手段和语言思维重新阐释中国文化。由于中国文化属于高语境文化，传统的文艺作品包括武侠文化小说中的语言常常夹杂丰富的意涵，如隐喻、比喻、反讽等非直接的含义，因此在传播中国文化的过程中，必须变革语言思维和叙事手段，用西方话语思维重新阐述中国文化。这是中国文化对外传播实践、实现国家化传播的必经之路。

第二，避免过度追求西方色彩而忽视中国传统文化和武侠文化的内涵，造成文化定位的偏差过大。《卧虎藏龙》虽然运用西方的叙事手法并以西方主流价值观为最终诉求，但在展现中国传统文化柔和平缓、含蓄蕴藉的韵味，以及人物心理情感和性格特征方面并没有"西化"，在真实的基础上有艺术的升华，在平实展现的同时又有含蓄的批判否定，并对东西方价值追求的融会贯通有所期待和追求，这样的文化定位就不会造成过度西方化的弊病。

要想平衡以上两点，在现实手段上可以采取中外合拍制片的策略，如《卧虎藏龙》剧本就是一位美国编剧和两位中国台湾编剧合作完成的。严格意义上来

① 文尔. 得道须大雅，幸福本大俗：《卧虎藏龙》的人物研究与价值取向分析［EB/OL］.（2012 - 11 - 28）［2022 - 09 - 28］. https：//movie. douban. com/review/5673578/.

② 《卧虎藏龙》短评［EB/OL］.（2009 - 05 - 10）［2022 - 09 - 28］. https：//movie. douban. com/subject/1301168/comments.

③ 石浩吉，刘家蓉. 从李安《卧虎藏龙》电影的三层涵义看中国艺术的表里与未来［EB/OL］.（2019 - 07 - 15）［2022 - 09 - 28］. https：//artemperor. tw/focus/2762？page = 4；宋淼. 李慕白的情欲世界［EB/OL］.（2008 - 03 - 09）［2022 - 09 - 28］. https：//movie. douban. com/subject/1322255/.

说，《卧虎藏龙》虽不算是中国传统武侠文化作品的经典，却是能够获得跨文化国际传播的中国武侠电影的经典佳作，因此它对中国影视的跨文化传播有重要的参考价值。

第四节 《流浪地球》：中国科幻电影的文化想象

一、案例介绍

《流浪地球》（*The Wandering Earth*）是 2019 年上映的中国 3D 科幻冒险电影，由刘慈欣的同名小说改编而成。影片讲述 2075 年人类发现太阳急速衰老膨胀，为了自救提出带着地球逃离太阳的"流浪地球"计划，重新建立人类家园的故事。其中，中国航天员刘培强参与了这一计划前往领航员空间站，与其他国家的领航员一道工作。其儿子因自幼未与父亲谋面，开着运输车偷偷离开地下城，到达地表后遭遇逮捕并意外遇到全球发动机停摆、地球即将与木星相撞的危机。在这一危机面前，全球开始各种营救，原本正要离开空间站返回地球的刘培强也参与营救，最终他将空间站推向木星与之相撞，成功解救地球的同时英勇殉职，再也未能与家人团聚。

除在国内院线上映外，影片还在美国、加拿大、澳大利亚、新西兰、韩国、新加坡等多个国家上映，打破了国产电影在北美地区的票房纪录。同时，《流浪地球》将全球播映版权出售给了美国 Netflix 公司，该公司将影片翻译成 28 种语言在 Netflix 流媒体平台上播映。电影因此获得了大量海外媒体的关注与电影人的高度评价，被认为可能是激发中国科幻电影蓬勃发展的开山之作。

《流浪地球》在国内也获得了极高的赞誉，被认为开启了中国电影的科幻元年，主要原因有两点：一是中国电影工业正处于黄金时期，这为《流浪地球》的制作及发行奠定了技术和资金基础。科幻片的制作需要发达的工业体系和雄厚的资本支撑，只有在中国电影工业逐步完善的阶段才有可能出现如此大投入、大制作的先锋作品。如片中主角穿着的外骨骼装备、医疗针、无人机遥控器等机械道具均采用实体形式，由特殊金属制作而成，制作流程复杂，细节繁多且成本高昂，如此雄厚的资金投入唯有在预期可回收的市场判断下才会实现。二是《流浪地球》是第一部由中国青年导演和国产特效公司主导完成的国产科幻电影。制作科幻电影需要大量的影视专业人才储备和团队运作。此前中国在这一领域的人才资源较弱，国产科幻电影绝大多数依赖于好莱坞的特效和制片团队。而《流浪地球》却是完完全全的国产片，其剧情设计、视觉特效、声音效果与后期剪辑方面都在中国完成，且影片所表达的文化更加符合中国特色，容易引起国内观众的共鸣。

但是这部影片犹如昙花一现。目前中国的科幻电影整体实力仍与西方存在较大差距，所以我们更需要对这部以本土资源作为支撑、以本土化叙事为主，对展现中国想象力的科幻电影进行跨文化传播分析，以期对未来中国科幻电影的跨文化传播提供切实可行的参考。

二、理论聚焦：文化想象

科幻电影是在科学或伪科学基础上建立起一个与现实世界有别的故事世界，并以新的世界观讲述幻想故事从而探索未知的一种电影类型。[①] 科幻想象力来源于创作者的现实经验和对所属文化的参照。[②] 在跨文化传播的各种方式中，电影由于能淡化政治意识形态、潜移默化地影响观众对影片生产国的看法与态度，在世界范围内具有较高的接受度。[③] 而科幻电影作为电影类型的一个重要分支，兼具情节、视觉、美学和工业技术方面的未来感和虚构性，能为观众提供巨大的想象盛宴，因此也是跨文化传播的一种重要方式。[④] 如今，以好莱坞为代表的西方电影工业经过近百年的发展，已经形成了独特的美学风格和文化表达，包括科幻电影在内的许多电影作品成为跨文化传播的经典范例。而中国电影目前也已经对这一方向有所关注，并在不断探索中国科幻电影的独特风格与跨文化传播路径。

近年来，中国的"想象力消费"电影逐渐进入国际荧幕，为传播中国文化提供了新的路径。陈旭光指出，这类电影的制胜之道仍然在于讲好中国故事，展现中国人的"中国梦想"和"中国想象"，完成当下中国人的文化认同。[⑤] 但是，在跨文化传播过程中，价值观念、文化背景和商业化叙事逻辑的差异一定程度上造成了文

① 陈旭光，薛精华. 论中国科幻电影的想象力与"想象力消费"［J］. 电影艺术，2021（5）：54－60.
② 陈旭光，薛精华. 电影工业美学视域下中国科幻电影新论［J］. 未来传播，2022，29（2）：64－71，121.
③ 邵培仁，潘祥辉. 论全球化语境下中国电影的跨文化传播策略［J］. 浙江大学学报（人文社会科学版），2006（1）：65－73.
④ 陈旭光，薛精华. 电影工业美学视域下中国科幻电影新论［J］. 未来传播，2022，29（2）：64－71，121.
⑤ 陈旭光. "想象力消费"类电影的"中国想象"与文化认同［J］. 现代视听，2021（9）：88.

化折扣，影响了中国"想象力消费"电影走出国门。①

　　不少学者已经针对"中国想象"跨文化传播的策略和效果展开分析。邵培仁和潘祥辉以《卧虎藏龙》《英雄》《十面埋伏》等武侠电影为例，指出其在海外大获成功的原因是既发掘了本土文化特色，也兼顾与世界文化的融合沟通，从而更好地将富有中国想象的武侠文化推向了世界。② 战迪、卞祥彬认为，在全球化观念的系统指导下，电影产业也同时面临着"球土化"③ 趋势，因此，强调人类命运共同体的英雄主义电影更能引发不同文化间的对话与认同。④ 陈旭光分析了科幻电影进行跨文化传播的优势，认为科幻电影的内容扎根于 17 世纪以来伽利略、牛顿等人创立的现代科学，并以超自然力量作为世界观的主要组成部分，这种价值基础和文化土壤与西方一致，有助于减少跨文化传播中的文化折扣，促进"中国想象"走出国门。⑤

　　如今，科幻电影展现的文化想象已经成为跨文化传播的一种重要形式。陈旭光最早提出"想象力消费"的概念，即"受众（包括读者、观众、用户、玩家）对于充满想象力的艺术作品的艺术欣赏和文化消费"⑥。在互联网时代，好莱坞式的"硬科幻"电影成为兼具文化经济和跨文化传播能力的文化产品，由好莱坞六大工厂生产的科幻影片占据了全球大部分科幻电影市场，推动了西方文化想象的强势输出，形成了文化政治溢出效应。⑦ 在方法论层面，科幻电影的跨文化传播既要展现本土化想象，输出具有民族特性的文化元素，也要注重文化亲和力，采取文化折中主义的策略以赢得海外观众的认同。⑧

————————————

　　① 金韶，刘蕊宁. 中国科幻电影国际传播策略研究 [J]. 传媒，2021（5）：52－55.

　　② 邵培仁，潘祥辉. 论全球化语境下中国电影的跨文化传播策略 [J]. 浙江大学学报（人文社会科学版），2006（1）：65－73.

　　③ 球土化（glocalization）观念融合了全球化（globalization）与地方化（localition）两个极端概念。美国罗兰·罗伯逊教授（Roland Robertson）于 20 世纪 90 年代对"球土化"概念进行了形象而深入的定义：全球化和本土化犹如一个硬币的两面，矛盾而统一，二者相辅相成，互动发展。

　　④ 战迪，卞祥彬. "球土化"时代中国电影对中式英雄的文化构想与表意实践 [J]. 学习与探索，2022（3）：177－183.

　　⑤ 陈旭光. "狄仁杰"与中国电影的魔幻大片时代 [J]. 当代电影，2013（11）：41－44.

　　⑥ 陈旭光. 论互联网时代电影的"想象力消费" [J]. 当代电影，2020（1）：126－132.

　　⑦ 冯欣. 类型电影跨文化研究的概念、方法和对策 [J]. 当代电影，2021（12）：165－170.

　　⑧ 袁瑾. 全球化与中国想象：当代电影的跨文化传播策略研究 [J]. 浙江艺术职业学院学报，2009，7（1）：18－22.

三、案例分析

1. 本土特色：东方文化、集体主义与家国情怀

流浪地球作为一部商业票房和影评口碑俱佳的科幻电影，象征着中国现代文化的科幻想象力和创造力。影片中的科幻场景具有鲜明的中国特色文化特征，探讨其中所蕴含的文化想象和达到的跨文化传播效果可以从电影呈现、情节框架和文化内涵三个层面展开分析：一是分析影片采用的画面、造型、音效等影视语言；二是探讨推动影片情节的主要叙事框架、矛盾和冲突等叙事结构；三是分析整部影片传递的价值观和文化内涵，如何引发国内外观众的共情共鸣。

（1）东方文化的想象力：造型、画面与音效。

科幻电影由于是根植于西方社会近代化、工业化和科学技术现代化历史土壤所形成的电影题材，在中国其实缺乏历史基础和社会语境，因此中国的科幻电影发展缓慢。而《流浪地球》的科幻想象风格主要也是按照西方科幻电影呈现模式展开的，不过该片是由中国作家刘慈欣的同名小说改编而来，在文化基础、画面造型和剧情结构上又都遵循着东方文化的特色，因而能够最大限度地获得中国观众的认同。

首先，电影的造型和画面具备高度的写实感和中国特色。造型方面，影片中运载火箭的捆绑式助推火箭发动机在外观上与"长征五号"非常相似，逼真的科技效果带给观众更强的代入感，与美国影视作品中常见的 NASA 航空火箭拉开距离。其次，CN171－11 小队使用的突击步枪原型取自中国兵器装备集团公司研制的突击步枪 QBZ95，取自中国武器机械原型的设计都令中国观众感到文化自信。再次，电影画面多次出现中国观众熟悉的元素，冰封的末日场景以北京和上海为原型，透过冰川在画面中能看到长城、东方明珠等中国的标志性建筑，麻将、舞狮等传统文化元素的加入也凸显了东方文化特色。最后，电影音效也非常具有本土特色。例如，电影中刘启将姥爷的运输车发动后，车内响起了"北京市第三区交通委提醒您：道路千万条，安全第一条，行车不规范，亲人两行泪"的画外音。这一音效是日常可见、具有浓厚生活气息的文化现象，在科幻电影中出现瞬间拉近了与中国观众的距离。而地下城的人声、麻将声、舞狮声和富有创意的"春节十二响"也都是中国文化标识。

（2）集体主义："饱和式营救"与自我牺牲。

在情节框架上，虽然《流浪地球》的故事线索与塑造超级英雄的好莱坞式英雄

主义电影有异曲同工之处，但是，不同于西方崇尚个人英雄主义的叙事框架，《流浪地球》展现的是由中国传统农耕文明演化而来的集体主义精神。① 这种集体主义是中国文化自古绵延至今的精神内核，也是电影引起中国观众认同的重要因素。

影片中的集体主义主要体现在人类面临灭顶之灾时的集体自救、"饱和式营救"和自我牺牲方面。在《流浪地球》中我们看不到西方科幻片中天赋异禀的科技精英或超级英雄，而是一个个努力自救、团结一致的普通人，比如在剧情设置中男主角及其同伴在赶往赤道完成重启发动机的途中，被告知其他国家的救援队伍已经提前赶到并完成了任务。这种"饱和式营救"展现典型的集体主义世界观，即在危急关头团结一心、众志成城，每个人都以人类共同体的命运为己任。主人公刘培强最后牺牲自我将空间站撞向木星，通过引爆木星的方式推开地球、拯救人类，这种自我牺牲精神也是中国集体主义最崇高的外化，也因此塑造了中国式科幻片独特的情感结构与影像风格。

（3）家国情怀：故土难离与"舍小我为大我"。

在文化内涵方面，影片"带着地球去流浪"这一科幻概念具有强烈的中国传统文化所强调的家国情怀。正如原作者刘慈欣所言："我是在中国文化的大背景下创作的，地球是全部历史、文化、文明之根的一个象征。带着地球一起在太空航行，表达了中国人对故土、对家园的感情和情怀，我在宇宙的大背景下去表现这种情怀。"②

对土地的依恋根植于中华民族的文化传统，自愚公移山、精卫填海、女娲补天等古代神话开始，安土重迁就表征着中国文化的自然深厚的情感、对未来世界的独特想象和防患于未然的解决预案。同样面对末日危机，中国科幻的想象是带着地球去流浪，而不是西方神话中挪亚方舟式的转移居所、开疆拓土，抛弃地球去寻找新的家园。影片中的地球表面全部冻结成冰，但人们并未试图离开而是随机应变地躲进地下生活，地下城里的建筑和陈设依然被尽可能地设置成地表原来的景象——北京三号地下城里有王府井街道、喧嚣的麻将馆、满是烟火的烧烤店和耍龙舞狮的热闹景象，中国人依然按照其原本的生活方式在地下延续着特色文化。这样的情境也反映了中国文化强大的复原力及眷恋地球的内涵。

---

① 孙承健，吕伟毅，夏立夫.《流浪地球》：蕴含家园和希望的"创世神话"——郭帆访谈［J］. 电影艺术，2019（2）：90－96.

② 王伟伟，孟丹妮，金鑫. 国产科幻电影的家国情怀与中国价值观：以《流浪地球》为例［J］. 传媒，2019（17）：37－39.

此外，刘培强与刘启之间的父子之情也充分展现出中国式家国情怀中小我与大我的取舍。影片中离家十七年的父亲与儿子缺乏交流，在父亲即将返回地球时儿子离家出走，二人疏离的亲子关系也是典型的中国式父子关系的表现。但到了后期，家国同构的叙事策略将拯救地球和人类的使命与父子二人联系在一起，最终以父辈的牺牲和"父子相继"来转移并弥合代际间的"小我"矛盾，从而让观众产生更强烈的共情。① 此外，影片中诸多牺牲小我、成全大我的英雄行为也是中国集体主义的体现。

2. 中西融合："末日危机"与人类命运共同体

（1）"末日危机"：西方文化的借鉴与创新。

《流浪地球》虽然在影像语言、价值观念和文化特性上充满"中国想象"，但是主要背景仍然采用西方末日类电影的世界观设定。这样熟悉的背景设定有助于减少影片在跨文化传播过程中潜在的文化折扣，更容易令西方观众领悟剧情产生认同。因为末日类电影是西方基督教文化孕育而成的，基督教末世论认为一切可以被创造但终将会被毁灭，毁灭之后又会创造出一个新天地。

《流浪地球》正是以地球遭遇末日、人类生存危机为故事起点，与好莱坞末日大片展开"对话"与文化间的碰撞。该片将末日危机设定为物理世界的衰竭，人类在拯救自我的过程中运用科技力量试图扭转危机，同时制定相传一百代人的宏伟计划一同拯救地球。这样的故土情深与不可割舍在西方末日题材影片中并不多见。《流浪地球》所构建的末日景观也是前所未有的，但本质上依然迎合了西方的工业文明，如救援人员穿戴的太空服和机械骨骼、工业空间出现的大型运输机和巨型行星发动机、借助发动机喷射点燃火星上的氢氧化合物的方案，等等。这种崇尚理性和技术的价值体系增强了西方观众的代入感。但是整体而言，该片综合西方影像的表达与中国故事的内核共同建构了一套不同于好莱坞末日电影的规则体系，补足了中国科幻电影文化想象的空白。

（2）人类命运共同体：全球合作的强调与认同。

与多数末日题材影片相同，《流浪地球》建构的世界观同样以人类命运共同体为核心，将故事背景置于全人类的生存危机中，而不是围绕中国的地缘、民族或意识形态为核心展开英雄主义叙事。以全球为背景的故事基调能够弱化民族主义叙事，

---

① 黄懋. 现代化·社会化·历史化：当代中国科幻电影中"父子"意象的文化内涵［J］. 当代电影，2022（2）：133－136.

最大限度地引起国内外观众的共情和认同，减少西方观众在观影过程中的抵触或费解情绪。

随着中国综合国力的上升和国际话语权的提升，中国人民的民族自豪感不断增强，对实现民族伟大复兴、讲述中国故事怀有更高的期待。但这样的民族认同并未上升演变为民族中心主义，中国影视作品中的英雄主义形象仍不同于以美国为中心的好莱坞孤狼式英雄主义，就像《流浪地球》那样没有树立非此即彼的他者，而是弱化民族主义的色彩，将所有国家、民族、种族纳入互利共赢的合作关系中，打造出"共同体美学"。①

例如，当韩朵朵利用广播向其他救援小队求救时，讲述不同语言的各国救援人员纷纷调转车头准备援助她们一行人所在的 CN171 – 11 救援队；此外，在各国救援队运输火石的共同任务中，来自中国的救援队虽然拼尽全力执行运送，最后率先到达苏拉威西完成任务的却是日本大阪救援队，可见中国叙事也并未将中国处处置于领先地位；领航员刘培强虽然以身殉职，避免了地球与木星的碰撞，但真正拯救人类及地球的"流浪地球"计划仍然需要在各国救援队以及分布在世界各国的一万座"行星发动机"的通力合作下，在一百代人的辈辈传承下才能真正实现。这种叙事策略展现了世界主义的情怀和全球合作的重要性，中国英雄的个人主义叙事居于其下。这样的国际视野与大国情怀也有助于世界观众对于人类命运共同体认知的体悟。

四、案例启示

《流浪地球》不仅发掘了中国文化的想象力，也恰到好处地把握了"讲好中国故事"、传递中国文化想象的传播策略。作为一部扎根于好莱坞叙事背景的中国科幻影片，如何平衡好中国本土文化和西方叙事模式是影片跨文化传播的着力点。面对不同的文化特性和观众群像，《流浪地球》采取了不同以往的传播策略，从而打开了国内、国际两个市场。

对国内观众而言，电影的成功在于搭建中国传统文化与西方工业文明相融合的文化想象。从众志成城的集体主义精神、"故土难离"的家国情怀到工业实力的不断提升，以及拯救世界末日危机的民族自豪，使得影片高度契合中国观众的情感结

---

① 黄望莉，崔芳菲."大国叙事"及其共同体美学：以《流浪地球》和《疯狂的外星人》为例［J］．中国电影市场，2020（3）：3 – 8.

构。这种对时代精神内核的深刻把握是《流浪地球》赢得国内观众青睐的重要原因。而对外国观众而言，影片叙事弱化民族主义的他者想象使得"新大国叙事"成为可能，影片中共享共治的文化理念赢得国外观众的好感。这样的"新大国叙事"摒弃了以往乃至当下仍在上演的国家对立局势，以全世界共同合作对抗末日危机的想象回击有关"中国威胁论"和"中国野心论"的恶意中伤，表现出中国站在世界主义的立场合理表达民族情感的友好姿态，因而获得不少海外舆论的支持。这也正是影视作品跨文化传播的重要意义所在。

电影是思想文化宣传工作的重要阵地，是国家文化软实力的重要标识。发展和繁荣电影事业对于推进社会主义文化强国建设具有重要意义。国家电影局颁布的《"十四五"中国电影发展规划》一文指出，当前中国电影的发展正处于重要的战略机遇期，面临新的机遇和挑战。因此，进一步提升国产影片创作质量、增强电影科技实力、完善电影产业体系、提高公共服务水平、扩大电影国际影响力是未来发展的方向。《流浪地球》正是遵循高质量发展道路，以科技和文化特色提升中国电影国际影响力的一个成功案例，为未来中国科幻电影更好地发挥、呈现和传播中华文化想象力提供了新的思路和路径。

通过《流浪地球》的成功我们看到，用中国电影提升文化软实力有两条路径：

第一，在文化内核中继续发掘文化想象，发扬"以和为贵"的文化精神。由于东西方地域不平衡的历史进程，西方文化与东方文化始终处于不对等的状态。受西方文化霸权主义影响，东方文化长期处于被审视的不利地位，中国难以在国际舞台上拥有与西方国家相等的话语权。中国电影对外传播需要以中国人的视角深入发掘中国文化内核的想象力，向世界旗帜鲜明地传达中国爱好和平的文化源流，正如《流浪地球》导演郭帆表示："对于中国科幻电影而言，一个基本的前提是，包含中国文化内核的科幻片才能被称为中国科幻片。因此，我们在前期主要的工作就是寻找能够与我们中国人产生情感共鸣的文化内核。"①

第二，科幻电影的成功是以工业发展为基础的，要在西方主导的全球电影业市场中占据一席之地就必须推进中国电影工业化进程。2017年3月1日起施行的《中华人民共和国电影产业促进法》将中国电影产业正式纳入国家战略体系，鼓励国产电影从生产、制作、审查到宣传等全产业链条上的各个流程实现标准化、规范化，

---

① 孙承健，吕伟毅，夏立夫.《流浪地球》：蕴含家园和希望的"创世神话"——郭帆访谈［J］. 电影艺术，2019（2）：90－96.

推动中国电影产业从"轻工业"向"重工业"过渡。在政策的支持下，中国科幻电影具有更大的发展机遇。《流浪地球》的成功实践也证明了科幻电影中虚构的世界观和超现实的技术形象有助于回避现实中潜在的意识形态和价值观冲突，制造出更加具有工业美学意义的影片，减少跨文化传播中的文化折扣，更有助于中国电影拓展海外市场。

第五节 《哪吒之魔童降世》：动画符号的传承与创新

一、案例介绍

2019 年 7 月，3D 动画电影《哪吒之魔童降世》（*Nezha：Birth of the Demon Child*）在中国上映，随即引发全民观影热潮，迅速创下多项动画电影的票房纪录。影片改编自中国神话故事：本应为"灵珠"出生的哪吒因申公豹调包而成了魔丸转世，从小遭受陈塘关百姓歧视的他愈发顽劣。太乙真人收他为徒后，他学会仙术，父母骗他是灵珠转世，外出时他却与灵珠转世的龙族太子敖丙相遇，两人自此成为朋友。在哪吒三岁生辰宴上，申公豹蓄意告知哪吒真相，而后诱引敖丙水淹陈塘关，哪吒开启乾坤圈与敖丙一战却未伤及敖丙。他成功保护父母及陈塘关却迎来了天劫，敖丙与太乙真人协力保住哪吒魂魄，陈塘关百姓就此认可了"我命由我不由天"的哪吒。

《哪吒之魔童降世》是中国首部票房超过 50 亿元、单日票房过 3 亿元的动画电影。在第 12 届中国国际漫画节开幕式暨第 16 届中国动漫金龙奖颁奖大会上，该片荣获最佳动画长片奖金奖、最佳动画导演奖、最佳动画编剧奖、最佳动画配音奖等多项殊荣。2019 年 10 月，该片代表中国参选 2020 年第 92 届奥斯卡最佳国际影片。

在中国上映后，《哪吒之魔童降世》又陆续在澳大利亚、新西兰、英国、越南等国家上映。根据猫眼数据统计，这部影片的全球票房累计超过 6.6 亿美元，一度位列中国电影票房第二的位置。不过这部影片在海外的票房却差强人意，国内票房以亿元计数，而北美地区和英国分别只有 14.9 万美元和 5.5 万美元。① 此外，该片在国内电影评价网站猫眼电影和豆瓣电影评分较高，分别是 9.6 和 8.5，但在海外电影评价网站上表现一般：如在烂番茄网的"番茄新鲜度"是 87%，观众评价中认为该片的叙事节奏存在问题，且对于剧情存在困惑；互联网电影资料库（IIMDb）的评分是 7.5；《洛杉矶时报》和《纽约时报》分别打出了 60 和 40 的分数。可见这部在国内风生水起的动画电影，在国际传播过程中却表现出"水土不服"，这一困境是什么原因造成的呢？

二、理论聚焦：符号学

20 世纪六七十年代，符号学作为一种方法论逐渐被引入电影研究中，学者们借助符号学的框架来解释影像如何讲述故事。② 媒介技术的发展使得静态、无声的图像符号逐渐向动态有声的视听符号过渡，大大提升了影像符号的叙事能力，③ 由此便产生了结合影视与符号的影视符号学，它的重点不在于符号学对能指与所指间关联意义的研究，而在于影像符号所代表的意义。在跨文化视域下影片中的影像符号都是某种文化的载体，即导演在拍摄过程中有意或无意地对影像符号注入某种文化元素，观众则通过对导演的编码自行解码获得意义和审美享受。

近年来，随着 3D 动画技术、虚拟现实等数字媒体技术的快速发展，动画电影从众多影片类型中脱颖而出，成为各国文化象征的典型。动画影像是一种通过动画技术制作出的纯虚拟影像，是为表达意义而创造的符号系统，是对想象世界的直接符号化。④ 纯虚拟影像使创造者摆脱了原始媒介的限制，扩大了影像符号表意的自由度和创造性。⑤ 因此在动画影片中，无论角色、场景，还是台词、道具，都有更为丰富的文化内涵，其意义解读也更加开放。而这样开放、包容的解读环境有时也会导致不同文化群体的接受与理解存在较大差异，出现外冷内热或外热内冷的跨文化传播困境。

① 刘贵珍，沈安童. 国产动画电影跨文化传播问题与路径研究：以《哪吒之魔童降世》为例［J］. 名作欣赏：学术版（下旬），2020（11）：3.

② 马睿，吴迎君. 电影符号学教程［M］. 重庆：重庆大学出版社，2016：26.

③ 张鹏. 跨文化视域下中西动画电影的符号学解析：以《哪吒之魔童降世》和《冰雪奇缘》为例［J］. 东南传播，2020（4）：52 − 54.

④ 张鹏. 跨文化视域下中西动画电影的符号学解析：以《哪吒之魔童降世》和《冰雪奇缘》为例［J］. 东南传播，2020（4）：52 − 54.

⑤ 马睿，吴迎君. 电影符号学教程［M］. 重庆：重庆大学出版社，2016：26.

三、案例分析

首先应当承认《哪吒之魔童降世》对于中国动画电影业而言是一部难得的佳作。它打破了长期以来中国动画电影特效制作水准低的循环，制作精良、画面衔接流畅、色调自然、特效逼真。国外观众因此有将其与梦工厂动画影片看齐的评语，国内动画爱好者更是对该片震撼的 3D 技术称赞不已。此外，对于中国观众而言，影片的影视符号意义显然是十分明确的。

1. 非语言符号：刻画中国古代社会图景

在视觉方面，《哪吒之魔童降世》以中国古代社会最为传统的城镇为背景。片头交代天地灵气历经千年孕育出混元珠的故事背景时，画面中出现仙雾缭绕、山峦重叠的视觉景观，整体还原了中国传统文化对仙境奇观的想象。紧接着画面转向人间小镇陈塘关：祠堂庙宇、青瓦矮墙、石板街道、扁担木桶、木质轿子、瓦罐酒坛……身着粗布衣服的百姓在小镇街道上穿行，这是表现中国古代文化最具标志性的情境———一幅宛如《清明上河图》般和谐安宁的中国古代市井生活图景。它反映出中国古代农耕文明时期百姓顺应自然、男耕女织、自给自足的文化特征。

而在听觉表达方面，影片中所使用的音乐及音响大多利用中国传统民间器乐，古典的韵味和气势为影片镀上了浓郁的民族色彩。部分配乐选用唢呐、二胡、中胡、箫等民族乐器对剧情进行情感的拆解和氛围的营造。如哪吒与敖丙海边初遇时"不打不相识"的场景，其配乐中便以节奏紧迫的唢呐和锣鼓进行点缀，让人物和打斗的动作更为立体生动、明快张扬；而在父母为哪吒魔丸的宿命忧虑之时，二胡声的幽怨婉转再和着哪吒母亲"这可能这就是吒儿的命吧"的叹息，烘托出人物哀伤无奈的凄凉氛围。除此之外，影片也巧妙借鉴西方交响乐以勾勒哪吒在魔化时不羁反叛的少年形象，比如哪吒在挣脱乾坤圈的舒服意志全失时，背景音乐中低沉急促的交响乐便营造出压抑、紧张的气氛，使得观众的心情随着人物行为起起伏伏。

2. 价值取向：描摹中国传统文化价值体系

影片采用哪吒与敖丙的双男主设定，且哪吒师傅太乙真人、父亲李靖、师叔、龙王等主要角色均为男性；剧中为数不多的女性角色——哪吒的母亲则主要负责陪伴哪吒、缓解父子间紧张关系。这符合中国传统文化中对于男性与女性角色的塑造和定位。古代的封建社会以父权为主导、儒家思想为正统，历代儒学都对女性提出了颇为严苛的道德准则，如"三从四德""三纲五常""男尊女卑""男主外女主内"等。这些思想观念甚至延续至今，即便现代社会女性地位有很大提升，但在主流文化语境中男女地位的不平等问题仍然客观存在。

此外，影片不仅以中国传统文化底色为背景，而且延续哪吒这一神话人物的精神内核——反抗精神。但与最初神话故事中哪吒主要的反抗对象为父亲不同，在影片改编下哪吒与父亲的矛盾冲突较小，主要矛盾在于天命与自我的冲突，哪吒的父亲反而成为他"我命由我不由天"精神的启蒙者。这种追求自我无疑是迎合当下时代精神的产物。影片在传承传统文化的时代价值之余，也以现代社会的价值追求为电影注入新的活力。比如"割肉还母，剔骨还父"的情节被舍弃，顽劣的哪吒将龙族三太子剥皮抽筋的暴力情节也不复存在，取而代之的是与敖丙在对立立场仍能成为朋友的宽容，人物再没有绝对的善恶之分，这使得故事焕发出了新的光彩。

3. 文化背景不同，理解难度增加

处于不同文化背景的人多少会因为对异质文化的不甚了解而无法理解影视作品的意图。比如在烂番茄网的观众影评中，有观众表示灵珠转世的龙太子敖丙一岁便有了少年人的形态是非常奇怪的。但对于了解《封神演义》的故事或熟知哪吒神话的中国观众来说，这种人物年龄与形态的差异则可忽略不计，因为在最初的神话故事中敖丙便是作恶多端、被哪吒扒皮抽筋的龙族三太子。此处影片虽为改编但自然不会将人物改为儿童形态。反观摘去乾坤圈的哪吒成为少年形态反而成为创新之处，但是这种文化差异对于西方观众来说是难以理解的。此外，在高语境文化影响下的中国语言在转译时被改为低语境文化下的字幕，使得中文常见的一语双关变成了英语的通俗直白，电影的感染力也有所下降。比如在电影结尾哪吒说："去你个鸟命，是魔是仙我自己说了才算。"影片将"去你个鸟命"译为"forget your fate"，这样直白的译文并未能充分传达出哪吒对宿命的愤怒和轻蔑。简洁无味的译文使得诸如此类的语言魅力消减大半。

4. 审美差异拉大，抵触心理加重

影片对每个人物角色都或多或少地赋予了新的形象设计：不同于传统的顽劣纯粹的少年英雄形象，哪吒在这部影片中有象征魔化的黑眼圈，走路时吊儿郎当双手插兜，间或念叨着接地气的打油诗，这样一个顽劣又显成熟的形象与以往影视作品中或可爱或叛逆的人物形象差异巨大；太乙真人也不再是仙风道骨的经典神仙形象，而是满口方言、酒不离手、没个正形的人的形象；原本神话中托塔天王李靖的威严强势不复存在，取而代之的是妻管严、爱儿子的慈父形象。众多崭新的人物形象给国内观众带来了新鲜感，但是对于外国观众来讲，这些杂糅着中国文化背景、人化

的神的形象着实难以理解，与迪士尼、好莱坞等西方经典动画电影中善恶分明的人神形象存在巨大差异。不同的审美观导致外国观众对《哪吒之魔童降世》的故事及人物存在难以理解乃至抵触的心理。

四、案例启示

影片在国产动画电影的跨文化传播影响方面瑕不掩瑜，制作团队在改编时保留了诸多中国传统人物和文化符号，结合现代社会文化挖掘出中国文化的精神内核，比如《封神演义》、道家文化等神话与修仙元素的运用，《山河社稷图》中的水墨画等，都体现了中国影视作品创作中的文化自觉和文化自信。但是在通过字幕转译到低语境时，这些中华文化元素的表达未能较好地传达给西方观众，简单直接的翻译并未体现出中国文化的博大精深或文字的精妙意境，只是以西方观众能懂的语言将中国故事表达清楚，并没有实现在跨文化翻译过程中将中国优秀的传统文化推向世界。如何实现不同语境文化的转译仍然是当下影视作品国际传播翻译的一个重要问题。

另外，国产动画电影进行对外传播时也可借鉴上一案例——科幻电影《流浪地球》的发行策略，通过投资海外影业扩大商业版图，或出售全球播映版权，或用其他方式增加国产动画电影国外排片率等手段，加大影片的对外输出力度，充分利用互联网平台及其技术增加影视作品对外传播的影响力。正如西方影视媒介公司利用微博、微信等社交软件在国内宣传海外影片一样，中国影视作品同样可以加强对Instagram、Twitter和Facebook等国外网络社交平台的利用。当然，与目标观众国家的演员明星合作也是一条出路。

本章讨论

1. 请结合日常生活实践，谈谈你身边最典型的面子文化。

2. 请结合现实生活，谈谈文化移情容易在哪种情境下发生。

3. 除《卧虎藏龙》外，请列举一部中国武侠题材影视作品并分析其跨文化传播的优势与劣势。

4. 请谈谈《流浪地球》中体现中国文化特色的画面、情节或价值观念。

5. 相比现实题材影视作品，动画影片在跨文化传播上有何优势？

后　记

　　《影视媒介语境中的跨文化传播》一书的缘起要追溯到六七年前我还在澳门大学读博士的时候。当时我独立承担了几门本科课程的教学，其中有一门是 Communicating in a Global Society（全球化社会中的传播），自此便与跨文化传播相关的研究和教学结下不解之缘。之后我陆续在南方科技大学、澳门科技大学、暨南大学等学校开设过与此相关的"文化、媒介与全球化""跨文化交流与实践""跨文化传播"等课程，并在课程基础上出版了教材《跨文化传播教程》。不过，不管是课程还是教材，我都深深地体会到跨文化传播教学"去情境化"的困境，即我们都是在学生的"此"文化或者"我"文化中，去讲授"彼"文化或者"他"文化，无法真正在一个时空里整合两个情境。这时候，案例教学，特别是利用影视作品进行案例教学成了我常用的折中办法，因为影视作品以其独特的时空压缩艺术可以让我们在一个个生动的案例中"体验"各种跨文化交流实践，理解相关跨文化传播理论。因此，我希望通过影视作品丰富的细节和语境，辅以案例研究的问题驱动，使学生在学习过程中产生"认知相似性"。现在回想起来，或许这正是这本书成稿的初衷。

　　在日新月异的世界里，跨文化传播变得频繁且日常。宏观层面来看，良好的跨文化传播可以提升一国的国际话语权，在复杂的国际舆论斗争场内占据一定的优势；中观层面而言，跨文化传播有助于实现经济和文化整体上的良性互动，表里相依、同步发展；而聚焦于个体微观层面，掌握跨文化传播理论可以提升自我的跨文化交际和适应能力，在旅行、留学乃至移民过程中快速融入当地。正是由于跨文化传播变得愈来愈重要，本书的出版才更有其特殊意义。也希望读者可以通过本书，更好地掌握和内化跨文化传播理论知识，辩证或反思地看待跨文化现象，增强跨文化传播能力。这是本书成稿的最终目的和长远目标。

　　在本书付梓之际，我衷心感谢暨南大学新闻与传播学院的资助，特别是支庭荣院长和刘涛书记的支持。我也深深感谢这几年来积极参与我开设的"跨文化传播""跨文化交际与实践"等相关课程的莘莘学子。正是与他们的交流和互动，让我在教学相长中逐步完成相关的影视挑选、材料搜集、案例积累、日常写作，最终才得以完成本书。当然，本书的实际成稿离不开我的研究生及助理团队（以姓氏笔画排序：王琴、王逸楠、杨晓兵、邱浩卿、辛忠文、苗利娜、郑艺晗、唐明真、唐嘉闻、梁昊）。他们先对跨文化理论进行了系统的学习，再选择恰当的影视案例和跨文化传播理论，在小组讨论、框架敲定、案例分析之后，又经过了多轮修改完善，才形成了部分案例初稿。借此机会对他们表示由衷的感谢！本书的出版还得到暨南大学出版社张晋升社长和责任编辑刘蓓老师的鼎力支持，在此深表谢意。还要感谢暨南大学出版社的审读专家对本书提出了详尽而富有建设性的修改意见，对保证本书内容质量有诸多助益。

最后我想强调，本书对跨文化影视案例的分析有一定的主观性。看问题的角度不同、关注点不同，自然也会得出不同甚至迥异的分析结论，因此每个案例分析都只是众多思维方式中的一种呈现。希望通过本书学习跨文化传播的读者，能摒弃教条主义和思维定式，用发展的、反思的目光去看待每个案例的分析和结论，并自己回溯至相关理论的指导和实践中。同时，本书是侧重案例分析及其启示的书目，在理论的引用标注上或有纰漏，加之本人水平有限，书中或还存在其他问题，敬请读者朋友们多多批评指正。

林仲轩
2023 年 6 月